CRISTIANA LÔBO COM **DIANA FERNANDES**

O QUE VI DOS PRESIDENTES

FATOS E VERSÕES

Como o temperamento e a personalidade de 8 presidentes moldaram seus governos em 37 anos da democracia no Brasil

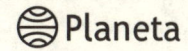

Planeta

Copyright © Cristiana Lôbo e Diana Fernandes, 2023
Copyright © Editora Planeta do Brasil, 2023
Todos os direitos reservados.

Preparação: Júlia Braga Tourinho
Revisão: Fernanda Guerriero Antunes e Caroline Silva
Projeto gráfico e diagramação: Negrito Produção Editorial
Ilustrações de miolo: Eduardo Foresti | Foresti Design
Capa: Helena Hennemann | Foresti Design

Dados Internacionais de Catalogação na Publicação (CIP)
Angélica Ilacqua CRB-8/7057

Lôbo, Cristiana
  O que vi dos presidentes: fatos e versões / Cristiana Lôbo, Diana Fernandes. – São Paulo: Planeta do Brasil, 2023.
  352 p.

  ISBN 978-85-422-2322-4

  1. Presidentes – Brasil I. Título II. Fernandes, Diana

23-3890   CDD 923.181

Índice para catálogo sistemático:
1. Presidentes – Brasil

MISTO
Papel | Apoiando o manejo florestal responsável
FSC® C005648

Ao escolher este livro, você está apoiando o manejo responsável das florestas do mundo

2023
Todos os direitos desta edição reservados à
Editora Planeta do Brasil Ltda.
Rua Bela Cintra, 986, 4º andar – Consolação
São Paulo – SP – 01415-002
www.planetadelivros.com.br
faleconosco@editoraplaneta.com.br

Editora Planeta
Brasil | **20 ANOS**

Acreditamos nos livros

Este livro foi composto em Kepler Std e URW DIN e impresso pela Gráfica Santa Marta para a Editora Planeta do Brasil em julho de 2023.

SUMÁRIO

Apresentação 7
Minha mãe se multiplicava 11
Quantas vezes esperei "uns minutinhos" na porta da casa
   de um político 13
Ela saboreava cada notícia; mais do que isso, saboreava
   dar a notícia 15

JOSÉ SARNEY – *O afável* 19
Presidente de direito 19
Horas de angústia 26
Presidente de fato 30
Poder e amizade 33
Economia: o maior desafio 39
Desafio duplo: economia e Constituinte 45
Chegando ao fim 49

FERNANDO COLLOR – *O impetuoso* 55
Ser diferente 55
Ponto de partida – caçador de marajás 59
Golpe no adversário 63
Outros modos no Planalto 66

    O marketing de estampa 69
    O *ippon* que não deu certo 72
    Atropelos e ajustes 75
    Estilo em xeque 79
    A realidade bate à porta – sem notáveis 81
    A velha política 85
    A batalha mais dura 90
    A derrocada 93
    Sobe e desce 96

ITAMAR FRANCO – *O mercurial* 99
    As incertezas na chegada 99
    O tabuleiro mineiro 104
    Voluntarioso e de olho no povo 110
    No ringue com ACM 112
    No camarote com Lilian 113
    O inconformado 114
    Travessuras 118
    Ministros em série 121
    A economia e os economistas 126
    CPI e Plano Real 128
    Ordem na casa: chama um militar 132
    Sempre o mesmo Itamar 134

FERNANDO HENRIQUE CARDOSO – *O sedutor* 137
    O príncipe e o povo 137
    Da academia ao Planalto 141
    Senso de humor, vaidade e sedução 147
    A realidade do Congresso 152
    Mais espinhos 157
    Reeleição, compra de votos e "privataria" 159
    Duas perdas difíceis 164

    O pior momento na economia.................................167
    Administrando crises e egos 170
    A fama de pão-duro 172
    Zelo com a biografia..174

LUIZ INÁCIO LULA DA SILVA – *O agregador* 177
    O líder sindical no Planalto....................................177
    Construindo "Lulinha paz e amor" 183
    A pragmática esquerda do operário 189
    Lula sendo Lula 193
    O comunicador – sabedoria e deslumbramento 197
    Mensalão e reeleição 200
    Companheiras e companheiros............................207
    Em treze anos... 214

DILMA ROUSSEFF – *A autossuficiente* 217
    Os começos 217
    A escolha solitária de Lula 225
    Os primeiros gestos moldando o futuro 228
    Novo estilo e novas rotinas no Planalto 232
    A força e o incômodo da faxina ética 235
    Uma outra face 239
    O fantasma do mensalão, Lava Jato e reeleição 245
    Dilma × Dilma 251

MICHEL TEMER – *O articulador* 257
    O posto cobiçado 257
    O cristal trincado quebrou 260
    O pragmatismo do protagonista 266
    Repeteco – todos na berlinda................................271
    Sobreviventes..279

JAIR BOLSONARO – *O conflituoso* 287
    A aposta do capitão 287
    Conhecendo Bolsonaro 295
    Comunicação própria 305
    A pandemia e outros adversários do presidente 312
    O pior momento 319
    Dobrando a aposta 325

O teste da democracia – *Nunca antes*..................... 337
Agradecimentos 345
Completa e generosa 347
Bravo, Cris! 349
Biografia das autoras 351

APRESENTAÇÃO

O temperamento costuma revelar o essencial de cada um. É possível captar a índole de alguém pelo rumo de uma prosa, em seus gestos, palavras e, claro, atitudes. Observadora daquilo que movimenta as pessoas, em especial das autoridades que acompanhou por mais de quarenta anos, Cristiana Lôbo identificou em seu trabalho e nos conta nestas páginas peculiaridades da personalidade de cada um dos oito presidentes da República que viu passar pelo Palácio do Planalto.

Mostrar como os comportamentos dos presidentes – amenos, explosivos ou conciliadores – moldaram seus governos foi a ideia que lhe veio à mente quando recebeu a proposta de escrever um livro. "Ele não vai falar de História do Brasil. Quero narrar uma face da história da vida real que vi e acompanhei, a partir da personalidade dos presidentes", me disse Cristiana, quando se preparava para este trabalho.

Memórias ela tinha muitas, só precisavam ser resgatadas e ordenadas. Acesso às autoridades e conhecimento do funcionamento de Brasília, também. Ela não guardou notícias exclusivas ou furos de reportagem para o livro. Aqui, Cris nos traz análises. "Nem pensar em dormir com a notícia, vamos pôr no ar", dizia sempre uma empolgada Cristiana, quando ainda engatinhava no país o noticiário em tempo real, lá pelo meio da década de 1990.

A notícia não podia esperar, muito menos a fonte. Corria, toda vez que recebia o chamado para uma conversa. Como fez num longínquo sábado, quando, já saindo de casa com o marido Murilo e os filhos Bárbara e Gustavo para pegar o avião e passar uns dias de folga nos Lençóis Maranhenses, o telefone tocou. Era Itamar Franco, atendendo a um pedido de entrevista que ela havia feito dias antes. Cristiana disse-lhe que estava indo para o aeroporto, mas que voltaria logo. No entanto, já dentro do avião, agoniada, decidiu que não deixaria um presidente esperando por ela. Desceram todos.

Outra vez, saiu correndo do salão de beleza e entrou esbaforida na sala de Gilberto Carvalho (ex-chefe de gabinete de Lula), pedindo desculpas à secretária por estar de chinelo de dedo. Não podia perder a conversa. E nem borrar o esmalte.

Para este livro, ela se propôs a reavivar a memória, remexer nos bloquinhos de anotações e conversar, conversar muito com todos que pudessem lhe ajudar a resgatar fatos, versões e causos reveladores da personalidade dos presidentes. Quando me chamou para tomar um café, numa tarde de maio de 2016, Cris já chegou com a ideia formatada na cabeça e os títulos escolhidos para cada um dos presidentes – na verdade, para os seis primeiros. Ela estava determinada a seguir adiante se contasse com alguém que a ajudasse na pesquisa, organização e edição dos textos.

Trabalhando quase vinte horas por dia, com três celulares à mão e a permanente preocupação de não descuidar da família e dos amigos, não lhe sobraria tempo para entregar a encomenda. Nem disciplina, ela mesma dizia. Murilo Lôbo também sabia disso e nos ajudava na organização do caos. Além da amizade e confiança de décadas de convivência, Cris apostou que o projeto do mestrado que eu tinha acabado de concluir na UnB, cobrindo o mesmo período da política sobre o qual ela pretendia abordar, era meio caminho andado para fecharmos uma parceria.

Animadas, começamos a marcar almoços, cafés e entrevistas com fontes e colegas jornalistas. Muitos desses encontros ela teve sozinha, ao vivo ou por telefone, entre uma cobertura e outra, reproduzindo as informações conseguidas de qualquer jeito no tablet que sempre carregava na bolsa.

No ano seguinte, os cuidados com a saúde – ela havia descoberto um mieloma múltiplo, espécie de câncer que atinge as células do sangue e que a levaria de nós em 2021 – exigiram dela uma pausa, mas o projeto nunca foi abandonado. Nos períodos mais longos de tratamento em São Paulo, aproveitava as horas que ficava no hospital para me enviar novos textos. Pedaços de um, complementos de outros. "Nossa, nunca escrevi tão mal", me dizia.

Na televisão, Cristiana surgia como uma lady. Fora da tela e longe das fontes, era engraçada. E também temperamental. Em mim, deixou a marca da amiga leal, atenciosa e espirituosa. Sempre abro um sorriso quando me lembro do dia em que ela queria comer pamonha depois de uma tarde inteira de andanças pelo Congresso. "Pamonha engorda demais, Cris!", eu reclamei. "Que nada, o que engorda é vestido franzido."

Quando Murilo Lôbo pediu que eu estruturasse o livro, organizei tudo que eu tinha e, juntos, vasculhamos os arquivos dela. Encontramos a reprodução de longas conversas, em estado bruto. Faltava muito; porém, não desisti. Encontrei na amiga comum Raquel Ulhôa o suporte, um segundo olhar criterioso, para levarmos o projeto adiante.

Cristiana planejou escrever seis capítulos, de José Sarney a Dilma Rousseff. O que ela deixou precisava ser ordenado, revisado e complementado. Sobre Fernando Collor, por exemplo, tinha apenas dois parágrafos e muitas anotações. Os dois últimos, Michel Temer e Jair Bolsonaro, não entraram no seu radar. Pesquisei suas reportagens e colunas, seus comentários na TV e textos do blog, datados de 1990 a 2020, e, com base neles, desenhei o que faltava.

O livro traça um panorama geral dos mandatos dos oito presidentes empossados depois da redemocratização. Está nestas páginas o que aconteceu de relevante em todos os governos desde 1985, com foco, claro, na política, mas também no que Cristiana observava do comportamento, da temperança desses mandatários.

Nos quase doze meses que dediquei a este projeto, recordações da Cris povoaram meus pensamentos, diuturnamente. Foram lembranças doces, e também tristes, as quais dividia com meu marido Nilton e meus filhos Rodrigo e Luiza. Sem participação direta e pessoal da Cris, os últimos capítulos fugiram um pouco da ideia original, mas tentei me ater à vontade dela de contar com alguma leveza e muita suavidade – sua marca no jornalismo – como eram os homens e a mulher que governaram o país nos últimos anos. Espero ter conseguido.

Diana Fernandes
Novembro de 2022

MINHA MÃE SE MULTIPLICAVA

Minha mãe queria fazer tudo. E aprendi com ela que isso é possível. Mais do que isso, aprendi que, com empatia e a companhia das pessoas certas, você é capaz de se multiplicar.

Vivíamos em casa o jornalismo do dia a dia da minha mãe. Ligações a qualquer hora, domingos na casa do Moreno*, férias canceladas... Ela sempre aparecia com um novo ou uma nova colega que recém-chegara a Brasília para almoçar, jantar ou tomar um cafezinho. Eu não entendia direito aquela movimentação. E, honestamente, até me incomodava ela trazer trabalho para casa, porque nosso tempo juntos era tão curto.

As homenagens que ela recebe até hoje me fazem, agora adulto, entender o trabalho dela. Minha mãe é sempre chamada de "generosa" em sua relação com os colegas, especialmente os novatos, mesmo num ambiente "altamente competitivo". Hoje, vejo que ela estava dando oportunidade e trazendo mais gente para um trabalho que precisava ser feito. Minha mãe estava se multiplicando.

---

* Jorge Bastos Moreno foi um dos mais respeitados repórteres de política do Brasil e padrinho de Gustavo. Carinhosamente, vários políticos e jornalistas também se referiam a Cristiana como "comadre". Moreno faleceu em 2017.

O jornalismo que ela praticou continua vivo. Especialmente nas tantas amigas jornalistas que ela ajudou a formar e que herdaram dela o gosto pela análise política. E também os presentes! Minha mãe adorava dar presentes. Estava sempre pensando em algum agrado para alguém, em especial às colegas que tinham acabado de se tornar mães.

Este livro é o nosso presente para ela.

Gustavo

QUANTAS VEZES ESPEREI "UNS MINUTINHOS" NA PORTA DA CASA DE UM POLÍTICO

Este livro é a última grande matéria da minha mãe.

Ela sempre se interessou pelo que movia as pessoas; do que elas gostavam; o que ouviam; o que comiam. E esse interesse real fazia não só com que ela conhecesse muitas coisas novas, como também nos apresentasse a elas.

Nunca houve uma separação do que era assunto de trabalho e do que era o espaço da família. Ela fazia as duas coisas ao mesmo tempo. Na verdade, ela fazia tudo ao mesmo tempo. Estar sempre atenta aos movimentos da política nacional enquanto acompanhava de pertinho os nossos passos, em casa, era um dos talentos dela. Quantas vezes nos levou "rapidinho" para uma conversa que ela precisava ter com uma fonte, nos fez esperar "uns minutinhos" – mais de uma hora – no estacionamento da casa de algum político; ou apareceu em jantares em que eu estava com meus amigos, "só para conhecer" o restaurante novo.

E foi com esse olhar atento para o mundo, os amigos, o amor, as flores e a música que minha mãe viveu e nos ensinou a observar e apreciar a vida. Essa era a matéria dela.

Assim seguimos. É difícil falar sobre minha mãe, mas é muito fácil amá-la intensamente.

Bárbara

© Ronaldo Ferreira da Silva

ELA SABOREAVA CADA NOTÍCIA; MAIS DO QUE ISSO, SABOREAVA DAR A NOTÍCIA

Foram 41 anos e 52 dias de companheirismo intenso. Por quarenta anos não saímos da lua de mel, e durante um ano e 52 dias praticamos amor, solidariedade e esperança.

Cristiana era apaixonada pela vida e pelo conhecimento. A rotina da família e o cotidiano profissional conviviam sem disputa, sem cansaço. Ela sabia a medida de se dividir na relação com nossos filhos, com os netos Miguel e Antônio, com o genro João Marcos, com a nora Maíra, com os dez irmãos (especialmente as irmãs) e as fontes jornalísticas, além dos amigos e colegas do trabalho.

Ela gostava tanto de música que resolveu fazer jornalismo porque queria ter um programa de música no rádio. Só que começou a cobrir política e aí viu um mundo novo que valia conhecer, cheio de notícias e novidades.

Era com paixão e curiosidade que procurava entender o comportamento humano; queria saber o que se passava na cabeça de cada pessoa, como era o processo de decisão de cada um. Dava para ver seu deleite contando o que descobria por trás da notícia; histórias que frequentemente viravam material para o "Papo no Cafezinho", um quadro de seu programa *Fatos e Versões*, da *GloboNews*. Ela saboreava cada notícia; mais do que isso, saboreava dar a notícia.

Cristiana contava sempre de um dia inesquecível, na passagem do governo Fernando Henrique para o primeiro mandato do presidente Lula. Ela ficara no ar desde a manhã até a noite e, ao longo das horas, foi descobrindo quem saía e quem entrava no governo: "Era o paraíso, notícia o dia inteiro. Melhor do que isso, só os filhos", ela dizia.

Tenho o coração confortado pelas boas lembranças e a memória viva da Cristiana. Ele está cheio de ternura e gratidão e com a certeza de que valeu a pena.

Murilo

O QUE VI DOS PRESIDENTES

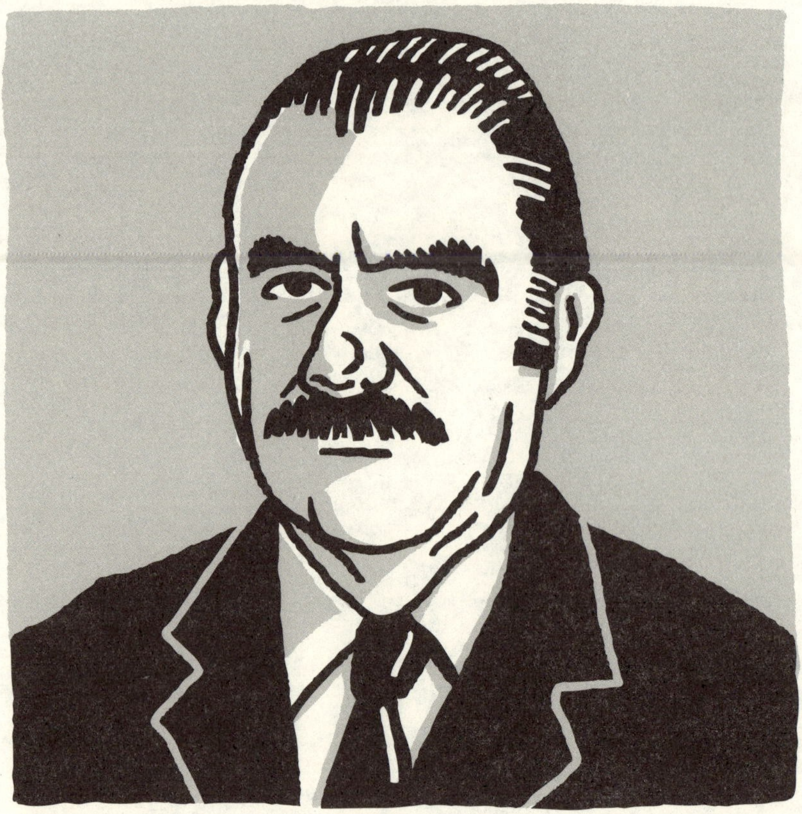

JOSÉ SARNEY
O afável

Presidente de direito

Discreto, paciente e tomado pelo receio de ferir suscetibilidades num governo que não era realmente seu, José Sarney agia com delicadeza. Não queria parecer levar o carro adiante dos bois. Os ministros, todos escolhidos por Tancredo Neves, não conversavam com ele. Os compromissos, os segredos, eram do Partido do Movimento Democrático Brasileiro (PMDB), partido no qual ele tinha acabado de entrar.

Chegou ao Palácio do Planalto e manteve, naquele início, uma das faces do político que sustentou uma carreira por mais de sessenta anos, sem interrupções: o homem afável, cortês, com humildade para reconhecer seu papel como presidente interino, substituto. Sarney foi um presidente fraco, conforme ele mesmo escreveu em seus diários, mas o oportunismo político, presente em sua longa trajetória, sempre lhe assegurou o poder.

Era um estranho no centro do poder em Brasília quando tomou posse, na condição de vice, como presidente da República em 15 de março de 1985. O titular, Tancredo Neves, estava hospitalizado.

Com apenas um assessor de imprensa, o jornalista Fernando Cesar Mesquita, e um assessor particular, o genro Jorge Murad, Sarney passou a despachar no Palácio do Planalto de forma quase clandestina e sem convocar ministros. Temia desmanchar aquele edifício político montado por Tancredo.

Assim ele viveu alguns meses no poder, totalmente isolado das articulações políticas, não sabendo o que estava se passando. Meses de angústia, de medo. Como descrito por Regina Echeverria em *Sarney, a biografia*, que tem como maior fonte de pesquisa os diários do próprio Sarney, ele se revela um ser humano atormentado pela depressão crônica. Entrou em pânico quando foi informado de que teria que assumir a Presidência da República.

Enquanto Sarney administrava seus medos e anseios, do outro lado da rua, o deputado paulista Ulysses Guimarães, presidente da Câmara, exibia a força da chegada ao poder do PMDB, partido ao qual estava filiado desde 1965 e que presidia desde 1979.

Nas primeiras semanas de Sarney como presidente interino, Ulysses encaminhou uma questão ao então ministro-chefe da Casa Civil, José Hugo Castelo Branco, que respondeu com a prudência do mineiro.

"Vou ver a posição do governo com o presidente Sarney."

Ao que Ulysses respondeu de bate-pronto:

"O governo somos nós..."

Era assim que os peemedebistas se sentiam: donos do governo. Não apenas os ministros haviam sido escolhidos por Tancredo, mas cargos de segundo e terceiro escalões já estavam preenchidos pelo novo consórcio do poder. Sarney não participara de nada. A ele restava acolher e assinar as nomeações.

Em 1989, na reta final do seu mandato, politicamente isolado e acompanhando à distância os rumos da eleição do seu sucessor, Sarney desabafou para amigos:

"Não tive um único dia de sossego desde a minha posse. O PMDB nunca me perdoou por eu ter chegado à Presidência da República."

Isolado, magoado e frustrado por não ter conseguido em cinco anos de mandato colocar a economia nos trilhos – pelo contrário, deixou o país com uma inflação na casa dos 80% ao mês –, tinha a convicção de que estava cumprindo o que passou a considerar a principal marca de sua gestão:

"Da mesma forma que fui um presidente paciente e tolerante, terei a força para garantir aquilo que considero a maior das obras do meu governo: assegurar a conclusão do processo de redemocratização do país."

**

Aos 54 anos, Sarney chegou à Presidência da República porque era o vice de Tancredo Neves, o homem escolhido pelas oposições para encerrar a ditadura militar e que fora eleito indiretamente no início de 1985 pelo Colégio Eleitoral, o nome dado ao conjunto de deputados e senadores que escolhiam o presidente da República.

O Brasil começou a conhecer José Ribamar Ferreira de Araújo Costa, que nasceu na cidade de Pinheiro, no Maranhão, em 24 de abril de 1930. Foi onde ele iniciou sua carreira política e adotou o nome de José Sarney em homenagem ao pai, Sarney de Araújo Costa. O escritor José Sarney, membro da Academia Brasileira de Letras desde 1980, se tornaria nas décadas seguintes um dos mais longevos políticos do país.

Um contemporâneo de afiado espírito crítico definiu com alguma precisão o vice, que despencou por uma armadilha do destino na cabeça dos brasileiros: "Sarney tem um pé no mundo e outro no cangaço".

Ele entrou com os dois na Presidência da República. Passaria cinco anos se equilibrando entre atitudes e comportamentos que iam da cordialidade à agressividade típica dos coronéis que fizeram fama na política brasileira na primeira metade do século passado.

Políticos de longa convivência com Sarney têm palpites variados sobre seu perfil. É, ao mesmo tempo, um político nacional e um político do Maranhão; são dois, bem diferentes, diz um dos amigos. Outro arrisca: é o mais astuto dos políticos de sua geração, sabe onde reside o poder.

Quase uma unanimidade é a opinião sobre o Sarney do trato pessoal: carinhoso, afetivo, atencioso e sensível aos problemas dos que estão ao seu redor. É também considerado um companheiro leal. Características que soube explorar bem, com uma boa dose de pragmatismo, no exercício da política.

Naquele momento delicado do início de 1985, quando o país foi surpreendido da noite para o dia com a internação do presidente que tomaria posse, Sarney deixou de lado o estilo mais agressivo que praticava na luta partidária, conhecido especialmente pelos aliados do Maranhão e companheiros de partido.

Menos de um ano antes, o episódio de sua renúncia à presidência do Partido Democrático Social (PDS) – o partido que dava sustentação à ditadura militar – ilustrou bem o modo de agir do político forjado na tradição coronelista. Diante da divisão partidária e das hostilidades disparadas pelos adversários na disputa pelo comando da legenda, Sarney foi para a reunião armado com um revólver de calibre 38 na cintura. Era o Sarney do "pé no cangaço". Seus amigos minimizaram o ocorrido: era uma arma velha, sem bala. Mas, sem dúvida, foi um gesto revelador e simbólico.

Este não era o perfil de presidente que o Brasil de 1985 desejava. E Sarney sabia disso. Mais do que um presidente conciliador, o país aspirava por mudanças na política e também na economia. Só nos dois primeiros meses de 1985, a inflação bateu 24%. No ano anterior, em negociação com o Fundo Monetário Internacional (FMI), o governo militar fez sucessivas promessas de ajuste fiscal e assinou sete "cartas de intenção". Nenhuma cumprida.

Na política, o ambiente começava a desanuviar, a despeito de em 1984 o Congresso ter rejeitado a volta das eleições diretas para presidente da República, mesmo ciente do desejo da sociedade por mudança. A multidão nas ruas dos grandes centros – São Paulo e Rio de Janeiro colocaram mais de um milhão de brasileiros nos comícios pelas Diretas já! – não sensibilizou deputados e senadores. Faltaram 22 votos para aprovar a chamada Emenda Dante de Oliveira, nome do deputado (PMDB-MT) que apresentou a proposta.

O resultado dessa votação mostrou à oposição que para acabar com a ditadura e chegar ao poder era necessário se aproximar de dissidentes do regime militar, de políticos como os senadores Marco Maciel (PE), Jorge Bornhausen (SC), Guilherme Palmeira (AL) e José Sarney, entre outros.

Esse grupo do PDS não aceitava a candidatura de Paulo Maluf à sucessão do presidente João Baptista Figueiredo, o último dos ditadores, e criou a Frente Liberal (mais tarde, Partido da Frente Liberal – PFL), que formou junto com o PMDB a Aliança Democrática, vitoriosa no Colégio Eleitoral.

A escolha de Sarney como vice se deu após complexas negociações envolvendo políticos de diferentes grupos e de estados importantes. Das Minas Gerais de Tancredo Neves, o apoio determinante veio de Aureliano Chaves, então vice-presidente da República, nome de peso no PDS e que, àquela altura, já não se dava com Figueiredo. Ao ser escolhido como vice, Sarney preferiu sair do PDS e se filiar ao PMDB, para evitar questionamentos na Justiça Eleitoral. A Frente Liberal não era ainda um partido, mas apenas um grupo dissidente do PDS.

Sarney também não era benquisto por Figueiredo. Essa antipatia do general, só conhecida pelo mundo político, foi exposta ao público no dia da posse, quando o presidente não fez a tradicional transmissão do cargo. Nos bastidores, ao saber que o vice assumiria, Figueiredo disparou:

"Para este filho da puta eu não passo a faixa. Deixo pendurada num cabide."

E assim o fez.

No ato de posse no Congresso, até o discurso lido por Sarney fora escrito por Tancredo. O clima era claramente de animosidade. Sarney estava ansioso e inseguro e temia hostilidades. As lideranças do PMDB o viam como o presidente temporário e agiam certos de que Tancredo voltaria logo.

Era o mesmo isolamento que já sofrera durante a campanha presidencial – não havia eleição direta para presidente, mas os postulantes ao cargo rodavam o país. Uma foto do período traduz fortemente a distância que separava Sarney de Tancredo: para assistir em Belém à passagem da imagem de Nossa Senhora no Círio de Nazaré, uma das mais importantes festas religiosas do Brasil, Tancredo estava espremido por inúmeros políticos numa mesma janela. Na janela ao lado, Sarney assistia sozinho ao ato.

Instalado no Planalto, Sarney se esmerava na gentileza com a família do presidente internado. Diariamente telefonava ao hospital para receber notícias. Aécio Neves, o neto escolhido secretário-particular de Tancredo, afirmou anos depois que Sarney fora correto e nunca pareceu um "usurpador" do poder conquistado pelo avô.

Ao mesmo tempo que tentava manter aparente tranquilidade, Sarney vivia um drama pessoal. A insegurança era grande. Sua angústia só aumentava com o passar dos dias. Era grande a ansiedade. E só crescia a depressão que sofria desde 1982, mas que, naquela época, era assunto restrito à família.

Os dramas pessoais somados ao isolamento faziam com que ele se sentisse despreparado para a missão. Viveu por muitos dias, nos palácios do Planalto e da Alvorada, acompanhado apenas da mulher, dona Marly. E da visita dos filhos. Uma solidão que não passava, escreveu nos seus diários.

Quanto mais alto gritava o PMDB, mais baixo falava Sarney. Anos depois, distante do sofrimento daqueles dias, ainda entendia que naquele momento precisava demonstrar sua fraqueza diante do PMDB e de Ulysses:

"A fraqueza é a forma de reunir forças para ficar menos fraco."

Em 2014, aos 84 anos, ao se despedir do terceiro e último mandato de senador pelo Amapá, falou da lição que tirou da experiência de chegar à Presidência daquela forma:

"É preciso ter tolerância, conciliação e humildade. E nunca querer passar por cima de ninguém."

Em 1964, o jovem Sarney era mais afoito e tinha curiosidade sobre seu futuro político. Naquele ano, o golpe militar já era uma realidade, mas não se sabia ainda qual seria a decisão do general-presidente Castello Branco sobre a data das eleições para os governos estaduais. Neste cenário de indecisão, o então deputado federal marcou uma longa viagem até Araxá, em Minas Gerais, para se consultar com a vidente Maria dos Correios, a quem políticos mineiros recorriam antes de tomar suas decisões.

Com 34 anos, José Sarney queria saber da vidente se tinha chances de vencer a disputa pelo governo do Maranhão. "Se a eleição for em ano ímpar, você será governador; se for em ano par, perde", disse-lhe ela. E acrescentou outro palpite: "Seu futuro é brilhante. Você será presidente da República". Uma pregação comum das videntes nas consultas com os políticos.

Cheio de confiança, Sarney voltou para Brasília. Castello Branco marcou as eleições estaduais para 1965. Ele venceu a disputa, derrotando o grupo de Vitorino Freire que dominava a política maranhense havia mais de vinte anos. Sarney era a novidade no estado, com o discurso de combate à corrupção e melhoria da qualidade de vida dos mais pobres.

Superstição é um sentimento muito presente na vida de José Sarney. Na vida pessoal e nas decisões políticas. Já na Presidência da República, ele tinha um interlocutor frequente para essas questões, o amigo e acadêmico Marcos Vilaça. Usar roupa marrom, botar cocar de índio na cabeça, nem pensar, dizia Sarney. Nem pinguim na geladeira, completava Vilaça.

Horas de angústia

Em 1966, quando Sarney assumiu o governo maranhense, ganhou fama o documentário *Maranhão 66*, produzido pelo cineasta Glauber Rocha a pedido do próprio Sarney, enaltecendo a renovação que ele representava na política maranhense. Era, de fato, uma estrela em ascensão.

Mas vinte anos depois, em 1985, quando a segunda profecia de Maria dos Correios se confirmou, Sarney não representava a renovação. Pelo contrário. Até 1984, estivera ao lado dos militares que estavam sendo mandados de volta para casa depois de 21 anos de ditadura militar.

Motivos não faltavam para Sarney saber que não seria bem acolhido. Não apenas os motivos políticos, mas os de ordem pessoal também. Inseguro e tenso naquela noite de 14 de março, quando Tancredo foi internado às pressas no Hospital de Base de Brasília, Sarney resistiu em tomar posse, insistindo que o melhor seria esperar o titular do cargo. Acreditava que o presidente eleito logo estaria curado da diverticulite que o levara ao hospital. O que se seguiu foi uma longa e angustiante saga médica acompanhada por todo o Brasil.

Tancredo Neves era o homem talhado para a missão de fazer a transição para a democracia. Na sua ausência, naquele momento, ninguém representaria melhor o grupo político que ascendia ao poder do que Ulysses Guimarães, presidente da Câmara e do PMDB.

Sarney sabia que esse pensamento estava na cabeça de muitos naquela tensa madrugada do dia 14 para o dia 15 de março. Ciente das resistências ao seu nome, ele disse a Aluízio Alves, político do Rio Grande do Norte que seria ministro da Administração, escolhido por Tancredo:

"Aluízio, se a solução que eu vou propor não ferir a Constituição, prefiro que assuma a Presidência o deputado Ulysses Guimarães, até que o doutor Tancredo possa fazê-lo."

Havia, no entanto, o temor de que um passo em falso pudesse comprometer o processo da redemocratização. Todo cuidado era pouco. Além da insegurança pessoal de Sarney, uma dúvida de ordem legal movimentou as reuniões da madrugada: se Tancredo não havia assumido, Sarney não era ainda o vice de fato. Falou-se até em dar posse ao titular no hospital, mas um parecer do jurista Afonso Arinos apostando na legitimidade da posse de Sarney contribuiu para o desfecho.

Ao ouvir do general Leônidas Pires Gonçalves a despedida com um "boa noite, presidente, até amanhã", no meio da madrugada, Sarney teve a exata noção da importância daquelas palavras. O general que tomaria posse como ministro do Exército escolhido por Tancredo tinha autoridade e o respaldo dos militares.

Político tradicional e figura representativa de uma oligarquia nordestina, Sarney não desfrutava de convivência próxima com o novo grupo que estava chegando ao poder, mas nutria bom relacionamento com militares. Tomaria posse com o aval deles e do presidente da Câmara. Isso o tranquilizou um pouco.

O medo era perceptível por todos que se aproximavam dele. Uma coisa era ser o senhor do Maranhão e lidar com intrigas paroquiais, patrocinar disputas locais; bem diferente seria governar o Brasil naquele momento delicado, com um PMDB forte no seu cangote.

Se Tancredo representava a renovação na política brasileira, Sarney era o oposto. Era o velho com seu jaquetão e bigode fora de moda e que simbolizava, em certa medida, a continuidade. Sua posse frustrava o sonho do Brasil que queria se livrar dos militares e seus aliados, recuperar a liberdade perdida nos anos de chumbo e colocar no comando do país os que ficaram por tantos anos banidos da política.

Chegar à Presidência da República foi o ápice, mas não o primeiro movimento brusco de sua carreira. Sarney era dado a guinadas políticas, sempre em busca de mais espaço. Logo depois da primeira disputa nas urnas, em 1954, ele trocou o PSD pela União Democrática Nacional (UDN), siglas rivais que o regime militar iria banir em 1965, junto com outras 11 legendas, para instaurar o bipartidarismo: Arena (PDS) e Movimento Democrático Brasileiro (MDB).

Seus movimentos políticos sempre foram pendulares, usando uma palavra leve para o que seus inimigos chamam de oportunismo. Estava sempre a abrir portas. Quando fechava uma, deixava a brecha para abrir outras mais adiante. Os filhos crescidos passaram a ser parceiros desse jogo.

O caçula Zequinha Sarney, deputado federal de vários mandatos e ministro do Meio Ambiente nos governos de Fernando Henrique Cardoso e Michel Temer, esteve sempre onde Sarney não estava pelas circunstâncias, ou conveniências, do momento. Deputado pelo PDS, em 1984 votou pelo retorno das eleições diretas, quando os caciques do partido, entre eles o pai, estavam do outro lado, contra. Esse voto foi um ponto considerado na hora da escolha do vice de Tancredo.

Roseana Sarney, a primogênita e única filha que viria a ser deputada, governadora do Maranhão por quatro mandatos e senadora, se destacou em Brasília, sem ser parlamentar ainda, na defesa do pai na Assembleia Constituinte, iniciando ali sua carreira política. Mais à frente, como deputada e dona de uma reconhecida habilidade para as negociações de bastidores, foi a voz de José Sarney durante o governo Collor, quando ganhou a fama de "musa do impeachment".

Outras características moldaram o comportamento de Sarney na Presidência da República e em toda sua vida pública. O homem cordial, que é também amigo e leal, cedeu lugar muitas vezes a um Sarney vingativo. Não esquecia jamais uma traição. A vaidade, outra característica comum dos políticos, ele explicitava, até com certa extravagância, nos desfiles de descida e subida da rampa do Palácio do Planalto, nos aviões lotados de familiares, amigos e políticos para viagens ao exterior e nas missas que mandava rezar na capela do Palácio da Alvorada para convidados especiais.

É um homem culto. O escritor que nas conversas amenas, mesmo nos momentos políticos mais críticos, gostava de citar obras do Padre Antônio Vieira, um dos mais influentes oradores portugueses do século XVII, e seu apreço pelas biografias – sempre expressando nessas conversas o temor de como seria a dele no futuro.

A contradição, seja nos discursos, seja nos gestos, é também uma marca do político José Sarney. Um episódio ilustra esse comportamento: em 1986 ele enxergou, antes de outros de sua geração, que a política estava mesmo mudando e aconselhou o empresário cearense Tasso Jereissati:

"Você tem que se candidatar a governador, porque o mundo mudou e esses coronéis não entendem isso."

Ele próprio não se livrou tão cedo das práticas do velho coronelismo.

Presidente de fato

Tancredo Neves morreu no dia 21 de abril do mesmo ano, depois de passar por sete cirurgias. A Nova República lançada por ele seria comandada pelo vice recebido com desconfiança por um país em comoção. Nos 37 dias de interinidade, o Brasil conheceu um Sarney sóbrio, inseguro, cordato e fiel aos compromissos assumidos pelo titular. Como presidente efetivo, precisava ser um pouco mais ele mesmo, se firmar como líder e conquistar o poder de fato. Não seria tarefa fácil.

Quando foi informado, reservadamente, de que Tancredo não voltaria, Sarney sentou-se à máquina de escrever várias vezes, procurando rascunhar um discurso. Escrevia três ou quatro linhas e não conseguia avançar. Começava de novo, e nada. Foram várias tentativas.

Mas os anos de estrada na política e a força do cargo lhe deram segurança para inaugurar uma fala mais afirmativa e datilografou o que viria logo no início de sua mensagem:

"O destino não me trouxe de tão longe para ser síndico da catástrofe."

Era a senha de que assumiria de fato o governo para tocar o país a seu modo, ainda que com a equipe do titular, a princípio, e com o PMDB exibindo toda a força.

Os funerais de Tancredo mobilizaram o Brasil e a classe política por pelo menos uma semana. Terminada a fase inicial do luto, Sarney marcou para 7 de maio a primeira reunião ministerial. Diante de toda a equipe, o otimismo: "A mudança chegou; assumimos o poder civil". Não entusiasmou os novos aliados, contudo.

Foi num ambiente quase hostil que Sarney deu os primeiros passos do seu governo. Típico político nordestino, passou a ser o líder daqueles que até bem pouco eram seus adversários; e adversário ocasional de seus amigos. Seu maior desafio era atrair os novos parceiros. E conquistar a confiança de políticos significa, principalmente, dividir poder. Dividir cargos.

Isso Sarney sabia fazer bem desde que governou o Maranhão, nos anos 1960, quando inovou com obras e serviços voltados para uma sociedade carente – projeto que não se consolidou nas décadas seguintes de domínio do clã Sarney no estado. A persistência de indicadores sociais ruins do Maranhão foi muitas vezes justificada pelos políticos da família como resultado de décadas de abandono e desigualdade social – argumento que não se sustenta sozinho. Um dos maiores orgulhos do escritor José Sarney foi ter criado, como governador, a primeira TV Educativa do país e ter fundado a Universidade Federal do Maranhão.

Efetivado como presidente da República depois da morte do titular, José Sarney tinha nas mãos o poder de decidir sobre cargos, mas não sabia como garantir a sustentação política de seu governo – ela viria do PMDB ao qual se filiara apenas para ser o vice ou da Frente Liberal formada por dissidentes do antigo PDS, seu partido de origem, que se sentira traído por ele? Como dividir milhares de cargos que o governo federal tinha pelo país?

De cara, pressionado pelos dois lados, estabeleceu um critério para preencher um dos cargos mais cobiçados pelos políticos à época, a representação nos municípios do Fundo de Assistência ao Trabalhador Rural (Funrural). Estabeleceu que o deputado mais votado em cada município faria essa indicação, regra derrubada pelo sucessor Fernando Collor logo nos primeiros dias de mandato, em 1990.

Além da autoridade de conceder aposentadorias rurais, o representante do Funrural exercia influência na hora da distribuição de cestas básicas e do recrutamento de trabalhadores para frentes de emergência contra a seca – o trabalho remunerado nessas frentes era o sonho dos sertanejos castigados pela falta de chuva e voto garantido no empregador. O presidente fez à moda dos coronéis do interior do Brasil.

A forma como Sarney tratou o serviço público e o servidor, aliás, foi motivo de controvérsias ao longo de sua carreira. É considerado pelos amigos um colega generoso do funcionalismo, um político que dá empregos e cargos públicos aos que precisam. Lembram que ele foi um dos raros governadores que não recorreram aos atos institucionais do regime autoritário para punir servidores nos anos 1960.

Para seus críticos, no entanto, a relação dele com o serviço público revela muito do seu pragmatismo: a estratégia de transformar amigos em servidores, colocando-os em postos-chave da burocracia, tendo em troca a lealdade. Políticos de partidos e ideologias diferentes consideram que justamente por isso Sarney se manteve por décadas como um dos políticos mais poderosos no Brasil: tem uma legião de seguidores e afilhados espalhados em cargos no Executivo, no Legislativo e no Judiciário.

Diante das adversidades que enfrentava ali no comecinho da Nova República, o novo presidente sabia que a divisão de cargos e benesses seria a política que lhe daria os aliados necessários.

Ao mesmo tempo buscava um discurso próprio, precisava mostrar ação. As medidas anunciadas nas primeiras semanas de governo, muitas delas na área econômica, evidenciavam a dimensão da crise. O alvo principal era o controle da inflação, projetada em 180% para 1985.

Para a área política, apresentou um pacote de propostas para remover o malfadado "entulho autoritário", expressão da moda na época para se referir às leis e regras restritivas dos presidentes militares. A principal proposta de Sarney restabelecia as eleições diretas para presidente da República, em dois turnos, mas a data da escolha do seu sucessor seria fixada pela Assembleia Nacional Constituinte que seria eleita em 1986. No lançamento do seu plano de ação fez o tradicional discurso contra a corrupção:

"É preciso que todos saibam que neste governo não será permitido o peculato e que não admitiremos o favorecimento ilícito."

Pregou também a moralidade e a redução dos gastos públicos. Questões que, ao lado da inflação galopante, se tornariam os maiores problemas de seu governo, com destaque para as denúncias de compra de votos para garantir no Congresso um mandato de cinco anos, e não de quatro, como pretendiam os constituintes.

Presidente titular e com todo o poder na mão, Sarney conviveria ainda alguns meses com a equipe montada por Tancredo. Sem pressa e sem açodamento para a troca de ministros. Não era um político de confrontos diretos e imediatos. Agia com cautela, outro traço forte de sua personalidade, de sua vivência na vida pública.

Poder e amizade

Obstinado em vencer o cerco dos adversários que estavam por todo lado, o presidente Sarney apostou que a amizade faria a diferença e fez chegar a todos que, com os aliados e fiéis, ele seria o líder leal, solidário, atencioso. E sempre pronto a ouvir.

A falta de parceiros em postos importantes do governo aumentava seu desconforto no início do mandato. Os principais líderes do governo no Congresso – o senador Fernando Henrique Cardoso e o deputado Pimenta da Veiga – não haviam sido escolhidos por ele. Eram, pelo contrário, fiéis escudeiros de Ulysses Guimarães e tinham claras divergências com o presidente, como a maioria dos integrantes do PMDB.

Sarney sentia o clima de animosidade por toda parte. Logo nos meses iniciais, em sua primeira viagem ao exterior, escolheu visitar o Uruguai governado pelo amigo Julio María Sanguinetti. Embarcou no *Sucatão*, como era chamado o avião presidencial da Força Aérea Brasileira (FAB), com toda a equipe de bordo do governo anterior. Ao sair do espaço aéreo brasileiro, a aeronave começou a chacoalhar muito. Após uma simples visita à cabine da aeronave, ficou claro para todos os companheiros de viagem que aquilo não era turbulência, mas sim manobras deliberadas do comandante Gouvêa, o piloto herdado do governo Figueiredo. Como o ex-presidente, Gouvêa não gostava de Sarney. Dias depois, foi substituído em sua função por decisão do general Bayma Denys, chefe da Casa Militar.

Contra a desenvoltura de Ulysses Guimarães no comando das articulações políticas, Sarney usaria a força do poder que detinha, mas do seu jeito, evitando o confronto e preferindo a amabilidade. Escolhia sempre abordar os problemas por meio de intermediários. Ou simplesmente não os enfrentar, se a consequência fosse uma briga certa.

Foi o que fez quando, certo dia, ouviu de um dos seus auxiliares que havia suspeitas de corrupção em um órgão público comandado por um apadrinhado de Roberto Campos, nome ilustre do PDS e um dos mais respeitados senadores. Sarney fez ouvido de mercador. Não iria se indispor com Roberto Campos.

O jeito afável e atencioso era percebido principalmente por aqueles que passavam por dificuldades. Era notório o carinho dispensado ao seu ministro da Fazenda Dilson Funaro, que lutou por anos contra um câncer. Por meses, Sarney não deu ouvidos às críticas e cobranças a Funaro que chegavam diariamente ao seu gabinete. O ministro precisava ser poupado, dizia aos interlocutores.

Quando um dos ajudantes de ordem que serviam no seu gabinete sofreu um acidente fatal em um exercício militar, seus familiares contaram com a cordialidade e solidariedade do presidente, que enviou mensagem de conforto e um interlocutor para oferecer ajuda à família no que fosse preciso.

Essa cordialidade também podia lhe causar problemas políticos. Um episódio ocorrido em plena ditadura militar explicita seu modo pendular de fazer política.

Ligado aos militares, o então governador José Sarney fez o que poucos ousariam fazer no pior momento da ditadura: no dia 12 de dezembro de 1968, ofereceu um jantar em homenagem ao ex-presidente Juscelino Kubitschek no Palácio dos Leões, sede do governo maranhense.

De São Luís, os dois saíram no mesmo avião. Sarney desceu em Recife e JK seguiu para o Rio. Lá, ao desembarcar, o ex-presidente foi preso, e a partir dali perseguido pela ditadura militar até a sua morte, em 1976. Poucas horas antes do ousado jantar, o presidente Costa e Silva havia baixado o AI-5, o ato institucional mais rigoroso do regime ditatorial, que permitia, entre outras arbitrariedades, prender políticos e cassar mandatos.

Sarney recebera JK chamando-o de "meu presidente Juscelino", frase que aumentou seus problemas com setores do governo militar que defendiam a cassação imediata do seu mandato de governador. Em público, Sarney manteve-se firme, alegando que tinha um mandato popular e que não poderia parecer "subalterno, omisso". Na intimidade, confessou que foi um momento em que temeu a cassação. Mas, em poucos dias, os ânimos serenaram.

Até porque, com esse jeito cordato, ele ia de um lado a outro do espectro político. Durante o governo de Castello Branco, Sarney e dona Marly tornaram-se amigos da filha do general, Antonieta, que, órfã de mãe, exercia a função de primeira-dama. Amizade que se estendeu à jovem Roseana Sarney. Uma relação alimentada ainda pelo fato de Antonieta, na época, gostar de escrever e ler poesias, e que pode ter evitado a Sarney alguns dissabores. Consta que, toda vez que agentes do regime levavam o nome de Sarney para ser cassado, Castello Branco o tirava da lista.

Para os amigos, ele é o verdadeiro companheiro, aquele que trata bem os liderados, que se preocupa com a vida deles, telefona no aniversário. Não questiona nem cobra diretamente os aliados que agirem de forma diversa da sua, mas registra o fato, não esquece. O Sarney vingativo se mostraria em alguns momentos de sua trajetória.

"Ele ajeita a vida de todos." Esse tipo de comentário sobre José Sarney foi muito ouvido no meio político ao longo de sua trajetória. De coligados, que enaltecem essa característica, e de adversários, que criticam.

As pessoas próximas e os políticos que rodeavam o clã sempre foram beneficiados com cargos públicos, obras pagas com o dinheiro do contribuinte e outros favores. Em décadas como senador – dois mandatos antes de ser presidente e três depois – e como presidente do Senado, Sarney estabeleceu regras próprias sobre a distribuição de cargos e funções no Legislativo: "Esse cargo é nosso". E pronto. Ninguém questionava. Assim, amigos, aliados e parentes recebiam as benesses. Era nepotismo mesmo. Como se viu na crise dos atos secretos do Senado, em 2009, até a namorada de um neto de Sarney tinha função gratificada na Casa.

O caso dos atos secretos, o mais rumoroso e duradouro escândalo do Senado que envolveu diretamente Sarney, integrantes de sua família e vários senadores, veio a público, ainda em 2009, a partir de uma série de reportagens do jornal *O Estado de S. Paulo*. O periódico revelou que entraram em vigor, sem que tivessem sido publicados, milhares de atos com contratações, nomeações, promoções, pagamento de horas extras irregulares, compras ilegais e todo tipo de benefícios a familiares e amigos dos senadores, Sarney inclusive. Foram batizados de atos secretos.

A crise se estendeu por meses, e a renúncia de Sarney da presidência do Senado foi dada como inevitável em diversas ocasiões. Mas ele não apenas resistiu: a resiliência de Sarney e o envolvimento de maior parte dos senadores nas irregularidades garantiram seu reinado no comando da Casa por mais três anos e meio, até o início de 2013.

Nas trocas de ministros, em 1985, o critério da camaradagem também contou muito, inclusive em cargos estratégicos da área econômica. Quando escolheu seu primeiro ministro da Fazenda,

Sarney surpreendeu ao nomear o empresário Dilson Funaro, que era presidente do Banco Nacional de Desenvolvimento Econômico e Social (BNDES). Funaro e Fernão Bracher – este nomeado por Sarney para a presidência do Banco Central – eram amigos do seu também amigo Mathias Machline, empresário paulista com forte influência no governo. Ele que sugeriu os dois nomes ao presidente.

Outro empresário de São Paulo, amigo de Sarney, que chegou para ser ministro às vésperas do lançamento do Plano Cruzado, foi Abreu Sodré, ex-governador biônico de São Paulo, como eram chamados os governadores sem votos nomeados pela ditadura.

Antes mesmo de virar ministro das Relações Exteriores, Abreu Sodré circulava com desenvoltura por Brasília, dando palpites. Por ocasião de uma audiência com o ministro Aureliano Chaves (Minas e Energia), logo depois da morte de Tancredo, Sodré fez questão de ir falar com os jornalistas para dar sua opinião sincera: "O Sarney tem que fazer um governo completamente diferente do que faria Tancredo. Tancredo tinha capital político para gastar". A repercussão seria péssima se ele já estivesse sendo cotado para o Ministério.

Com os adversários, Sarney sempre usou da habilidade para atingi-los. Não comprava uma briga direta, mas criava a situação para que isso acontecesse. E, quando tinha a oportunidade de se vingar de um desafeto, o fazia. Ainda que demorasse anos.

Como visto em uma votação ocorrida no Senado em 2003, quando era presidente da Casa. Sarney aproveitou um momento de descontentamento dos senadores com o governo Lula para capitanear a rejeição ao nome do ex-deputado Luiz Alfredo Salomão para uma diretoria da Agência Nacional de Petróleo (ANP). Não era contra Lula. Sarney não esquecera, e não perdoara, as duras críticas feitas ao seu conterrâneo e aliado, senador Alexandre Costa, por Salomão, quando este era deputado na Comissão Parlamentar de Inquérito (CPI) do Orçamento em 1994 – que desvendou falcatruas e desvios de todo tipo praticados por parlamentares na confecção do

Orçamento da União. Mais do que isso, em algum momento da CPI, Salomão sugeriu o envolvimento de Roseana Sarney nas irregularidades. Comprou para sempre a inimizade do chefe do clã. E teve o troco quase dez anos depois.

Enquanto se equilibrava entre amigos e adversários e entre um problema político e outro econômico, Sarney evidenciou no início do governo outra de suas características, a vaidade, e se dedicou a definir questões menores de sua gestão, mas de grande valor para ele, que prezava os ritos e a pompa no exercício do cargo.

Sarney, que desde o início do mandato prezou a chamada "liturgia do cargo", desceu a rampa do Palácio do Planalto pela primeira vez numa sexta-feira, dia 10 de maio de 1985. Estabeleceu que a subiria às terças e desceria às sextas-feiras. Sempre acompanhado de ministros, convidados e da banda de música da Guarda Presidencial. E, nos bons momentos, com o povo aplaudindo do outro lado da Praça dos Três Poderes.

O apego à liturgia era tão grande que não se furtava a cumpri-la, ainda que em momentos de desconforto físico. Foi o que aconteceu durante uma visita à ilha de Fernando de Noronha, a convite de Fernando Cesar Mesquita, nomeado governador do então território depois de deixar seu posto de chefe da Assessoria de Imprensa no Planalto. Alguma comida não lhe caiu bem e o mal-estar era percebido por muitos, mas Sarney não desapontou a tripulação de um navio da Marinha que preparou uma solene recepção para recebê-lo. Cumpriu todo o rito visivelmente incomodado.

Para ter um modo próprio de falar com os eleitores, em outubro do mesmo ano da posse estreou o *Conversa ao Pé do Rádio*, programa que emissoras de rádio de todo o país levavam ao ar às sextas-feiras, de forma voluntária. Inspirada em programa semelhante do ex-presidente dos EUA Franklin Roosevelt, a ideia deu a Sarney por quase cinco anos o canal para enviar seus recados, responder a críticas e atiçar adversários. Era por meio desse programa que ele questionava semanalmente as decisões que estavam sendo discutidas na Assembleia Nacional Constituinte.

Economia: o maior desafio

Quatro meses depois da morte de Tancredo Neves, o presidente José Sarney fez a troca mais simbólica do Ministério: tirou do cargo de ministro da Fazenda Francisco Dornelles, sobrinho de Tancredo, que já vinha degastado no posto diante da resistente crise econômica. Foi o sinal de que o governo, de fato, era outro.

E o tratamento dispensado pelo presidente a Dornelles não foi nada amigável. O ministro da Fazenda estava em Paris, em reuniões sobre as negociações da dívida externa, quando Sarney demitiu, numa sexta-feira à noite, o número 2 da pasta, o ministro interino, sob o frágil argumento de que ele havia feito críticas à condução de algumas políticas do governo.

Dornelles só soube da demissão do seu substituto na manhã de domingo, quando desembarcou no Aeroporto do Galeão, no Rio de Janeiro. Não telefonou ao presidente. Nem recebeu qualquer ligação. Nas primeiras horas da segunda-feira, sua carta de demissão chegou ao Palácio do Planalto.

Sarney demorou três horas para informar que recebera o pedido de demissão de Dornelles e que lamentava. Menos de oito horas depois anunciava seu novo ministro da Fazenda, Dilson Funaro, que tomaria posse no dia seguinte já com a ideia de um ambicioso plano de estabilização econômica. Era a primeira cartada do presidente para debelar a inflação.

Àquela altura do ano, enquanto ainda tentava ter voz no jogo político do PMDB, Sarney sabia que o maior entrave estava mesmo na economia – no final, a inflação medida em 1985 foi de 235%, superior à de 1984 (211%). Agitava também o cenário uma dívida externa nas alturas, um grande déficit nas contas públicas e a descoberta de rombos bilionários em instituições públicas. As fraudes no Instituto Nacional de Seguro Social (INSS) escandalizavam o país.

Ainda assim, a onda de pessimismo começou a virar com a eleição dos prefeitos de capitais e de grandes cidades ocorrida no final de 1985. O PMDB saiu à frente, com vitória em dezenove das 24 capitais da época. Foram as primeiras eleições diretas para prefeitos de grandes cidades – a partir do golpe de 1964 eles passaram a ser nomeados pelos militares. Neste ano, o povo elegeu os prefeitos de 201 municípios, incluindo as capitais.

Depois da eleição municipal, Sarney teria em 1986 o melhor ano de seu mandato, impulsionado pelo primeiro de uma série de planos econômicos, o Plano Cruzado, lançado em fevereiro com a promessa de salvar o Brasil do fantasma da inflação com a criação de uma nova moeda, o Cruzado, além do congelamento de preços e da recuperação dos salários.

Antes do lançamento do plano, Sarney fez novas mudanças no Ministério, que, aos poucos, ia ganhando a sua marca. A sua cara. Foi um dos momentos tensos da relação de Sarney com Ulysses Guimarães, que pretendia ter a mesma influência que exercera nas mudanças anteriores, mas não conseguiu.

A nova equipe contava com políticos e amigos que fizeram carreira na antiga UDN ao lado de Sarney. O PMDB ficou insatisfeito, seus líderes resmungaram, mas essa página foi virada já no início de março, quando o partido admitiu que o plano de estabilização da economia esvaziava a crise entre o partido e o governo. Ulysses afirmou que o Plano Cruzado "era um dos grandes momentos da Nação". Sarney venceu o primeiro round na disputa de poder com o comandante do PMDB. Perderia outros.

A partir de março, com as pesquisas de opinião indicando que o choque na economia era aprovado por 84% da população, já era mais do que amistosa a relação do PMDB com Sarney. A popularidade do presidente, que tinha uma taxa de aprovação em torno de 40% no primeiro ano de mandato, passou dos 80% no pós-Cruzado.

Por todo o país se espalharam os "fiscais do Sarney", gente do povo que se dispôs a ir às ruas para fiscalizar os preços congelados e denunciar reajustes praticados pelos comerciantes. O brasileiro passaria a conviver com absurdas cifras: Cz$ 1 (um cruzado) começou valendo o equivalente a 1 mil cruzeiros, a moeda extinta.

A construção do Plano Cruzado, contudo, não teve um caminho fácil. Tudo era novidade na Nova República, na democracia. Entre os chamados "pais do Cruzado" estavam o ministro João Sayad (Planejamento) e os economistas André Lara Resende, Pérsio Arida, Andrea Calabi, Luiz Carlos Mendonça de Barros, entre outros – muitos deles conduziriam, quase dez anos depois, o bem-sucedido Plano Real, implantado durante o governo Itamar Franco.

As dúvidas dos economistas avançavam o campo das leis. Um episódio que marca bem o vaivém das discussões ocorreu no início de janeiro, quando eles foram conversar com o ministro da Justiça, Saulo Ramos, sobre as medidas econômicas, entre elas, o congelamento de preços. Saulo foi enfático: "São inconstitucionais, portanto, impossíveis. Não pode".

André Lara saiu desolado do encontro. Luiz Carlos Mendonça de Barros vaticinou aos colegas: "A inflação vai subir muito e em menos de dois meses eles nos chamam de volta". De fato. Em um mês, Saulo os chamou e disse: "É inconstitucional, mas o presidente quer".

Além das questões legais, a equipe do Plano Cruzado driblava ainda as divergências internas, pois representava diferentes linhas do pensamento acadêmico. A base do plano era o congelamento de preços, mas parte do grupo defendia também reajustes salariais, o que poderia ser um risco. Outros tinham como maior preocupação a questão fiscal, o controle de gastos, o que foi deixado de lado.

Enquanto o programa era arquitetado, a crise econômica inquietava a classe política, e os aliados cobravam detalhes a Funaro.

Os economistas, porém, não percebiam interesse real dos políticos em entender as medidas. Ulysses, por exemplo, queria participar das discussões, mas não prestava atenção nas explicações, não tinha paciência para os detalhes técnicos.

O plano foi, enfim, lançado no dia 28 de fevereiro de 1986, causando grande impacto na vida nacional. A euforia era imensa, principalmente junto à população, que se encantava – e se enganava – com os preços congelados. No início de maio, o ministro Funaro dizia que o Brasil teria "uma inflação suíça".

Governo e governistas queriam explorar a onda de otimismo. Sarney, com popularidade disparando, aproveitou a boa maré para fazer viagens ao exterior, pelo menos duas delas com boa repercussão: ao Vaticano, para ver o papa João Paulo II, em julho; e aos EUA, a convite do presidente Ronald Reagan, em setembro.

Em Roma, Sarney e dona Marly, católicos fervorosos, eram pura felicidade no encontro com o papa. Até a sugestão de João Paulo II de que o governo não poderia desistir da reforma agrária – questão conflituosa no governo e que Sarney não sabia bem como implementar – foi interpretada como uma vitória. Nada tirou o humor do presidente naquela viagem. Nem o imprevisto com o luxuoso Maserati colocado a sua disposição e que não funcionou, apesar do esforço dos seguranças em empurrá-lo. Feliz e sorridente, o casal embarcou numa limusine.

No início de setembro, com o Cruzado já apresentando seus problemas, Sarney deixou no Brasil uma greve monumental, com mais de um milhão de trabalhadores de empresas privadas paralisados por melhores salários, e foi para os Estados Unidos. Lá, fez um discurso afirmativo sobre o momento brasileiro. Na conversa com Reagan, exaltou a volta da democracia no Brasil e disse que seu país só seria um grande comprador se pagasse menos juros da dívida externa aos países ricos. Dívida externa era um problemão naquela época.

A alegria e a tranquilidade de Sarney tinham, no entanto, prazo de validade. Entre o final de maio e o início de junho, os economistas começaram a alertar que era necessário fazer o ajuste fiscal para conter os gastos, e ainda flexibilizar o congelamento dos preços. Sarney dizia que ia fazer, mas não autorizava. Com preços congelados, a cada dia mais produtos sumiam dos supermercados. O maior símbolo do período foi a carne, que se transformou em mercadoria rara, e o governo até confiscou bois nos pastos com a ajuda dos "fiscais do Sarney".

No final de maio, o presidente aproveitou uma visita de três dias ao Projeto Carajás, no Pará, e promoveu reuniões com ministros e assessores econômicos para analisar os resultados do Plano Cruzado e traçar novos rumos. A equipe se fiou numa frase dita dias antes por Sarney à sombra de uma castanheira centenária no Horto Florestal de Carajás, como publicado no jornal *O Globo*:

"Toda vez que eu tiver uma decisão importante para tomar, eu venho aqui antes para meditar."

Havia, então, a esperança de que o presidente estava assimilando a necessidade de correções no plano. Nada feito. No livro de Regina Echeverria, Sarney conta que soube que o plano tinha fracassado ao ouvir uma conversa no banheiro entre o ministro João Sayad e o então presidente do Instituto Brasileiro de Geografia e Estatística (IBGE) Edmar Bacha.

Na reunião de Carajás prevaleceu, contudo, a decisão política. Os economistas perceberam, desde aquele momento, que o presidente Sarney não entendera a lógica do programa. Ele queria só congelar preços e dar um respiro à população. Um dos maiores erros do seu governo, como admitiu nos seus diários, ao lado de outros como o calote no pagamento da dívida junto ao FMI e a briga pelo mandato de cinco anos.

Na viagem de volta a Brasília, os economistas, se sentindo derrotados, estavam sentados nas poltronas no fundo do avião presidencial quando ouviram do general Ivan de Souza Mendes, chefe do

Serviço Nacional de Informação (SNI), o que soou como conforto: "Eu entendi o que vocês explicaram: sem correção, o plano naufraga. Uma pena, porque o presidente não entendeu".

O congelamento, com seu ilusório controle da inflação, foi mantido até novembro de 1986, quando as eleições estaduais e parlamentares deram larga vitória aos governistas. O PMDB elegeu 22 dos 23 governadores; a exceção ocorreu em Sergipe, com vitória do PFL. O partido do presidente também fez a maioria dos integrantes da futura Assembleia Nacional Constituinte.

Após as eleições, foi lançado o Plano Cruzado I, uma tentativa tardia de correção da política econômica, que, claro, não se mostrou eficaz. Pelo contrário, só piorou a situação ao longo de 1987. Com os preços congelados, a inflação de 1986 foi fechada oficialmente em 65%. Com o fim do congelamento, decretado em 27 de novembro de 1986, os preços subiram 120% em um só dia, casos das tarifas de energia e telefone.

O povo sentiu o golpe e foi para as ruas contra o estelionato eleitoral, expressão que se tornaria popular nas décadas seguintes para caracterizar que a população fora enganada pelo governante só para ganhar as eleições. O protesto organizado pelas centrais sindicais, conhecido como o "badernaço de Brasília", tomou conta da Esplanada dos Ministérios – e de outras capitais –, transformada em campo de batalha, tendo confronto direto entre manifestantes e as forças de segurança: carros incendiados, mais de cinquenta feridos, dezenas de presos, lojas e lanchonetes saqueados.

Foi sob esse clima tenso que presidente e comitiva atravessaram a Esplanada para assistir a uma missa na Catedral de Brasília. Enquanto transcorria a cerimônia, com policiais e seguranças espalhados pelo altar e banheiros da igreja, o som do protesto e o cheiro da fumaça de ônibus queimado chegavam ao interior da catedral. Sentados um ao lado do outro, Sarney e Ulysses eram a imagem da desolação. O clima azedou de vez para o governo.

Desafio duplo: economia e Constituinte

A segunda versão do Plano Cruzado resistiu por menos de seis meses, e ainda no primeiro semestre houve nova troca no comando da economia: saiu Dilson Funaro e entrou Bresser-Pereira.

A crise chegou com força também na política. A popularidade de Sarney, que alcançara 82% no ano anterior, despencou. Em fevereiro de 1987, um ano depois da euforia do primeiro Cruzado, mais de 40% dos brasileiros reprovavam seu governo, e esse índice só cresceu.

A instalação da Assembleia Nacional Constituinte, no início de fevereiro, deu ao presidente um fôlego passageiro. Entre discussões sobre questões trabalhistas e marcos regulatórios, o que prevaleceu mesmo na Constituinte foi a desgastante luta de Sarney para que os constituintes lhe garantissem cinco anos de mandato, e não quatro como planejavam. Os parlamentares discutiram também a ideia de adotar no Brasil o Parlamentarismo, no lugar do Presidencialismo.

O toma lá dá cá entre o Palácio do Planalto e o Congresso e a crise econômica dominavam a pauta do país quando foi lançado o Plano Bresser, mais uma das promessas milagrosas para acabar com a inflação. Este também não deu certo, e outros se seguiram, assim como novos ministros da Fazenda.

Em meio a esse caos, Sarney viveu um dos momentos mais tensos de seu mandato. No final de julho, após evento no Paço Imperial, no Rio, o ônibus que levava o presidente e sua comitiva foi atacado por pedras durante um protesto contra o governo. Todos lembraram que um ano antes, no mesmo Rio de Janeiro, passageiros do ônibus de Sarney foram impedidos de descer por excesso de carinho.

Naquele dia, Frota Neto, o porta-voz de Sarney, disse que "tolerância não é fraqueza, e paciência tem limite". Mas Sarney continuou praticando a tolerância, a convivência com os diferentes. Ainda precisava vencer a batalha do mandato na Constituinte.

Os debates no Congresso fervilhavam com sessões conduzidas por horas a fio por um persistente Ulysses Guimarães, chamado então de multipresidente – presidente do PMDB, da Câmara e da Assembleia Constituinte, além de presidente interino da República. Sem vice-presidente da República, o dirigente da Câmara era o primeiro na linha sucessória da Presidência da República.

Um dos mais acalorados debates na Constituinte se deu em torno da estabilidade no emprego para o servidor público. Para terror do governo e dos economistas, a ideia original foi distorcida, e a estabilidade beneficiaria, então, um contingente de quase 7 milhões de funcionários em todo o país.

Ao mesmo tempo, eram tornados públicos os altos salários do funcionalismo, incluindo os chamados funcionários fantasmas – que recebem, mas não trabalham –, causando revolta na população. Até um ministro do governo Sarney, o maranhense Reinaldo Tavares (Transportes), foi acusado de ter sido funcionário fantasma do Banco Nacional de Habitação, o BNH, extinto em 1986.

O jovem governador de Alagoas, Fernando Collor de Mello, do mesmo PMDB de Sarney e Ulysses, abraçou a campanha de combate aos "marajás do serviço público", como foram batizados os servidores com altos salários, e iniciou assim sua trajetória na política nacional, que chegaria ao ápice em 1989.

Aproveitando-se da fama que vinha conquistando, Collor roubou a cena em uma reunião de governadores em Brasília que tratou da duração do mandato de Sarney. O objetivo do anfitrião, o governador nomeado do Distrito Federal, José Aparecido, um dos mais leais amigos de Sarney, era tirar uma posição unânime dos governadores do PMDB pelos cinco anos de mandato.

Mas Collor estragou a festa. Foi para o encontro decidido a ter uma posição divergente dos colegas de partido. A única. A nota de Collor com esse posicionamento, distribuída por seu assessor

Cláudio Humberto Rosa e Silva no início da reunião, ofuscou o ato dos aliados de Sarney. O alagoano ganhou os holofotes.

O gaúcho Antônio Britto – jornalista que seria o porta-voz de Tancredo Neves na Presidência e foi depois deputado, governador e ministro – aponta como um dos grandes defeitos da Constituinte, primeiro, o fato de boa parte das votações ter acontecido de forma plebiscitária, mais como um julgamento do presidente da República do que uma decisão de mérito. O segundo problema foi considerar que toda demanda corporativa de setores variados da sociedade deveria ser atendida.

Um dos maiores lobbies na Constituinte foi o dos promotores, que resultou no fortalecimento do Ministério Público. Sobre este ponto, o deputado pernambucano Roberto Freire disse na época que os constituintes estavam criando um monstro ao prever uma nova estrutura para a carreira do Ministério Público, com ampla autonomia para solicitar investigações e fazer denúncias no âmbito da administração pública.

Em seu programa de rádio, Sarney reclamava dos Constituintes, que, segundo alegava, quebrariam o país. Dizia que havia casuísmo, corporativismo excessivo. Fazia alertas semanais no "pé do rádio". Enquanto isso, nos bastidores, negociava a duração de seu mandato, com troca de favores políticos. E reforçava programas sociais, como os de distribuição de cestas básicas e de leite, para angariar apoio popular.

Sarney não aceitava bem as críticas. Ficava magoado, remoendo. Ao jovem constituinte paraibano Cássio Cunha Lima, lamentou:

"E ainda dizem que sou populista. Você já viu populista usando jaquetão?", disse, referindo-se ao paletó de lapela larga cruzado no peito, sua vestimenta preferida, e considerada fora de moda.

O jaquetão e o bigode se tornaram símbolos marcantes de Sarney e seu governo.

Em 1988, a Constituinte e a crise econômica avançavam ao mesmo tempo. Sarney começou o ano com um novo ministro da Fazenda, Maílson da Nóbrega, e os velhos problemas de sempre: inflação galopante, endividamento dos estados e fracassadas propostas de pacto social. A inflação chegou a mais de 1.000%. Era o caos.

No Congresso, a Constituinte dividiu espaço com a CPI da Corrupção, criada para apurar denúncias de irregularidades no governo: do favorecimento no projeto de construção da Ferrovia Norte-Sul às concessões de rádios e TVs dadas às pencas por Sarney a políticos aliados em troca de votos para aprovar os cinco anos de mandato.

Foi um período em que Sarney, mais uma vez, mostrou lealdade aos amigos. Um deles, Aníbal Teixeira, ministro do Planejamento, passou um ano inteiro sob intenso bombardeio por conta das denúncias de que havia no seu ministério um esquema de cobrança de propina para intermediação de verbas para prefeituras. Sarney o apoiou o tempo todo, mesmo quando o ministro admitiu que havia sim corrupção no governo. Até que o próprio não aguentou e pediu para sair do cargo.

Por fim, Sarney conseguiu na Constituinte o que queria: presidencialismo e cinco anos de mandato. Não foi de graça. A apreensão era tanta que o Serviço médico da Câmara atendeu no dia desta votação doze constituintes com hipertensão. Um dos líderes do chamado Centrão do Sarney – que reunia os parlamentares de partidos de centro –, o deputado paulista Roberto Cardoso Alves, bradava desde cedo: "Manda quem pode, obedece quem tem juízo". Manda quem tem a caneta na mão.

Com a vitória, Sarney ganhou novo fôlego para fazer mais mudanças na equipe e na economia. O PMDB, por seu lado, além da divisão na Constituinte, vivia outro drama: começava a perder nomes importantes para o novo partido que estava em gestação, o Partido da Social Democracia Brasileira (PSDB), criado em junho de 1988.

É neste clima que Ulysses adota um discurso mais amigável em relação ao presidente Sarney. Disse, por exemplo, diante do cerco da CPI da Corrupção, que acreditava na inocência de Sarney, porque "o conhecia na intimidade".

Nesse mesmo período, ao participar de um evento cultural da Unesco, Sarney discursou sobre a fragilidade das democracias na América Latina e, para sua alegria, ganhou um gracejo do escritor baiano Jorge Amado: "Quem disser que no governo Sarney não há democracia é um reles mentiroso". Eram dias mais amenos para o presidente.

Aos trancos e barrancos, governo e Congresso concluíram uma etapa importante do processo de transição democrática no dia 4 de outubro de 1988 com a promulgação da nova Constituição. A "Constituição Cidadã" de Ulysses Guimarães.

A partir daí começaria, de fato, o fim da Era Sarney e o seu total isolamento na eleição presidencial de 1989, quando o governo nem teria um candidato e o apoio do presidente era dispensado por todos os concorrentes.

Chegando ao fim

No ano da primeira eleição direta para presidente da República depois de um jejum de 29 anos, o tema dominante ainda era a economia em frangalhos, inflação, preços e juros nas alturas. A inflação chegaria a índices recordes: fechou 1989 em 1.782%, segundo dados do IBGE.

Sarney tinha a intenção de fazer mais uma reforma ministerial, mas a notícia que corria solta no meio político era de que ninguém queria ser ministro. Em janeiro, em mais um lance para dar sobrevida ao governo, a equipe econômica, persistindo no erro, tentou o terceiro congelamento de preços com o Plano Verão, que estabelecia ainda a extinção de cinco ministérios e quarenta órgãos públicos, além da demissão de 60 mil servidores. O Congresso se recusou a aprovar as medidas administrativas.

Enquanto Sarney passava por suas agruras, um novo personagem político ganhava destaque: o recém-eleito presidente da Câmara, Paes de Andrade (PMDB-CE), que seria o presidente interino da República, como fora Ulysses. Na primeira oportunidade de substituir Sarney na Presidência, ele ganhou as manchetes ao usar três aviões oficiais e dezenas de funcionários públicos para visitar sua cidade natal, Mombaça, no Ceará.

Seguia a cartilha do titular do Planalto. Mesmo com crises de todo tipo que permearam seu mandato, José Sarney não parou de viajar. Em 52 meses de governo, deixou o Brasil trinta vezes, visitando vinte diferentes países em quatro continentes. Viagens repetidas para países vizinhos cumpriam a agenda de criação do Mercosul – o Mercado Comum do Cone Sul, que de início reunia Brasil, Argentina, Uruguai e Paraguai –, um dos feitos do seu governo.

Para desgosto do presidente, no entanto, a viagem mais famosa do seu mandato foi aquela que ficou conhecida como a "Caravana da Guilhotina", em julho de 1989. Para as comemorações do bicentenário da Revolução Francesa, Sarney fretou um DC-10 da Varig, que pousou em Paris com 49 passageiros e 183 assentos vazios. Os convidados para o voo de Sarney se uniram a outros sessenta brasileiros que já estavam na capital francesa desde o início do mês, levados por um Boeing da FAB. Apenas o aluguel do DC-10 custou o equivalente a 400 mil dólares, além de outros milhares gastos em diárias pagas a integrantes da comitiva presidencial, incluindo ministros e governadores. Um desgaste e tanto para o já impopular presidente.

Nos primeiros meses do ano, os presidenciáveis já estavam em campo. O Tribunal Superior Eleitoral (TSE) chegou a registrar, a princípio, 31 candidaturas a presidente. De velhas raposas políticas como Ulysses Guimarães, Paulo Maluf e Leonel Brizola, passando pela nova esquerda representada pelo líder sindical Lula, por políticos ainda desconhecidos do grande público, como Mário Covas, Aureliano Chaves, Roberto Freire, Ronaldo Caiado, além de novatos como Enéas, Collor e até um candidato de nome Marronzinho.

Nenhuma candidatura representava o governo Sarney ou fez a defesa dele, ainda que de forma protocolar. A campanha caminhava para uma disputa acirrada entre Fernando Collor e um candidato da nova esquerda, o petista Lula ou o pedetista Brizola. Os políticos mais experientes, que dominaram a cena política nos anos anteriores, foram esquecidos pelos eleitores.

O presidente ficou totalmente fora da campanha, tentando manter a governabilidade. Volta e meia fazia uma nova proposta de pacto social, que não evoluía. Em maio já eram definitivos os indicativos de que Sarney fracassara no seu propósito de arrumar a economia: nas prateleiras dos supermercados faltavam arroz, café, feijão e açúcar.

Resignou-se, então, em garantir a normalidade da primeira eleição direta para presidente em quase três décadas. Ninguém pode tirar de José Sarney o mérito de ter conduzido democraticamente a transição da ditadura para governos civis eleitos diretamente pelo povo.

O fisiologismo, a inflação e a compra de voto foram as principais marcas do mandato, mas avanços são atribuídos à gestão de Sarney. Além da convocação da Assembleia Nacional Constituinte, ele é reconhecido por ter sido o precursor na defesa do meio ambiente e ter assegurado a liberdade sindical, reatado relações diplomáticas com Cuba e reaproximado o Brasil da China e da União Soviética. Em aliança com a Argentina, estabeleceu as bases para criação do Mercosul, ocorrida em março de 1991. Criou também o Conselho Nacional dos Direitos da Mulher, o Ministério da Reforma Agrária, o Ministério da Cultura e a lei de incentivo à cultura.

O fortalecimento do Ministério Público foi estimulado por Sarney na Constituinte. Durante seu mandato, a Procuradoria Geral da República não tinha papel claramente definido, tanto que defendia o governo ao mesmo tempo que denunciava casos de desvios na esfera pública. Junto com seu consultor jurídico Saulo Ramos, Sarney propôs a separação das tarefas, criando a Advocacia-Geral da União, para defender o governo, o presidente, a União.

O fim de Sarney na Presidência da República foi melancólico. O homem que não recebeu o cargo de Figueiredo passou a faixa presidencial a Fernando Collor, desejando-lhe boa sorte, e não se furtou a descer a rampa do Palácio do Planalto, de frente para uma multidão que estava lá para festejar o sucessor.

A animosidade que prevaleceu entre os dois durante a campanha foi quebrada dias antes da posse. O momento era farto em boatos. Um deles dava conta de que Collor daria voz de prisão a Sarney ao receber a faixa presidencial. O ansioso Sarney acreditou nessa possibilidade e o seu chefe de gabinete militar, Rubens Bayma Denys, procurou seu sucessor, Agenor Homem de Carvalho, para uma conversa.

Collor, claro, negou essa intenção. E, com o pretexto de tratar questões administrativas com Sarney, aproveitou para pedir ao general Denys um helicóptero para levá-lo ao Pericumã, o sítio da família Sarney nos arredores de Brasília. A visita se deu em um sábado de Carnaval. Desanuviou o clima entre os dois.

Deixando para trás uma inflação de quase 1.800% ao ano e com a popularidade no chão, uma rejeição na casa dos 80%, Sarney desceu a rampa pela última vez e acenou para o povo na Praça dos Três Poderes antes de entrar no ônibus que o levaria à Base Aérea. Foi direto para São Luís, onde chorou ao discursar para cerca de 10 mil pessoas que foram recebê-lo.

Ainda em 1990, depois de o PMDB lhe negar a legenda para disputar a eleição pelo Maranhão, Sarney mudou seu domicílio eleitoral para o Amapá, onde conquistou o primeiro dos novos três mandatos de senador. Retornou a Brasília em fevereiro de 1991, pelo voto direto, e logo voltou a ter espaço e importância na política nacional, transitando com influência em todos os governos – à exceção do de Collor – até 2014. Em janeiro de 2023, aos 92 anos, foi presença notável, no Palácio do Planalto, em cerimônias de posse de vários ministros do novo governo de Luiz Inácio Lula da Silva.

Com muitos atropelos, alguns acertos e uma visão às vezes distorcida a respeito do verdadeiro interesse público, Sarney exerceu e usufruiu o poder no Brasil por mais de seis décadas. Deixa na política, sua maior paixão, uma marcante e controversa história, e também muitos herdeiros.

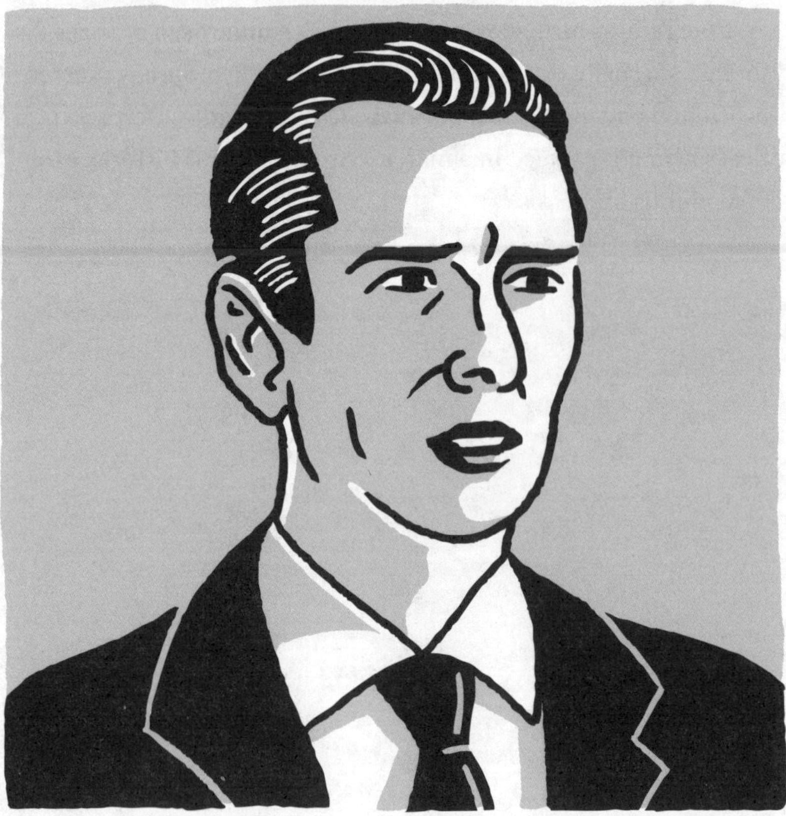

FERNANDO COLLOR
O impetuoso

Ser diferente

No início de 1990, um influente parlamentar do Nordeste, adepto de primeira hora da campanha presidencial do Partido da Reconstrução Nacional (PRN) em 1989, foi cheio de expectativas para uma audiência com o presidente eleito Fernando Collor de Mello. Ele e sua equipe estavam instalados no chamado Bolo de Noiva, o prédio anexo do Itamaraty, onde trabalhariam até a data da posse no Palácio do Planalto, em 15 de março. Logo no começo da conversa, o político sacou do paletó um papel e estendeu a mão para entregá-lo a Collor, dizendo:

"Estas são as sugestões políticas que faço em nome da minha região."

O presidente, como estava, permaneceu. Depois de alguns instantes com o braço ainda estendido e o papel na mão, o parlamentar deixou-o sobre a mesa. A conversa continuou por pouco tempo e logo o interlocutor levantou-se para ir embora.

Quando estava saindo, Collor o chamou, apontando para a mesa: "O seu papel. Você está esquecendo."

O próprio parlamentar relatou o episódio, preferindo o anonimato.

Collor pagaria caro por esse desprezo em relação aos políticos. À beira de perder o mandato, dois anos e meio depois da posse, ele tentou consertar o estrago.

Era outubro de 1992, e muitos senadores começaram a ser surpreendidos por um telefonema pessoal de Fernando Collor de Mello. A alguns deles, o presidente, já afastado do cargo após a abertura do processo de impeachment na Câmara, alegava estar ligando para dar os parabéns pelo aniversário, deixando o interlocutor admirado com a novidade. Com outros, emendava qualquer assunto corriqueiro.

Um dos senadores procurados, Louremberg Nunes Rocha, eleito por Mato Grosso e filiado ao aliado Partido Trabalhista Brasileiro (PTB), estava em viagens pelo interior e recebeu vários recados até ser alcançado ao telefone por Collor, que o cercou de gentilezas.

Após falar com o presidente, o senador declarou-se surpreso. Em mais de dois anos não tinha conversado uma única vez com ele e acreditava que Collor ignorava sua existência até então.

Foi assim que Collor decidiu arregaçar as mangas e procurar pessoalmente todos os senadores que pudessem ouvir seus argumentos. Foi grande o empenho na tentativa de barrar o impeachment no Senado.

Tarde demais. Collor obteve apenas três votos favoráveis na Casa, contra 76 que o condenaram.

Fernando Collor não tinha a menor paciência para encontros com parlamentares. No começo do mandato, quando os recebia no Palácio do Planalto, estava sempre olhando o relógio, como um aviso nada discreto de que o tempo havia terminado. Esse comportamento foi notado durante todo seu mandato. Até a derrota na Câmara.

A humildade que tentou exercitar após a abertura do processo de impeachment nunca foi percebida no seu comportamento público. Não convenceu nem aliados próximos.

Fernando Affonso Collor de Mello foi qualificado como um fenômeno eleitoral ao se eleger presidente da República, em 1989, aos 40 anos de idade, por um partido novo e pequeno, o PRN, e sem alianças partidárias. Sua trajetória rumo ao Palácio do Planalto começou com o mote "caçador de marajás" do serviço público – funcionários com altos salários e funcionários fantasmas, aqueles que recebem sem trabalhar – e se voltou para os que chamava de "descamisados" e "pés descalços". Foi a primeira campanha midiática e profissionalizada dos tempos modernos.

As suas características mais conhecidas, evidenciadas durante a campanha e presentes durante o mandato, eram a impetuosidade, a firmeza nos gestos, a obstinação, a vaidade e uma exigência que beirava o autoritarismo. A lealdade àqueles que lhe foram fiéis só era percebida nos círculos mais íntimos, para grupos restritos.

No exercício da política, sobressaíam os traços mais negativos. Aliados e assessores de convivência próxima com Collor destacam: impaciência e arrogância eram a sua marca no trato político. Arrogância com o voto. Solene desprezo pelos políticos.

Quando seu governo já estava em crise, Ricardo Fiúza, líder governista na Câmara, chamou o assessor de imprensa de Collor, Cláudio Humberto Rosa e Silva, para um jantar em seu apartamento em Brasília, onde mantinha num quarto um HD com arquivo sobre os políticos. Com uma lista dos parlamentares, estado por estado, dizia que era fácil garantir apoio no Congresso. Era só Collor atendê-los por poucos minutos, tirar uma foto. Pronto, estava feito o agrado.

Collor concordou com a receita e começou a receber parlamentares às quintas-feiras. Na quarta, já saía irritado do Planalto, só de ver a agenda do dia seguinte. O combinado era que os encontros seriam de cinco minutos. Assessores eram orientados a interromper os encontros no segundo minuto quando o convidado era alguém por quem Collor sentia especial aversão.

A maioria dos deputados achava que estava ali vivendo os bastidores de um grande momento da vida nacional. Os mais experientes, no entanto, percebiam a má vontade do presidente; não se sentiam bem tratados.

**

Nascido no Rio de Janeiro em 12 de agosto de 1949, Fernando Collor acompanhou desde pequeno a carreira política do pai, Arnon Affonso de Farias Mello, entre Rio, Maceió e Brasília. Após uma juventude agitada em Brasília, típica das famílias de classe alta, voltou para Alagoas para estudar economia na universidade federal, trabalhar na empresa de comunicação da família e dar início à carreira política pela Arena, a agremiação partidária da ditadura militar.

O jovem galã que transitava entre as três capitais casou-se aos 26 anos, em 1975, com a socialite carioca Lilibeth Monteiro de Carvalho, herdeira de um dos maiores grupos empresariais do país, o Monteiro Aranha, com atuação em diversos setores da economia, sobretudo na indústria. Com ela teve os filhos Arnon Affonso e Joaquim Pedro. A relação terminou em 1981. O segundo casamento, com a alagoana de Canapi Rosane Malta, sem filhos, durou quase vinte anos, tendo sido ela a primeira-dama do Brasil quando ele foi presidente.

Descobriu-se, durante seu governo, que, em 1980, Collor teve um filho fora do casamento, Fernando James, que ele reconheceu em 1998. O rapaz chegou a ser vereador em Rio Largo (AL) e depois foi trabalhar na empresa da família Collor de Mello em Maceió.

Em 2006, Collor casou-se com Caroline Medeiros, uma jovem arquiteta alagoana, com quem tem as filhas gêmeas Cecile e Celine.

Desde jovem, Fernando Collor, agitado e inquieto, dava demonstrações de que seria incomum. Queria fazer a diferença. Queria se destacar. E conseguiu – para o bem e para o mal.

Ponto de partida – caçador de marajás

Em 1989, Collor arrastou multidões para sua campanha presidencial ao adotar o discurso do novo contra o velho, do repúdio às práticas políticas tradicionais e aos conchavos partidários. Um figurino que incorporou com naturalidade, a despeito de àquela altura ter no currículo três cargos políticos relevantes: prefeito nomeado de Maceió, deputado federal e governador de Alagoas.

O sucesso na campanha foi garantido ainda pelo estilo jovial, a aparência de galã e o jeito determinado nos atos e nos discursos. Nos comícios, muito focado no que deveria dizer, logo criou uma marca: começava com "Minha gente" e terminava com "Não me deixem só". Para alegria da plateia, se misturava no meio do povo no final dos comícios, sendo carregado pelos apoiadores.

Vale recontar como foi construída a imagem de "caçador de marajás". Quando assumiu como governador de Alagoas, em 1987, a folha de pagamento do estado representava 120% da receita. Ele precisava conter os salários do funcionalismo e começou dando o exemplo de cima – reduziu os salários abusivos de desembargadores, procuradores do estado, conselheiros de Tribunal de Contas, alguns maiores até do que os vencimentos de governadores e presidente da República. Antes mesmo de tomar posse, Collor entrou com ação no Supremo Tribunal Federal, já ganhando destaque no noticiário nacional.

Teve ainda mais projeção quando expôs para o Brasil uma situação esdrúxula: o governo anterior mantinha uma fundação municipalista usada para contratar funcionários fantasmas. Compra de voto explícita. Era uma casa em que cabia cem pessoas e tinha 5 mil funcionários. O contracheque ia pelos Correios, o "funcionário" nem precisava ir à repartição. Quando assumiu o governo do estado, Collor condicionou o recebimento do salário à presença física. Chegavam ônibus lotados de cabos eleitorais para assinar o ponto. Para uma só mesa de telefonista havia 28 pessoas contratadas para a função. Imagens fortes que inundaram o noticiário de TV por todo o país.

Na corrida à Presidência da República, Collor se mostrou intuitivo, mas foi guiado principalmente pelas valiosas pesquisas qualitativas, uma novidade à época, realizadas por Marcos Coimbra, filho do embaixador Marcos Coimbra, seu cunhado e futuro Chefe da Casa Civil em seu governo. Pelas pesquisas ganhou forma o discurso pregando a modernização da indústria brasileira, abertura da economia, derrubada da inflação, além do combate às mordomias do serviço público.

Na primeira eleição direta para presidente da República em quase trinta anos, o Brasil viu uma campanha farta de candidatos. A disputa começou com cerca de trinta nomes e chegou às urnas com catorze, incluindo celebridades da política nacional como Ulysses Guimarães, Mário Covas, Leonel Brizola e Luiz Inácio Lula da Silva. Até o empresário e apresentador de TV Silvio Santos se arvorou a disputar o posto, mas seu registro eivado de irregularidades foi barrado pela Justiça Eleitoral.

A eleição ocorreria em 15 de novembro, mas desde maio o alagoano por um lado inquietava os adversários e, por outro, decepcionava alguns dos que pretendiam engrossar sua campanha. Despontando nas pesquisas, ele se deu ao luxo de escolher aliados e determinou: a preferência era por vereadores, os mais próximos das bases; deputado federal só aceitaria os de um ou dois mandatos, para manter a coerência do "não" à velha política.

O rápido crescimento da candidatura surpreendeu o próprio candidato e desarrumou a concorrência. Em junho, os adversários já não o consideravam um fenômeno passageiro, pois as pesquisas lhe davam 43% das intenções de votos, contra 11% para Brizola e 8% para Lula. Os demais pontuavam abaixo de 5%.

Foi nesse momento que Collor deu novos indicativos de seu modo de fazer política. Autoconfiante, determinado e envaidecido com a possibilidade de ser o principal, se não o único, responsável por sua previsível vitória, optou por seguir sua marcha praticamente sozinho e fechou as portas aos adesistas de última hora:

"O critério, agora, é adesão de qualidade, e não de quantidade."

A euforia era tanta que o comitê de campanha, ainda extraoficial, não dava conta do assédio. Era o dia inteiro lotado de eleitores, políticos e curiosos. Nem as secretárias estavam preparadas. Num desses dias, o vice da chapa, o político mineiro Itamar Franco, telefonou várias vezes para tentar falar com o candidato. Não conseguiu, claro. Mais do que isso, a secretária não tinha ideia de quem era Itamar Franco, como ele mesmo contou.

A propósito, a indicação do vice na eleição de 1989 foi uma dificuldade vivida por quase todos os candidatos. A ideologia pesou pouco nas escolhas. Um mesmo nome foi alternativa para candidatos que se proclamavam de esquerda, de centro ou de direita.

Fernando Collor fixou um critério para compor sua chapa: um nome de Minas, importante estado do Sudeste e segundo maior colégio eleitoral do país. Casava bem com um candidato nordestino. Depois de duas tentativas fracassadas, Collor mirou em Itamar Franco, um dos fundadores do PMDB, mas que, por divergências internas, havia disputado a última eleição pelo Partido Liberal (PL). A sigla bastou para se convencer, ou fazer de conta, de que Itamar tinha afinidades com suas ideias liberais.

Na convenção do PRN que homologou a chapa, Collor fez questão de reforçar seu discurso liberal, endereçado às elites empresariais, prometendo a modernização econômica por meio da participação do setor privado nas áreas monopolizadas pelo Estado. Para a base da pirâmide, anunciou:

"Quero ser a voz dos oprimidos, dos espoliados."

Collor era determinado, obstinado. Quando queria uma coisa, não desistia fácil. Foi assim quando no meio da campanha insistiu para ter no seu palanque um dos governadores mais populares daquela safra, Tasso Jereissati, do Ceará, e ainda no PMDB. Teve uma primeira conversa, sem sucesso.

Collor estava na Europa quando soube que Tasso iria conversar com o presidenciável do PSDB, Mário Covas. De lá, mandou um emissário falar com o cearense novamente. Seu principal argumento: Tasso, assim como ele, era da mesma geração de políticos capaz de enfrentar o que ele chamava de "política tradicional".

Depois de duas conversas reservadas com o candidato, Tasso chegou a anunciar o apoio, mas recuou, irritado, quando a campanha de Collor vazou a carta-compromisso que ele divulgaria. Para Tasso, o que ficou do episódio foi a lembrança do comportamento intempestivo e autoritário de Collor.

Ainda que quisesse escolher seus aliados, a campanha de Collor não tinha como impedir a adesão em massa de parlamentares e políticos país afora. O verbo "collorir" ganhou as rodas políticas. No final de agosto, ele tinha entre 40% e 45% de intenções de votos, enquanto nenhum dos seus adversários chegava aos dois dígitos.

O entusiasmo era grande. A multidão nos comícios, maior ainda. Em um ato de campanha no Rio houve pancadaria entre eleitores de Collor e de Brizola, resultando em uma pedrada no rosto do assessor Cláudio Humberto. A partir daí os comícios de Collor passaram a contar com alguns faixas pretas bem treinados na segurança do staff do candidato.

A campanha de Collor era a mais organizada, totalmente estruturada de acordo com as normas do marketing político, que só se tornaria popular no Brasil nas eleições seguintes. O candidato tinha assessores específicos para cuidar da agenda, do relacionamento com a imprensa, da informática, da segurança, das finanças.

Um *ghost-writer* (redator) para seus discursos. E até uma equipe própria para organizar os palanques, evitando presenças indesejáveis – os papagaios de pirata, que ele abominava.

Na conturbada e instável relação com a imprensa, ele agia como o dono da bola. Numa ocasião, durante uma viagem a Manaus, Collor evitou e ignorou os jornalistas brasileiros o dia inteiro. Neste mesmo dia já tinha agendada uma entrevista à correspondente da revista *Time Magazine*, mas antes de começar estabeleceu que só falaria se ela se comprometesse a não repassar o teor da conversa para os colegas brasileiros.

O favoritismo de Collor permaneceu por todo o período de campanha, da mesma forma que se manteve a incógnita sobre seu adversário no segundo turno. Lula e Brizola disputavam o segundo lugar, bem atrás.

O sossego do candidato do PRN só foi ameaçado no início de novembro com a entrada de Silvio Santos na disputa. Collor foi o que mais temeu essa novidade, e por onde passava desmerecia o empresário fluminense. Num comício em Juazeiro do Norte, terra de Padre Cícero, ele disparou com tom de voz colérico:

"Não acredito que vocês do Ceará troquem um nordestino como eu por um candidato do Sul que não sabe o que é fome nem miséria!"

A primeira pesquisa Ibope com o nome de Silvio Santos, a uma semana da eleição, mostrou o que todos temiam: Collor caiu para 23% das intenções de votos e o empresário computou 18%. Mas logo foi retirado da disputa pela Justiça Eleitoral. Brizola e Lula passaram dos 10 pontos, embolados, com tendência de subida do petista.

Golpe no adversário

Antes do senso comum e das pesquisas, o intuitivo Collor já dizia, com meses de antecedência, que seu adversário no segundo turno seria Lula. Na reta final, mais obstinado e determinado a vencer, o seu comportamento impetuoso estava em alta. Demandava o tempo todo. Sugeriu aos coordenadores da campanha que dormissem o menos possível.

Na primeira semana de novembro ocorreu um acidente, em Belo Horizonte, com um dos aviões da campanha do PRN. Duas pessoas da sua equipe e dois tripulantes morreram. Por meio da assessoria, Collor lamentou, mas evitou contato com a imprensa e manteve sua agenda de viagens. Era um candidato em campo de batalha. Prático, racional. Em público, não se curvava à emoção.

O dia da eleição, 15 de novembro, chegou com Collor ainda na frente, mas com vantagem menor, e seu adversário do provável segundo turno ainda indefinido. Mais de 82 milhões de eleitores, cerca de metade da população brasileira à época, foram às urnas 29 anos depois da última eleição direta para presidente. Lula passou Brizola por menos de 300 mil votos.

O resultado do primeiro turno foi interpretado como uma rejeição à chamada velha política. Para a segunda etapa da disputa, Collor reforçou o discurso de que era o candidato dos pobres, enquanto Lula articulava mal na busca por apoios.

No primeiro debate do segundo turno, Fernando Collor assumiu postura de estadista, como ele mesmo definiu, agindo com mais calma e elegância, ficando mais na defesa que no ataque, pois estava com ampla vantagem sobre Lula. Para o segundo debate, no entanto, tudo mudou: a três dias da eleição e em empate técnico com o petista, a assessoria antecipou que Collor seria ele mesmo, mais agressivo.

O ataque começou na véspera do debate, dia 13, quando o programa de TV do PRN pôs no ar depoimento de Miriam Cordeiro, ex-namorada de Lula, relatando que, ao contar-lhe que estava grávida, ele sugerira um aborto. O episódio é considerado um dos golpes baixos mais escandalosos de todas as campanhas eleitorais.

"Tenho mantido posição de estadista e só venho levando pau de Lula. Agora vai ser como quero... vamos ganhar de capote", foi a explicação de Collor dada a jornalistas após o debate em que o petista ficara emocionalmente abalado ao sentir o golpe.

A exploração de uma questão íntima e pessoal do adversário dividiu aliados e até mesmo a equipe de campanha de Collor. Mas ele não se incomodou. Logo vazou a informação de que Miriam tinha recebido dinheiro para falar no programa do PRN. Lurian, filha desse relacionamento, ficou anos sem falar com a mãe e desde então tornou-se mais próxima do pai.

A análise que se fazia naquele momento era de que Lula, ao subir nas pesquisas muito antes do dia da eleição, permitiu ao adversário articular a bomba que o desorientou, sem dar-lhe tempo para o troco. Marketing puro. Agressivo. Sem resposta à altura.

Os dois chegaram praticamente empatados no segundo turno. Collor saiu com 34 milhões de votos; Lula tinha 30,5 milhões.

Eleito, Collor retoma com força seu estilo autossuficiente. Prega um governo de união nacional, mas rejeita coalizão de partidos. Quer adesões isoladas de figuras importantes. Quer José Serra e Fernando Henrique Cardoso, mas não o PSDB. O argumento era de que uma negociação com partidos o tornaria prisioneiro da legenda. Seria um governo de união nacional, mas com um Ministério do Collor, que era conhecido como "intutelável".

Em uma reportagem que o classificava como um homem extremamente vaidoso, temperamental e cheio de manias, ele próprio explicou:

"As pessoas confundem temperamento forte com intolerância. Só não levo desaforo para casa."

Outros modos no Planalto

Decidido, obstinado, vaidoso, exigente, saúde de ferro, esportista – praticava natação, artes marciais e corrida, principalmente. No quesito hábitos: as famosas gravatas francesas Hermès; três charutos cubanos por dia; caneta Montblanc; água Perrier; sapatos sob medida número 43,5, de preferência feitos por artesãos de couro italianos.

Assim, com pequenas variações, o primeiro presidente eleito pelo voto direto em três décadas foi apresentado aos brasileiros no dia de sua posse, em 15 de março de 1990. Com 40 anos de idade, era o mais jovem político a assumir o posto no Brasil.

Ele próprio se definia por meio de frases que ganhavam as manchetes:

"Sou a modernidade. Em um ano, a inflação estará em apenas 3% ao mês."

"Quero ser a voz dos oprimidos e espoliados na Presidência da República."

"O que gostaria de ganhar de presente logo após a posse? Uma supernave, ultraveloz."

No dia da posse, o personagem central da cena no Palácio do Planalto apresentou seu lado mais humano ao deixar escapar os olhos marejados, ainda que apenas ligeiramente. Depois de uma campanha com ataques virulentos a José Sarney, as mágoas foram largadas de lado por alguns instantes no momento de transmissão do cargo e da faixa presidencial.

"Como brasileiro, peço a Deus que o ilumine em suas decisões", disse Sarney, na despedida.

"Obrigado, presidente. Eu preciso disso."

Instalado no Palácio do Planalto com a força dos milhões de votos e a disposição renovada pelo poder, Collor instituiu um modo de governar considerado a princípio ágil e moderno. Logo de cara criou para sua gestão a marca "Brasil Novo", que vendeu a ideia de novidade para o público externo e estabeleceu regras internas, para orientar a equipe.

No seu "Brasil Novo", Collor não aceitava pessimismo ou comportamento titubeante do interlocutor. Dos ministros exigia atitudes e expressões afirmativas. Um *collorido* de primeira hora não concordava simplesmente, não usava o "depende". Enfático, devia sempre dizer "sem dúvida". Para negar alguma coisa, tinha que começar com um "em nenhum instante".

O glossário da marca era também farto em advérbios: absolutamente, efetivamente. Modernidade, determinação e coragem também eram obrigatórias. Era orientação do gabinete presidencial passar à população a segurança, a bravura e a obstinação do jovem presidente e do seu governo.

Inebriado pelo poder, Collor odiava qualquer comparação com o antecessor José Sarney. Por outro lado, gostava das referências, ainda prematuras, de suas semelhanças com os ex-presidentes Juscelino Kubitschek e Ernesto Geisel. Do primeiro, a popularidade e o fato de ter passado à História como o presidente que transformou o Brasil. De Geisel, a comparação com o prazer pelo exercício da autoridade, o comportamento despido de emoção no trato do poder.

A expressão "brasileiros e brasileiras" do antecessor foi substituída por "Minha gente". Mesmo prezando a liturgia do cargo, Collor sabia ser oportuno e, ao se comunicar com plateias jovens, fazia uso até de gírias, como quando perguntou a um jovem se ele gostava de "rock pauleira" ou "brabera". E, na despedida, o jovial "tchau, pessoal" quando estava de bom humor.

O palco dos discursos otimistas e das plateias encantadas era o que Collor prezava. Dos políticos queria distância. Não se considerava na obrigação de recebê-los, de ouvir seus pleitos. No primeiro ano de governo, quando confrontados e cobrados sobre o distanciamento do presidente, os mais próximos respondiam: o estilo Collor é o dele, indefinível, não segue um padrão normal. Varia de acordo com o humor.

A vitória nas eleições sem alianças e sem partido forte passou a Fernando Collor a confiança de que poderia governar sozinho. Ele não dava importância ao Congresso. Se algum político ainda acreditava que o discurso da campanha cederia lugar ao necessário pragmatismo na relação do presidente com os parlamentares, logo se percebeu que seria diferente.

Uma das atitudes mais frequentes de Collor era impor distâncias glaciais a seus interlocutores, quando assim desejava. Nas conversas reservadas, ele era quem dava o tom. Numa das primeiras audiências com o presidente, o então senador Teotônio Vilela Filho chegou saudando-o com o respeitoso "senhor presidente". Collor deixou de lado a formalidade e o tratou por Téo – eles foram contemporâneos no período da adolescência em Brasília quando os pais eram senadores.

Repetiu esse comportamento com outros amigos de juventude, mas sempre deixando claro que quem devia dar a forma do tratamento era ele. Se um interlocutor chegava com intimidades, o presidente dava logo um gelo. Ele era o dono da bola no jogo e assim desejava ser visto, nas relações institucionais e nas domésticas.

Por ocasião de uma viagem à Venezuela, Collor concluiu sua agenda e seguiu para o aeroporto, onde ficou esperando por uma hora pela esposa Rosane. O embaixador Marcos Coimbra, que era casado com sua irmã Leda, atrasou mais uns quinze minutos. Quem presenciou a expressa impaciência do presidente – além da agressividade das reclamações e xingamentos – saiu com a certeza de que aquilo nunca mais aconteceria. Intolerância era também uma marca forte de seu temperamento.

O marketing de estampa

Ao lado do combate à inflação e dos problemas com o Congresso, o marketing político e pessoal foi uma constante de Collor no primeiro ano de mandato. Ele tratou cuidadosamente de sua imagem como nenhum outro presidente até então.

Não perdeu uma única oportunidade de ser fotografado e filmado praticando corrida, andando de moto, jet ski e lanchas nos finais de semana nos arredores da Casa da Dinda, como se tornou conhecida a casa da família em bairro nobre de Brasília que ele adotou como residência oficial, dispensando o Palácio da Alvorada.

Chegava de helicóptero todos os dias ao Palácio do Planalto, em cuja entrada os jornalistas ficavam enfileirados, na expectativa de uma entrevista, mas eram ignorados. Ele caminhava duro, espinha ereta e, quando estava perto dos repórteres, olhava para o outro lado.

Esse distanciamento se aplicava também a eventos públicos de que participava país afora. Os eleitores e admiradores não mereciam sua atenção ao tentar se aproximar. Foi o que observou o jovem político paraibano Cássio Cunha, que tinha sido deputado constituinte, quando Collor visitou uma escola em seu estado. O ambiente por onde ele andava era tenso; o presidente tinha uma pose imperial, como se estivesse passando em revista a tropa. Os "descamisados" e "pés descalços", como ele chamava os pobres, gritavam seu nome, mas Collor permanecia impassível, inacessível.

Ele tinha um modo próprio de divulgar sua imagem positivamente. Usando uniformes militares, se valeu de ser o comandante supremo das Forças Armadas para dirigir um tanque, pilotar um caça supersônico, viajar em submarino e participar de um curso de sobrevivência em selva. O exibicionismo era naturalizado por ele.

O presidente aproveitava os fins de semana para exibir seus atributos físicos, usando camisetas com frases e desenhos com recados diretos e indiretos. Repetia isso todos os domingos, quando saía à porta da Casa da Dinda para conversar com apoiadores, numerosos e eufóricos no primeiro ano, e depois fazia seu *cooper* dominical – sempre com o propósito de melhorar seu próprio recorde. Com toda a imprensa na cola, claro.

As camisetas foram por um bom tempo seu principal instrumento de marketing. Usava-as para mensagens otimistas, em português, inglês ou latim, em defesa do meio ambiente, dos animais e da paz mundial: "Baleias no mar são vida na Terra"; "Verde, eu te quero vivo"; "Índio é Terra". E para recados políticos.

Em combate aos opositores e aliados que cobravam providências contra a corrupção, usou uma camiseta com uma frase inspirada nos textos do dramaturgo tcheco Václav Havel, pregando que "a verdade e o amor superam o ódio e a mentira".

Quando Renan Calheiros, então líder do PRN, rompeu com o governo e cobrou providências contra as denúncias, o presidente atrasou seu *cooper* à espera da camiseta que traria o recado ao ex-aliado: "O tempo é o senhor da razão". Uma frase que alguns acreditavam ser de autoria de Collor – como muitas outras –, mas que é, na verdade, uma expressão antiga, sem autoria conhecida, a qual Marcel Proust se encarregou de tornar popular no início do século passado.

Também em 1991, já perdendo popularidade, primeiro usou uma camiseta roxa para reafirmar seu amor pelo país: "Roxo pelo Brasil". Pouco depois, com escândalos em alta, adotou um tom mais ameno e, numa camiseta de cor lilás, estampou uma frase em latim: "Suave na forma, firme na ação", um recado de seu comprometimento em melhorar a situação econômica. Na mesma linha, outra em latim: "O êxito só se conquista com sacrifício".

Em janeiro de 1992, com a inflação persistente e a popularidade em queda acentuada, Collor apelou aos eleitores em uma das últimas aparições com as camisetas de recados: "O sonho é mais do que um desafio. A esperança é maior que a provação". A partir de fevereiro mudou sua rotina dos domingos, abandonando as camisetas e não saindo mais à porta da Casa da Dinda para falar com eleitores.

O presidente usava outras formas para fazer sua propaganda. Num certo dia de marasmo no Palácio do Planalto, e desejando gerar um fato positivo, Collor soltou uma pomba diante de fotógrafos e cinegrafistas. Mas a pomba não voou. Logo chegou a explicação que ele mandou repassar aos jornalistas: não voou porque estava doente, mas estava sendo tratada pessoalmente pelo presidente.

As solenidades de descida e subida de rampa – uma herança do governo Sarney que Collor não dispensou – eram organizadas por ele, que escolhia os convidados ilustres que se juntariam a dezenas de populares. Ele próprio estabeleceu o ritual de descida, ao cantar solenemente o Hino Nacional, como fazia Geisel. Chegando lá embaixo, como JK, se misturava ao povo espremido na Praça dos Três Poderes. Isso nos primeiros tempos de popularidade alta, quando mais de 20 mil pessoas participaram dos eventos.

Pedro Collor, o irmão caçula do presidente, contou à jornalista Dora Kramer que desde criança Fernando gostava de formalismos e dizia que queria ser bispo para vestir aquela pomposa roupa roxa.

Para alimentar seu marketing político e pessoal, Fernando Collor usava também as pesquisas de opinião, que serviam para tudo. Funcionavam como uma espécie de bússola para qualquer assunto que tivesse repercussão. Até o namoro da ministra Zélia Cardoso de Mello (Economia) com seu colega de Ministério Bernardo Cabral (Justiça) foi pesquisado. Ele queria saber se o *affair* que chacoalhou a República em maio de 1991 teve impacto negativo na imagem do governo, o que não ocorreu, de acordo com a pesquisa encomendada.

Com a economia cada dia mais desarranjada, o presidente aproveitou a fragilidade pessoal da ministra Zélia para substituí-la no Ministério da Economia pelo então embaixador do Brasil nos Estados Unidos, Marcílio Marques Moreira.

Zélia caiu não apenas por causa do namoro e das dificuldades na economia, mas porque entrou em rota de colisão com o secretário de Desenvolvimento Regional, Egberto Baptista, homem de confiança e amigo pessoal de Collor.

Dois dias antes de ser demitida, Zélia conversou com o presidente e chegou a propor a ele sua saída. Collor não disse nada. Pelo contrário, deu a ela impressão de que não aceitaria sua demissão. Na sequência, porém, ele convidou Marcílio Marques Moreira. Na despedida pública de Zélia, no Planalto, Collor deu-lhe um beijo na testa. Era assim sua forma natural de agir.

O *ippon* que não deu certo

Vaidade, autoconfiança e a afirmação de autoridade eram constantes nas falas de Collor nos primeiros meses festivos de governo. Em suas palavras, estava reconstruindo a sociedade brasileira e fazendo uma revolução ética que contagiava todo o país.

Firmeza era outra marca que ele gostava de exibir. Não vacilava nas decisões, mesmo quando eram consideradas equivocadas. Admitia ser voluntarioso. Disciplinado, discorria sobre os mais variados assuntos demonstrando segurança. De meio ambiente a ciência e tecnologia e desempenho de setores da indústria.

A abertura econômica e a modernidade do país eram objetivos que estavam no topo do seu plano de governo. Debelar a inflação era uma obsessão que expressava numa linguagem que conhecia bem de suas práticas de lutas marciais – era faixa preta no caratê:

"É possível [no caratê] vencer com um só golpe, o *ippon*. Vencerei a inflação por *ippon*. Darei um golpe perfeito."

O golpe não deu certo, a despeito da ousadia e amplitude do Plano Collor anunciado um dia depois da posse, em 16 de março de 1990. O plano congelou preços e salários, trocou a moeda, voltando com o Cruzeiro no lugar do Cruzado Novo, e promoveu o polêmico confisco da poupança, como ficou conhecido o bloqueio por dezoito meses de 80% de todo dinheiro aplicado por pessoas físicas e empresas não apenas em cadernetas de poupança, mas também em contas-correntes e aplicações financeiras.

Ficaram livres do confisco valores equivalentes a até 50 mil cruzados novos, ou cerca de 10 mil reais, em valores de 2023. O restante começaria a ser liberado um ano e meio depois, em doze parcelas. A medida causou revolta na população; casos de desespero e até mortes súbitas – em função de negócios, compras e vendas perdidas – eram relatados diariamente nos jornais.

A popularidade de Collor começou a cair já no mês seguinte à posse, mas ele continuaria contando com o apoio de grande parte do empresariado por mais de um ano, mesmo com a absurda taxa de inflação de 1990, 1.476,56%, não muito longe da de 1989 (1.782,90%). O fato positivo era que a abertura da economia começava a atrair investimentos estrangeiros, com aval do Bird (Banco Mundial).

O modelo de política econômica liberal e modernizante apresentado por Collor promoveu, de imediato, a extinção de 24 empresas estatais com a demissão de todos os funcionários sem estabilidade. Uma chiadeira geral. Quase tanto como na reação ao chamado confisco da poupança. Seu plano econômico chocou os economistas mais liberais e provocou reação negativa também entre os políticos aliados.

Para modernizar o país, o Plano Collor estabeleceu a diminuição do tamanho do Estado, por meio de privatização de estatais. E para sustentar a abertura da economia propôs a redução progressiva das alíquotas de importação e mudanças em outros tributos. Embora nem todas as medidas tenham sido aprovadas, o sinal já estava dado. O fim do monopólio da Petrobras, por exemplo, só foi aprovado anos depois, no governo de Fernando Henrique Cardoso.

Inflação alta afeta principalmente o bolso do pobre, e essa inquietação popular foi percebida primeiro pelo Congresso. Collor continuava otimista e seguindo seu estilo, cada vez mais distante da classe política. Com menos de seis meses de mandato, já com a popularidade em queda, começou a perder apoio político de peso.

No lugar do diálogo e de uma desejável mudança de comportamento, o presidente adotou os pronunciamentos em cadeia nacional de rádio e TV como seu canal de conversação – mais um sinal de independência e autossuficiência. Num dos primeiros pronunciamentos, no habitual tom agressivo, ele atacou seus críticos do Congresso e condenou os empresários, chamando-os de impatriotas e responsáveis pela inflação.

Ao final do primeiro ano do governo, quando as críticas e cobranças se espalhavam, Collor cedeu aos conselhos do baiano Antônio Carlos Magalhães e passou a conversar mais com políticos, mas a seu modo, dedicando pouco tempo e atenção, e não levando em conta opiniões e conselhos que recebia. Empresários e economistas também se queixavam do presidente, alertando seu entorno do risco de isolamento. Ouviram como resposta que "o presidente se isola da mediocridade".

A primeira autocrítica de Collor aconteceu onze meses depois de chegar ao Planalto, em fevereiro de 1991, quando reconheceu que não era fácil debelar a inflação. Abandonou o discurso de que tinha só uma bala na agulha para abatê-la.

Não mudou, contudo, a fala agressiva e os ataques aos adversários. Foi num ato público em Juazeiro do Norte (Ceará), em abril de 1991, diante do protesto de um pequeno grupo de sindicalistas, que ele soltou uma frase que figura até hoje entre as suas mais polêmicas e com a qual pretendia mostrar que era "um cabra-macho", não tinha medo de enfrentar os adversários:

"Desde pequeno meu pai dizia que eu tinha 'aquilo' roxo. E tenho mesmo!"

Atropelos e ajustes

A partir do momento em que a situação política foi se agravando, Collor deixou de lado o discurso de que não transformaria o governo numa ação entre amigos e trocou dirigentes de órgãos importantes do segundo escalão, indicados em função de acordos políticos, por amigos de sua confiança, a maior parte de Alagoas. Os jornais estampavam: "Proclamada a República das Alagoas". Na ocasião, foi até cunhado um neologismo entre os políticos: *alagoar*.

Para essas substituições Collor adotou um estilo padrão: agia de surpresa, sem dar satisfação sobre as demissões aos padrinhos políticos do demitido. Estabeleceu-se entre seus aliados um clima de inquietação, desconfiança e expectativa.

Um caso notório envolveu o líder do governo no Senado, Marco Maciel. Diante dos boatos sobre a substituição do presidente da Companhia de Desenvolvimento do Vale do São Francisco (Codevasf), que ele havia indicado, Maciel perguntou pessoalmente a Collor se eram procedentes. O presidente lhe garantiu que não, mas a substituição ocorreu duas semanas depois sem que Collor desse ao seu líder no Senado qualquer satisfação. O senador também nada mais perguntou.

A expressão "República das Alagoas" foi criada pela oposição para salientar o número de alagoanos no entorno de Collor e, mais tarde, para associar os escândalos do governo aos amigos do presidente, incomodando, assim, outros políticos alagoanos.

Certo dia, depois de ouvir de uma alagoana a queixa de ter sido agredida em Brasília ao circular em um carro com placa de Alagoas, o senador Teotônio Vilela Filho foi à tribuna defender seus conterrâneos. O governador Geraldo Bulhões, outro aliado de Collor, preparou uma peça publicitária com o slogan "A verdadeira República das Alagoas", mostrando figuras ilustres como Aurélio Buarque de Holanda, o Marechal Deodoro da Fonseca, Graciliano Ramos e o cantor Djavan.

Com menos de um ano de mandato e já perdendo apoio de setores expressivos da sociedade e da classe política, Collor não deu importância às primeiras denúncias de corrupção. Elas incomodavam os aliados, que pregavam o tal choque de moralidade, mas o presidente não ouvia as críticas e minimizava as acusações. Pelo país surgiam os primeiros sinais de crise social, com greves espalhadas pelos grandes centros.

No início de 1991, as denúncias de corrupção na Legião Brasileira de Assistência (LBA), comandada por Rosane Collor, não apenas envolveram parentes e amigos dela em Brasília, São Paulo e Alagoas, como complicaram o casamento presidencial, que viveu uma crise pública.

O presidente fez questão de aparecer seguidas vezes em solenidades públicas sem a aliança de casamento antes tão vistosa, e com gestos claros de insatisfação com a esposa. Em várias ocasiões a deixava para trás e se desvencilhava de tentativas dela de segurar-lhe a mão ou o braço. Rosane era a face da desolação. Por muitos dias a crise do casal presidencial dividiu espaço com o noticiário sobre inflação e corrupção.

Collor tentou se livrar desse escândalo familiar na LBA, mas outros vieram, desgastando, mês a mês, sua popularidade. O presidente que tomou posse em março de 1990 com apoio de 71% da população chegou ao final do ano com apenas 10% de aprovação. E a inflação nas alturas: foi de 480% em 1991, cenário que resultou numa rápida erosão de sua base parlamentar.

Em meados de 1991, chamou atenção na cena política a inusitada aliança entre Collor e o governador do Rio, Leonel Brizola (Partido Democrático Trabalhista – PDT), intrigando especialmente os partidos de oposição. O namoro político se dava às claras, por encontros frequentes. O presidente chegou a ser aplaudido na Brizolândia, como foram batizados os eventos realizados pelo governador na Cinelândia. Uma relação amistosa que durou até as vésperas do impeachment de Collor.

Como nada apaziguava o país, surgiu no círculo mais próximo do presidente uma nova tentativa de entendimento nacional, agora chamado de "Pacto da Alvorada". Collor se empenhou em algumas conversas, mas seu estilo mais afastava do que atraía apoiadores. O presidente imaginava reproduzir no Brasil o Pacto de Moncloa, o marco da redemocratização da Espanha nos anos 1970.

Collor parecia mais maleável até no trato pessoal com os políticos. Aconselhado pelo ministro Jarbas Passarinho (Justiça), velha raposa política, ele ofereceu ao presidente da Câmara, Ulysses Guimarães, um avião da FAB para levá-lo a São Paulo, para o enterro da irmã Ruth Guimarães.

Outros gestos de afetividade foram vistos naquele momento. Como no dia em que, durante uma entrevista em seu gabinete, cuidou pessoalmente de uma imagem de Nossa Senhora das Graças, para protegê-la dos fios e microfones. Contou aos jornalistas que a beijava todos os dias, quando chegava e quando saía do Planalto. Usou dessa artimanha, de beijar a imagem da santa, em um pronunciamento no qual retrucou acusações de corrupção.

O tempo passava e não mudava, contudo, o discernimento do presidente acerca da gravidade das denúncias. Pura perseguição, tudo está sendo apurado. Era seu mantra. Quando o PFL, partido aliado, pediu em público o fim da corrupção e o seu líder mais célebre, Antônio Carlos Magalhães, sugeriu que ele dividisse o poder se quisesse ter maioria no Congresso, Collor ficou bravo e recuou de qualquer negociação. Voltou a prevalecer o modo "eu sou o dono da bola".

Ao mesmo tempo que a economia e a crise política sangravam o governo, a "República das Alagoas" ainda vivia clima de festa. Numa viagem a Nova York no final de 1991, Cleto Falcão, então líder do PRN na Câmara, comprou de uma só vez 25 gravatas Hermès.

Apreciava repetir a elegância do chefe. Pouco depois, Cleto caiu em desgraça e perdeu o cargo, após ele próprio revelar que tinha um padrão de vida incompatível com seu salário graças à ajuda de empresários amigos.

Anos depois, um influente ministro do governo Collor deixou escapar numa roda de políticos sua impressão sobre o propósito do presidente em promover a abertura da economia: "Estou convencido de que o Collor fez a abertura econômica não por convicção [liberal], mas pelo lado do consumo. Do sapato, da gravata, do uísque...". Um chiste, provavelmente. Uma brincadeira espirituosa.

Aos poucos, um Collor mais cauteloso surgiu ao final do segundo ano do mandato. Terminou 1991 dizendo que 1992 seria o ano da virada econômica, mas não fez previsões ambiciosas. Era também um Collor mais realista: esperava a recuperação de sua popularidade só para o final de 1992 ou para o correr de 1993.

A esta altura, já era pública e preocupante a briga entre Pedro Collor de Mello, o irmão caçula do presidente, e o empresário Paulo César Farias, o ex-tesoureiro da campanha do PRN de 1989. Empresário alagoano e de família de políticos, PC Farias, como ficou famoso em todo o país, conheceu Fernando Collor em 1986, quando ele era candidato ao governo de Alagoas, tornando-se, então, o responsável pelas finanças da campanha estadual. Na campanha presidencial, PC ganhou maior estatura e prestígio. Nunca chegou a ocupar cargo no governo, mas exercia enorme influência nos bastidores de Brasília e junto ao empresariado nacional.

Pedro Collor não aceitava a ideia de PC Farias criar um novo jornal, o *Tribuna de Alagoas*, que competiria com o conglomerado de comunicação da família no estado. A partir dessa disputa empresarial, o irmão do presidente começou a questionar e esmiuçar a vida de PC Farias, mantendo essa pressão, a princípio, nos bastidores. Fernando Collor gostava de se mostrar distante dos assuntos da província, mas, alertado sobre o tamanho dessa encrenca, mandou o ex-tesoureiro parar com o projeto. Acreditou que terminaria o ano de 1991 com essa questão resolvida.

Foi nesse período que Collor deu sinais de mudança também no comportamento pessoal. A virada de ano da família presidencial foi discreta, com poucos amigos, ao contrário da anterior, quando se exibiu em lanchas, jet skis e prática de equitação. Não alterou, todavia, o modo de tratar os políticos: passou o Natal e rompeu o ano sem enviar um cartão ou dar um telefonema nem mesmo aos aliados mais relevantes.

O caso das compras superfaturadas de bicicletas para agentes de saúde, feitas pelo Ministério da Saúde, fechou o ano com muito barulho. Um episódio desgastante, mas que estava longe de ser um dos maiores casos de irregularidades do governo. Ainda não era de conhecimento público a guerra familiar que já ultrapassava os bastidores do governo: Pedro Collor exigia que o irmão explicasse o enriquecimento súbito de PC Farias.

Estilo em xeque

Ao entrar no terceiro ano do governo com perspectiva de aprofundamento da recessão econômica, Collor deu mostras, finalmente, de ter entendido que gestos fáceis, rompantes e xingamentos não dariam o resultado esperado. Voltou a falar em agenda de consenso, sinalizou que faria mais afagos aos políticos e adotou com os aliados o velho toma lá dá cá da política brasileira. Queria reaglutinar os que estavam se dispersando.

Após várias tentativas de auxiliares de convencê-lo de que era preciso aposentar o estilo bateu-levou para dar lugar ao jogo de paciência, ele compreendeu que, pela sua sobrevivência política, teria que engolir sapos dos adversários e afagar os aliados. Numa dessas conversas, os assessores apelaram para exemplos: JK ia a bailes pelos estados, dançava e distribuía gestos de simpatia; Médici promovia sessões de cinema para reunir aliados; Sarney convidava políticos para viagens nacionais e internacionais.

Collor mudou um pouco, mas nem tanto. Na ocasião, o senador Fernando Henrique Cardoso deixou de ser um entusiasta de uma nova proposta de entendimento logo de cara, alegando que se repetia o mesmo problema de sempre: falta de confiança no discurso do presidente. Ele só faz o que quer; não ouve ninguém, dizia.

Ao promover mais uma reforma na sua equipe para tentar melhorar o clima político, Collor fez exatamente do seu jeito, sem consultar ninguém. Governadores aliados perderam ministros de seus estados sem aviso prévio. Mesmo com desacertos e atropelos, foi nesta reforma que o presidente ampliou o espaço do PFL no Ministério, o que garantiu a fidelidade do partido até o último dia.

Presidente enfraquecido sofre mais pressões dos aliados por cargos e outras benesses. Em governo desgastado, os políticos falam alto. Um episódio que ilustra bem isso foi protagonizado por Eduardo Cunha, político fluminense que se tornaria conhecido de todo o país décadas depois.

Diante das polêmicas envolvendo PC Farias, que indicou Eduardo Cunha para o comando da Telerj (empresa de telefonia do Rio de Janeiro), o governo decidiu substituí-lo, em 1992. A notícia vazou e em poucos dias chegou ao Planalto um abaixo-assinado de todos os deputados do Rio contra a demissão de Cunha. Um emissário do presidente quis saber com o líder Amaral Neto que força era aquela. Ele respondeu: "É ele quem paga a conta de todos os deputados".

O ministro Jorge Bornhausen, articulador político de Collor, comprou essa briga com Eduardo Cunha, mas perdeu. Ele próprio deixou o governo em setembro de 1992, pouco antes do impeachment. Cunha só perdeu o posto em 1993, já no governo Itamar Franco. Bornhausen, anos depois, concluía: Cunha foi o precursor do mensalão (do Partido dos Trabalhadores – PT) e quem criou a ideia de usar CPIs para extorquir. Lançou essas práticas na Assembleia do Rio e levou para o Congresso.

A realidade bate à porta – sem notáveis

No ano de 1992 ocorreriam em outubro as eleições municipais que já apontavam uma tendência de ser um julgamento do governo Collor – seus aliados punidos nas urnas pelo desempenho do governo federal. O presidente antecipou-se, garantindo que ficaria distante da disputa e que não abriria mão do receituário econômico recessivo do ministro Marcílio Marques Moreira. O otimista Collor estava convencido de que depois das trovoadas políticas viria a bonança.

"Eu vou arrumar a casa, custe o que custar", afirmava aos visitantes, fazendo gestos fortes com as mãos.

Sobre as suspeitas de corrupção, repetia com os mesmos gestos fortes:

"São como uma faca cravada em meu peito. Tudo sendo apurado."

No clã Collor de Mello acreditou-se, no começo de 1992, que Pedro Collor estava apaziguado após o acordo que barrou o projeto de PC Farias de lançar seu jornal. O acordo foi costurado pelo irmão mais velho do presidente, Leopoldo Collor, mas não vingou. PC Farias não desistira do projeto. E Pedro Collor estava se armando.

Nesse meio-tempo, para amenizar o clima de tensão com os políticos aliados, o presidente fez novas mudanças na equipe, começando com a substituição do porta-voz Cláudio Humberto Rosa e Silva, que popularizou o estilo e a expressão "bateu-levou", pelo diplomata Pedro Luiz Rodrigues. A esta altura, Cláudio Humberto era dos últimos alagoanos a deixar o governo. Nos quase dois anos que ficou no posto, o assessor colecionou uma galeria de inimigos, seguindo sempre a orientação do chefe.

O porta-voz era um dos mais próximos de Collor, mas, além do estilo agressivo, se desgastou bastante com a revelação de gastos e compras exagerados verificados em extratos de seu cartão de crédito. Demitido, mas não abandonado. Saiu do Planalto direto para o cargo de adido cultural na Embaixada do Brasil em Portugal.

Passou a predominar na equipe a conversa amena de Jorge Bornhausen, o articulador político. Era a fase de somar, unificar a base e distribuir afagos à oposição. Animado, Collor fazia planos para o futuro. Queria um Ministério de notáveis. No final de março novas denúncias de corrupção o levaram a dissolver todo o Ministério, preservando apenas Marcílio Marques Moreira (Economia), Adib Jatene (Saúde) e José Goldemberg (Meio Ambiente) – estes já atendiam ao novo critério.

Não conseguiu um Ministério com muitos notáveis da sociedade brasileira. Vários declinaram de convites para ser ministro. Jaime Lerner, então prefeito de Curitiba, recebeu um telefonema de Bornhausen, convidando-o para uma conversa com o presidente. Respondeu de pronto: "Eu não quero nada. Não vou aí não". Acabou indo conversar, mas recusou a oferta de ser ministro de Desenvolvimento Regional.

Collor também queria nomes ilustres do PSDB em sua equipe e em determinado momento parou a reforma por 48 horas, à espera da adesão dos tucanos, em especial de Fernando Henrique Cardoso, convidado para ser chanceler. Fernando Henrique esteve a ponto de aceitar, mas, depois de muitas idas e vindas, prevaleceu o desejo de Tasso Jereissati e Mário Covas, e o PSDB ficou de fora. Ulysses Guimarães também recusou a mesma oferta para o Ministério das Relações Exteriores.

Nessa reforma, Jorge Bornhausen atuou como primeiro-ministro. Conversou com dirigentes e representantes dos partidos, examinou mais de vinte nomes, elaborou pelo menos meia dúzia de cenários e colecionou frustrações. Dormia três horas por noite. Depois de dez dias de longas negociações, Collor formou uma equipe de poucos notáveis e nenhuma garantia de que ampliaria sua base de apoio.

Diante do aumento das denúncias, ressurgiu um Collor raivoso e agitado, com discursos inflamados:

"Calúnias e infâmias não vão abaixar o meu cangote!"

Convocou uma reunião ministerial para cobrar lealdade e comprometimento da equipe, se mostrando impaciente, rigoroso e austero – muitos puxões de orelhas e apenas duas rodadas de cafezinho em mais de sete horas de reunião.

O mesmo empresariado que em 1989 fizera previsões catastróficas diante da possibilidade de vitória de Lula já dava sinais de cansaço. Num encontro do ministro Marcílio com empresários e dirigentes de entidades patronais, o paulista Mário Amato disse que andava se esforçando para demonstrar entusiasmo, mas estava mesmo era deprimido com a economia do país.

Ao mesmo tempo, Pedro Collor tornava públicas suas acusações contra Paulo César Farias, afirmando que o empresário mantinha sete empresas em paraísos fiscais, com remessas ilegais de dólares. Essa acusação obrigou o presidente a pedir uma investigação sobre o caso. Uma decisão protocolar, pois Collor estava mais interessado, naquele momento, em discutir como implementaria o parlamentarismo no Brasil. O plebiscito de outubro sobre a adoção ou não dessa forma de governo enterrou de vez essa possibilidade.

Apesar de várias tentativas e de algum esforço do próprio Collor em mudar, ele não alterou seu estilo de governar. Os ministros faziam a ponte com o Congresso, com os governadores. Nem quando tinha oportunidade de um encontro fortuito, aproveitava para fazer uma média.

Em mais de dois anos ele teve uma única reunião com os governadores. Era quase final de maio, e um encontro do Fundo das Nações Unidas para a Infância (Unicef) para discutir o Pacto pela Criança com a presença de todos os governadores seria o cenário perfeito para angariar apoios. Ainda existia disposição de contribuir com o governo, de posar para uma foto. Mas Collor dispensou. Chegou apenas ao final, para assinar o documento. Era um momento em que tentava resolver a briga familiar. Conseguiu que a mãe, dona Leda, destituísse o irmão Pedro do comando das empresas em Alagoas.

A despeito da gravidade das denúncias, a boa vontade dos políticos com Collor nessa briga familiar vinha de todos os lados. Até José Sarney, a esta altura um influente senador, enviou mensagem de solidariedade ao presidente.

Basicamente, a denúncia de Pedro Collor era que o irmão, com a ajuda de um esquema montado por PC Farias, bancava suas milionárias despesas com recursos "achacados" de empresas, primeiro para a campanha presidencial e, depois, em troca de contratos com o governo. Recursos que estavam em contas particulares no Brasil e em paraísos fiscais. A conta da Procuradoria Geral da República indicou, ainda durante as investigações, que o Esquema PC movimentou um total de US$ 55 milhões, sendo que Fernando Collor recebeu diretamente US$ 7 milhões.

Collor pediu investigação contra PC Farias, mas a bombástica entrevista de Pedro Collor ao jornalista Luís Costa Pinto, publicada na revista *Veja* com a chamada de capa "Pedro Collor conta tudo", abalou a estrutura familiar, o governo e o presidente. Nessa entrevista, além das acusações de irregularidades na gestão do governo, Pedro Collor afirmou que o irmão presidente havia tentado seduzir sua mulher, Thereza Collor, e que havia usado drogas em sua juventude em Brasília.

Em carta à Nação e em pronunciamentos de rádio e TV, Collor rebateu as denúncias do irmão, classificando-as como leviandades, mentiras, acusações insensatas e falsas. O primeiro-irmão Leopoldo

Collor tentara apaziguar os dois irmãos, sem sucesso: "Estou muito triste. Fiz o que pude para evitar tudo isso".

A instalação de uma CPI no Congresso para apurar o caso tornou-se realidade de um dia para o outro. Collor queria uma comissão de notáveis parlamentares e acreditava que ainda exerceria algum controle, tentando impor limites à investigação. Tinha também uma outra preocupação: que a CPI não tivesse seu nome. Esta, ele ganhou. Ficou como CPI do Esquema PC.

As denúncias cresceram em uma velocidade espantosa. A cada dia, surgiam novas descobertas da Polícia Federal, do Ministério Público, da CPI e da imprensa sobre contas milionárias no Brasil e no exterior movimentadas pelos famosos "fantasmas do Esquema PC", superfaturamentos em obras do governo federal, desvio de dinheiro público e tráfico de influência.

O ano de 1992 seguia complicado, com a economia capenga e as denúncias avançando, mas Collor mantinha o otimismo, a segurança e a impetuosidade. Numa solenidade formal com 21 governadores no Palácio do Planalto, em maio, ele encerrou o discurso em tom de campanha:

"Uma coisa posso garantir: 1993 vai arrebentar a boca do balão."

A velha política

Na tentativa de reduzir danos, a máquina do governo entrou com tudo na compra de apoio nos estados e de voto no Congresso, com a liberação de cargos, recursos e todo tipo de benesse. Sem sucesso. O processo de impeachment foi aprovado na Câmara por 441 votos a 38 em 29 de setembro, e Collor se afastou temporariamente da Presidência.

Antes do desfecho, houve pequenos momentos de alívio para o presidente. Após a entrevista para a *Veja*, Pedro Collor, pressionado por familiares, concentrou suas acusações mais sobre PC Farias, poupando o irmão de novos ataques.

O que prevalecia, no entanto, era o desenrolar das denúncias. Impressionava os investigadores da Polícia Federal o número de empresários dispostos a dar depoimentos sobre os achaques de PC. Telefonavam e mandavam emissários, se oferecendo para falar.

Pouco dado a entrevistas, o presidente concedeu uma exclusiva ao jornal *O Globo*, na qual dizia que não tinha ainda absorvido o "golpe desferido" pelo irmão que "trouxe desassossego para o país". Destaca-se nesta reportagem o relato de Luís Erlanger e Ali Kamel sobre o presidente: tranquilidade aparente, os gestos firmes de sempre, mas tenso, com fisionomia abatida, o olhar revelando profunda mágoa. Diante da citação do nome de PC, rebateu de imediato:

"Não trato disso. São questões que não se colocam para um presidente da República."

Autoconfiante, acreditava na superação da crise e na aprovação de projetos importantes no Congresso. Era o primeiro semestre de 1992 e ele ainda tratava as denúncias como questões "absolutamente periféricas". Os fatos, porém, não lhe davam trégua.

As revistas e as edições de jornais dos fins de semana destrinchavam e revelavam as falcatruas. Os políticos aliados temiam o que eles mesmos chamavam de "domingo negro". Em junho, no quarto domingo negro consecutivo, Collor se rendeu aos conselhos de que devia sair do distanciamento e reagir. Os aliados alertaram: é missão impossível defender quem não se defende.

Para rebater as acusações, o presidente retomou a prática do pronunciamento na TV e novamente surgiu um Collor indignado, com a voz alterada, gesticulando muito, mordendo os lábios, franzindo a testa. Tentou se comunicar com o povo que o elegeu:

"Ninguém tem o direito de parar o Brasil. Chegou a hora de dar um basta. Não me deixe só! Eu preciso de vocês! Mais do que nunca é atual este apelo."

Quando proferiu pela primeira vez em público o nome de seu ex-tesoureiro, ficou evidente que o alagoano não teria sua lealdade:

"Não mantenho com o senhor Paulo César Farias ligações empresariais ou de qualquer natureza que possam beneficiar a mim ou a minha família."

Em julho, a conferência de Meio Ambiente das Nações Unidas, a Rio-92, deu um suspiro quando Collor posou de estadista e chegou a desprezar manifestações de apoio. Caso do humorista Agildo Ribeiro, que pretendia visitá-lo no Palácio das Laranjeiras, mas foi barrado na porta. Além de outros políticos.

Collor prezava muito se sentir por cima. Ainda que nas pequenas coisas. Em meio ao tiroteio da CPI do PC, numa roda com assessores, se envaidecia ao relatar o espanto do presidente americano George Bush, que na Rio-92 manifestara o desejo de falar com outro presidente e em um minuto o interlocutor estava ao celular para falar com ele. Bush, para orgulho de Collor, disse não imaginar que o Brasil estivesse tão adiantado nas telecomunicações.

Enquanto ainda saboreava o sucesso da Rio-92, o presidente soube do depoimento do empresário paulista Takeshi Imai, com ascendência japonesa, que detalhou na CPI o esquema de contribuição para a "caixinha do PC". O japonês deu um *ippon* no Collor – ironizavam os políticos, relembrando o *ippon* que ele pretendia dar na inflação. Foi a partir daí que a palavra impeachment deixou de ser um tabu.

À medida que o cerco se fechava, o presidente demonstrava mais animosidade. E perdia apoios. Em um encontro com empresários do Rio, Collor surpreendeu até os mais acostumados com o seu destempero, quando se referiu aos políticos:

"Não nos aproximemos dessa pocilga. Deixe que os porcos chafurdem na lama."

Mais um domingo horrível para Collor, desta vez na revista *IstoÉ*, com a entrevista do motorista Eriberto França, revelando que as despesas da Casa da Dinda eram todas pagas por PC. Até os fiéis aliados do PFL decretaram: gravíssima e irrespondível.

Para o experiente Ulysses Guimarães, que até poucos dias antes frequentava o gabinete presidencial, o rapaz, como se referia a Collor, estava ferido de morte e a única saída seria a renúncia. Mas disse que não se habilitaria a dar esse conselho: "Ele me expulsa de lá a pontapés".

Mesmo acuado, Collor não abordou o mérito das acusações, preferindo questionar a ilegalidade da quebra de sigilo de sua secretária Ana Acioli. Seu questionamento ocorreu em uma conversa com auxiliares na Base Aérea de Brasília. Collor estava voltando da Argentina – onde Rosane, alegremente, foi esquiar –, quando o ministro Célio Borges (Justiça) o chamou à razão: "Presidente, o senhor deve uma explicação a seus ministros e ao seu país".

Era final de julho e parecia o final dos tempos para os *colloridos*. Entre depoimentos de todo tipo, o ex-presidente da Petrobras Motta Veiga confirmou na CPI as acusações sobre tráfico de influência de PC na estatal e a formação do caixa de campanha. Bolsas despencaram, dólar disparou. O Congresso suspendeu o recesso, e o pedido de impeachment entrou na pauta.

Collor começou o mês de agosto partindo para a ofensiva. Deu ao ministro Marcílio Marques Moreira dois dias para encontrar os recursos que acalmariam os aliados. Preso à política de austeridade fiscal, o ministro respondeu: "Digo que vou abrir o cofre, mas afirmo que não há nada dentro dele".

Quando não se acreditava mais que a situação poderia piorar, o próprio Collor providenciou uma nova e monumental encrenca. Era 13 de agosto, uma quinta-feira, e, ao participar de uma cerimônia com taxistas no Planalto, em mais um discurso agressivo pediu ao "meu povo, minha gente" que fosse às ruas no domingo seguinte usando as cores da bandeira, o verde e amarelo.

Uma curiosidade: neste mesmo dia 13 disputou espaço nas manchetes com Collor a ex-ministra Zélia Cardoso de Mello, que dera à luz em São Paulo seu filho com o humorista Chico Anysio, com quem se casou depois que saiu do governo.

No domingo seguinte ao pedido de Collor, 16 de agosto, o preto venceu a guerra das cores. Foi certamente o dia mais emblemático de sua queda iminente. O presidente provocou a ida do povo às ruas contra ele. Uma multidão ocupou as avenidas das capitais vestindo roupas pretas.

O efeito povo nas ruas foi imediato no Congresso. As baixas eram diárias na base aliada. Em menos de uma semana, a conta dos governistas caiu de 235 votos para 180.

Brizola abandonou o barco. Bornhausen dava sinais de fadiga. Outras defecções ocorriam diariamente pelo país. Mas o presidente, autoconfiante, parecia não se impressionar:

"Muitos parlamentares estão mais encantados com a mídia do que com os fatos."

Internamente, porém, começou a tratar do assunto impeachment. Sem perder, contudo, o glamour do poder, a vaidade: enquanto os caras-pintadas – estudantes que se tornaram símbolo dos protestos contra o governo – enchiam praças e avenidas, Collor tirou o domingo, 23 de agosto, para experimentar um carro de luxo com preço equivalente a 45 mil dólares de uma montadora nacional – no início do governo, quando defendia a abertura do mercado para carros importados, chamou os automóveis brasileiros de carroças.

No dia seguinte ocorreria a leitura do relatório da CPI que concluiu que Collor havia recebido vantagens econômicas indevidas e associava seu nome aos crimes de corrupção passiva e prevaricação, e crime de responsabilidade. Enquanto o relatório era lido na CPI, Collor cumpriu agenda rotineira, de modo que tudo parecesse normal. Até promoveu cerimônia no Planalto.

A defesa do presidente era no sentido de que ele fora traído por amigos. PC Farias, de Maceió, dizia que Collor não tinha nada a ver com as irregularidades.

A batalha mais dura

Setembro, o mês do impeachment, começou com todos os indicativos da derrota. Collor, na última tentativa de salvar o mandato, assumiu a coordenação política. Um ano antes, Ricardo Fiúza, ainda deputado do PFL, tentou dizer ao presidente, numa conversa delicada e temendo uma reação raivosa, que ele não deveria se isolar da classe política. Ouviu como resposta um desaforo, que o desconcertou:

"Me isolo, sim, principalmente dos chatos."

Fiúza virou ministro e um dos mais fiéis aliados de Collor, permanecendo ao seu lado até o fim. Um ano depois dessa conversa, os políticos, os chatos inclusive, passaram a ser tratados a pão de ló diante da ameaça real: 70% da população não confiava mais no presidente e 59% defendia sua renúncia.

No desfile de 7 de Setembro, isolado, com apenas alguns ministros no palanque, Collor foi vaiado, mas manteve sua pose altiva, mostrando indiferença. Nesse palanque, o casal presidencial trocou beijos e abraços. Tentavam demonstrar que em casa estava tudo bem.

Pelo país, os protestos dos caras-pintadas, também chamados de "a revolta das mochilas" – estudantes vestidos e pintados de preto, verde e amarelo –, se tornavam cada vez mais frequentes.

No auge desse movimento, em 17 de setembro, a mãe do presidente, Leda Collor de Mello, sofreu três paradas cardíacas, entrando em coma, por 24 meses, até a morte. Um dia antes da internação de dona Leda, em 16 de setembro, ocorreu o polêmico jantar em sua homenagem na casa do deputado Onaireves Moura (PTB-PR), quando o presidente perdeu completamente a compostura e disparou palavrões contra todos.

São muitos os relatos de que nesse jantar Collor teve literalmente um acesso de raiva. Fez um discurso ofensivo, recheado de palavrões, o rosto sempre vermelho e gesticulando muito. Quando aliados tentaram dizer-lhe discretamente que ele estava exagerando, ele deu a senha de que continuaria:

"As senhoras me desculpem os palavrões."

O então presidente da Câmara, Ibsen Pinheiro, foi chamado de "canalha golpista"; Ulysses Guimarães, "um fantoche senil e esclerosado"; "calhordas petistas"; "deputados cagões"; "imprensa de merda". O presidente não bebeu, garantiram seus aliados.

A impetuosidade só piorou sua situação já bastante delicada. Firmou-se a certeza de que Collor tinha perdido todas as condições de continuar governando. O constrangimento era geral. À exceção de alguns, como o polêmico Roberto Jefferson, que disparou: "O discurso do presidente foi lindo, apoteótico, uma empolgação". Deputado do PTB pelo Rio por muitos mandatos, Jefferson transitou por vários governos, tendo mais notoriedade no de Collor; quando provocou o escândalo do mensalão na gestão de Lula, em 2006; e ao se apresentar como ardoroso defensor de Jair Bolsonaro a partir de 2018. Em outubro de 2022, reagiu à chegada de um mandado de prisão em sua casa com armas e explosivos contra os policiais federais.

Na votação da abertura do processo de impeachment na Câmara, em 29 de setembro de 1992, a debandada da base governista foi grande: 441 votos a favor e apenas 38 contra. Até Onaireves Moura, anfitrião do desastrado jantar, votou a favor do impeachment. E ganhou mais quinze minutos de fama com o seu voto. Roberto Campos, um entusiasta de primeira hora da proposta liberal do candidato Collor, deixou o hospital no Rio e foi de cadeira de rodas votar a favor do impeachment. Manifestações pelo país comemoraram em clima de Copa do Mundo.

A traição de Onaireves, aliás, é digna de registro: com a sessão da Câmara já em andamento, ele telefonou para o Planalto e garantiu: "Estou firme, articulando os apoios ao governo". Sobre "punhaladas" como essa, Collor posteriormente disse ao amigo Paulo Octávio que sua derrota se devia à "fragilidade humana".

As festas das oposições aconteceram por vários lugares. A mais concorrida delas na casa de Roseana Sarney, deputada federal e filha do ex-presidente Sarney, que ganhou a alcunha de musa do impeachment.

Obsessivo – outra marca forte de seu comportamento –, Collor manteve a rotina no dia seguinte à votação da Câmara, chegando ao Planalto no horário costumeiro. Falou em "desolamento" e "choque" quando recebeu os poucos visitantes e, a um deles, Collor disse:

"Só tenho 38 amigos [no Congresso] e você é um deles. Vou para casa com tranquilidade e como presidente licenciado vou ficar observando as coisas. Quero ter o direito de me defender e provar minha inocência."

Estava tão manso que convidou um grupo restrito de amigos, entre eles Luiz Estevão e Paulo Octávio, para um drinque na Casa da Dinda. Queria agradecer, esfriar a cabeça e conversar sobre o futuro. Nesse mesmo dia, Rosane Collor também manteve a rotina com aulas de inglês e francês. O casal não enfrentava a realidade.

Outro sinal desse distanciamento da realidade: após o afastamento, ele tentou manter no Palácio do Planalto, durante a Presidência interina de Itamar Franco, um gabinete paralelo, o que não foi permitido. Montou, então, seu quartel-general contra o impeachment na biblioteca da Casa da Dinda e, como vivendo uma fantasia, se vestia formalmente todos os dias para atravessar a rua que separa a casa da biblioteca. Percurso sempre acompanhado e registrado por jornalistas, fotógrafos e cinegrafistas.

A derrocada

"Eu nunca abri a boca para dizer essa palavra [renúncia]", afirmou Fernando Collor em 19 de novembro de 1992, quando o processo de impeachment seguia avançando no Senado, e os poucos aliados e advogados acreditavam que a renúncia era a saída.

Quase dois meses depois do afastamento temporário e com o cenário cada vez mais desfavorável, Collor ainda tinha a esperança de voltar ao poder. Nesse mesmo 19 de novembro, Dia da Bandeira, ele saiu da biblioteca para apreciar do lado de fora a demonstração dos aviões Mirage pelos céus de Brasília. Para os jornalistas ouvirem, disse:

"Ainda vou pilotar de novo isso aí!"

Logo após a votação na Câmara, Collor contabilizava dezesseis votos a favor dele de um total de 81 no Senado. Depois, desidratou para seis, e no início de dezembro não contava nem com essa meia dúzia.

Temendo o imponderável, um elemento surpresa, que poderia ser o surgimento de novas provas contra ele, Collor não compareceu à Comissão Especial do Senado para fazer sua defesa, porque não tinha em mãos as provas da sua inocência.

Enquanto isso, Itamar Franco era só cautela. Com a economia em frangalhos e sua indefinição irritando aliados, alegava que, enquanto não fosse finalizado o julgamento de Collor, ele não tomaria providências nem revelaria o tamanho do buraco em que o titular deixara as contas do país.

Nos primeiros dias de novembro, o então procurador-geral da República, Aristides Junqueira, denunciou Collor no Supremo Tribunal Federal por corrupção passiva e formação de quadrilha. Na denúncia, afirmou que, desde a posse de Collor, o Esquema PC tinha movimentado US$ 55,3 milhões, envolvendo 25 empresas. Também foram denunciados PC Farias, Cláudio Vieira, Jorge Bandeira e mais cinco pessoas – alagoanos do círculo íntimo de

Collor e PC que tinham funções no governo ou na assessoria pessoal do presidente.

No mesmo dia da denúncia da Procuradoria-Geral da República (PGR), um executivo da Mercedes-Benz disse à Polícia Federal que fora obrigado a pagar ao Esquema PC US$ 1,1 milhão em dois anos.

Às vésperas do julgamento no Senado, previsto para 21 de dezembro, Collor piorou a situação ao destituir seus advogados, uma manobra para adiar a sessão, o que conseguiu. Esperneava mais freneticamente, repetindo sua convicção de que voltaria ao Palácio do Planalto. No que só ele acreditava.

Um dia antes da nova data para o julgamento, 29 de dezembro, parecia que o presidente afastado vivia no mundo da lua. A assessores, Collor só admitia duas alternativas: vencer na votação ou adiar o julgamento. Em nenhum momento admitia perder ou renunciar – a renúncia antecipada poderia evitar a perda dos direitos políticos.

Na véspera do julgamento, recebeu a visita de apenas três pessoas: o cunhado Marcos Coimbra, o amigo Luís Estevão e o governador Geraldo Bulhões (AL). Era o fim da Era Collor. Os mais íntimos já tinham jogado a toalha.

Entre a sessão do Senado em que foi lida a carta de renúncia chegada de última hora e a sessão do Congresso que declarou a vacância do cargo, o advogado de Collor, Fernando Neves, passou de gabinete em gabinete tentando convencer os senadores de que, com a renúncia, deveriam cessar o processo de impeachment e a consequente suspensão dos direitos políticos. Não adiantou.

No dia seguinte à decisão do Senado, Collor despediu-se dos pronunciamentos à Nação com as mesmas fortes expressões faciais e muitos gestos, com os braços erguidos, punhos cerrados e expressão fechada. Estava acompanhado de Rosane, amigos e os três aliados com que chegou ao fim do governo. Foi um discurso que exibia o tom "Collor vai voltar".

Contrastava com outro pronunciamento do dia, o de Itamar Franco, que estreou na televisão com jeito simples, num único tom. Rodeado de ministros, governadores e políticos.

Nesse mesmo dia, o Fernando Collor de sempre, de temperamento forte, chamou a imprensa na biblioteca da Casa da Dinda, para contestar o julgamento do Senado que o condenou por crime de responsabilidade e retirou seus direitos políticos por 76 votos a três. Anunciou recurso junto ao STF, alegando que o processo fora uma reação de interesses contrariados por sua firme atuação em defesa dos que ele chamava de descamisados.

A arrogância da voz e o olhar vago e mecânico eram os mesmos, assim como a falta de argumentos convincentes.

Exatamente dois anos depois, em dezembro de 1994, o Supremo Tribunal Federal concluiu, com decisão favorável ao ex-presidente, o julgamento de uma ação penal em que Collor era acusado de ter recebido dinheiro do Esquema PC Farias. O STF considerou que não existiam provas suficientes para comprovar o delito, que mostrassem o dinheiro na conta dele, e Collor foi absolvido das acusações, mas não conseguiu reverter a perda dos direitos políticos.

Uma semana depois desta decisão, a família Collor vivia novo drama: a morte de Pedro Collor, vítima de um câncer no cérebro. Dois meses depois veio a falecer dona Leda Collor, que estava em coma havia mais de dois anos.

Com os direitos políticos suspensos, Fernando Collor se mudou para Miami, nos Estados Unidos, retornando ao Brasil alguns anos depois. Enquanto ele morava no exterior, em 1996, ganhou as manchetes a rumorosa e enigmática morte de Paulo César Farias, que fugira do Brasil no auge do escândalo na CPI e fora capturado pela Polícia Federal na Tailândia, no final de 1993.

Mais de 25 anos depois ainda são muitas as dúvidas sobre as reais circunstâncias e causas da morte de PC Farias e de sua namorada Suzana Marcolino, encontrados sem vida, com um tiro no peito cada, numa casa de veraneio no litoral de Alagoas. Prevaleceu na Justiça a tese de duplo homicídio, sem identificação dos culpados. A família de Suzana mantém, entretanto, as desconfianças sobre o verdadeiro motivo do assassinato, sugerindo conotação política.

Sobe e desce

Livre para disputar eleições, depois de oito anos com os direitos políticos cassados, Fernando Collor de Mello tentou ser governador de Alagoas mais uma vez, em 2002, mas foi derrotado. Em 2006 conquistou seu primeiro mandato de senador, sendo reeleito em 2014. Ainda no exercício do primeiro mandato, em 2010, disputou novamente o governo de Alagoas, sem sucesso.

No início da campanha de 2010, Collor enfrentou outro problema de ordem familiar: uma batalha judicial por bens e patrimônio com a ex-mulher Rosane, de quem estava separado desde 2005. Uma disputa que se estendeu por anos.

Como senador, Collor sempre teve um comportamento arredio com a imprensa e até com grande parte dos colegas parlamentares, não participando de grupos ou rodas de conversas. Manteve relações institucionais com governos e presidentes mais recentes, incluindo os do PT. A vitória ao Senado em 2014, pelo PTB, contou com a ajuda do PT local, entre outros partidos.

A partir de 2018, o ex-presidente vislumbrou no presidenciável Jair Bolsonaro a possibilidade do retorno de seu campo político ao centro do poder e apoiou a candidatura vitoriosa. A afinidade ideológica foi suavemente abalada por um breve período, quando Collor criticou a gestão de Bolsonaro na pandemia da covid-19, mas continuou votando no Senado de acordo com os interesses do Planalto.

Os dois selaram uma nova parceria em 2022. Collor se empenhou desde o início na campanha da reeleição de Bolsonaro, formou aliança com o PL em Alagoas e apostou alto que venceria a eleição para o governo do estado – acreditou que seria mais fácil do que renovar seu mandato de senador. Na sua campanha incorporou o lema de Bolsonaro, "Deus, pátria, família e liberdade". Terminou a disputa em terceiro lugar. Era a quarta tentativa frustrada de voltar ao cargo que o catapultou à política nacional.

Nas urnas de 2022, Fernando Collor veria que não foi suficiente para uma nova vitória o encantamento de ampla parcela da população brasileira com os preceitos liberais, a pauta conservadora nos costumes e a ideologia de direita que ele e Bolsonaro representavam – ultradireita no caso de Bolsonaro.

Ambos chegaram à Presidência da República fincados nessa ideologia e com promessas de combater o que chamavam de "a velha política" e a corrupção. A prática derrubou o discurso em dois tempos – nos dois casos, em um intervalo de três décadas.

O resultado da eleição que deu o terceiro mandato de presidente ao petista Luiz Inácio Lula da Silva deixou Collor e Bolsonaro em uma situação comum: a partir de 2023 ficariam sem mandatos eletivos depois de décadas no exercício da política.

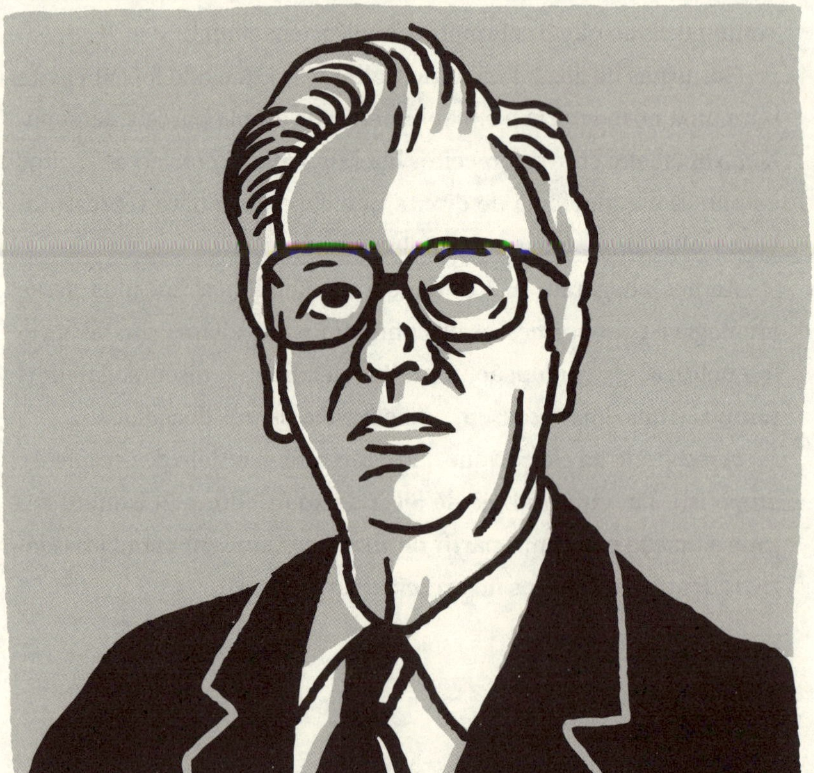

ITAMAR FRANCO
O mercurial

As incertezas na chegada

O presidente do Senado, Mauro Benevides, já havia convocado a sessão do Congresso Nacional naquele 2 de outubro de 1992, para dar posse a Itamar Franco, que, para desespero dos aliados, continuava em casa, impassível.

O deputado Roberto Freire, então líder do Partido Comunista Brasileiro (PCB), telefonou para o senador Fernando Henrique Cardoso (PSDB) e pediu: "Venha para cá, porque o Itamar não quer assumir". Em poucos minutos, FHC chegou à casa do vice-presidente, na Península dos Ministros, e encontrou Itamar deitado, vestido com camisa e gravata, mas o paletó jogado na cama.

"Que negócio é esse, Itamar? Você não quer assumir?"

"O cadáver ainda está quente", ele respondeu.

O vice de Fernando Collor de Mello, o presidente afastado dois dias antes com a aprovação do processo de impeachment na

Câmara, só reagiu após intervenção de Henrique Hargreaves, um dos amigos mais próximos a ele, e que logo assumiria a chefia da Casa Civil.

"Se você não for para lá agora, o Mauro Benevides pode dar posse ao presidente da Câmara, o Ibsen Pinheiro."

Diante do alerta, Itamar levantou-se de imediato, mostrando uma de suas facetas, disseminada em larga escala nos anos posteriores por aliados e adversários: ele pode ser impulsivo demais, mas, como se diz popularmente, não é do tipo que rasga dinheiro.

De pé, a primeira providência foi pegar sua declaração de bens. Queria levar o documento para que a renda declarada no instante de sua chegada à Presidência fosse comparada com a do momento da saída. O simbolismo foi claro: era pobre e sairia pobre. Um recado importante de quem substituía um presidente deposto sob acusação de ser corrupto.

Essa primeira cena, de resistir em assumir o posto que lhe era devido, mostrou que o novo presidente introduziria no Palácio do Planalto uma forma de fazer política baseada preponderantemente no seu comportamento, sempre surpreendente, com manias e regras próprias, não se importando muito em seguir o figurino tradicional da política nem os ritos.

Ele próprio se definiu, logo que chegou ao Planalto, como mercurial. Uma pessoa de temperamento impulsivo, que pode se empolgar ou se enfurecer com facilidade, que reage de maneira inesperada. Foi assim na Presidência da República e em toda a sua trajetória política.

Em mais de meio século como homem público, Itamar evidenciou, por meio de gestos e atitudes, outras características: intuitivo; avesso a holofotes, cerimônias e rituais do poder; se apresentava como o "matuto honesto", o político que tinha preocupação com as questões sociais. O jeito matreiro, de dar recado sem se mostrar integralmente, esteve sempre lá.

Certa vez, ainda às voltas com a política mineira e sem grande visibilidade na política nacional, Itamar foi convidado por Tancredo Neves para uma conversa, acompanhados de jornalistas, num hotel em São Paulo. Como Itamar demorava a descer, Tancredo desistiu de esperar e pediu o almoço. Itamar chegou quando todos já estavam comendo. A reação foi surpreendente:

"Vou embora! Não gosto de gente mal-educada que não espera os outros para começar a comer."

"Que coisa! Ele está maluco?", perguntou um dos jornalistas.

Tancredo, quase que profetizando, disse:

"Ele não tem nada de maluco, e com esse jeito vai acabar chegando a presidente da República."

Em todos os cargos eletivos que ocupou – prefeito de Juiz de Fora, senador, presidente da República e governador de Minas Gerais, nessa ordem –, Itamar foi acompanhado por um grupo de amigos que ficou conhecido como "República de Juiz de Fora", sua cidade natal em Minas; ou, para os mais maldosos, "República do Pão de Queijo", uma das iguarias preferidas dos mineiros.

Sem uma identidade partidária definida, mudou de partido algumas vezes, fosse por imposição da ditadura militar, que implantou o bipartidarismo no país, fosse por antipatia com o comando da legenda. Para surpresa de aliados que até ensaiavam discordar de suas decisões, as mudanças sempre davam certo. "Ele tem estrela", concordavam os que o seguiam.

Estrela ou senso de oportunidade, sua trajetória é de dar inveja aos críticos.

**

Itamar Augusto Cautiero Franco nasceu em um dia impreciso de junho de 1930 no mar territorial brasileiro, a bordo de um navio que fazia uma viagem do Rio de Janeiro para Salvador. Seu nascimento foi registrado na capital baiana no dia 28 de junho. Filho de pais mineiros e criado em Juiz de Fora, Minas se tornou sua terra natal.

O primeiro golpe de sorte foi em 1974, quando sua atuação ainda era restrita à política mineira. Em vários estados, o então MDB preferiu preservar seus principais nomes de uma provável derrota na disputa pelo Senado e decidiu, então, lançar candidatos menos conhecidos, que não tinham muito a perder – a ditadura, àquela altura, estava forte, e as chances de vitória da oposição nas urnas eram consideradas remotas.

Em Minas, Itamar topou. As previsões estavam equivocadas, e ele foi eleito naquela leva de senadores do partido vitoriosos em pleno regime militar: dezesseis do MDB contra seis da Arena, a agremiação que dava sustentação à ditadura. Uma surpresa para os dois lados. Itamar estreou na política nacional, chegando ao Senado junto com Paulo Brossard (RS), Saturnino Braga (RJ), Orestes Quércia (SP) e Marcos Freire (PE), para citar alguns dos eleitos pelo MDB em 1974.

Antes do golpe militar de 1964, Itamar perdeu duas eleições que disputou pelo PTB: a de vereador, em 1958, e como vice-prefeito, em 1962. Depois do golpe, migrou para o MDB, partido pelo qual, em 1966, foi eleito prefeito de Juiz de Fora, e reeleito na sequência.

A eleição para senador em 1974 alavancou sua trajetória política, com dois mandatos subsequentes no Senado, seguidos da Vice-Presidência da República, que o levou à Presidência. Depois de passar a faixa presidencial para Fernando Henrique Cardoso, no início de 1995, Itamar ficou quatro anos sem mandato. Foi eleito governador em 1998 e, por último, voltou ao Senado, exercendo o mandato por poucos meses, antes de falecer em julho de 2011.

Itamar começou a ter maior visibilidade no cenário nacional a partir de 1986, quando era senador, e o seu partido, então batizado de PMDB, lhe negou a legenda para disputar o governo de Minas por causa da oposição que ele fazia ao governo Sarney. Ele se filiou, então, ao PL – não considerou a questão de afinidade, ou não, com as ideias liberais da legenda –, mas perdeu a eleição, por muito pouco, para o peemedebista Newton Cardoso. Ao voltar para o Senado, reassumiu com mais vigor o discurso contra a corrupção.

Foi esse jeito meio matuto e meio sério que o levou a ser o candidato a vice de Fernando Collor, em 1989. Collor queria uma grife para sua chapa. Candidato de um estado pequeno, Alagoas, e de um partido menor ainda, o PRN, precisava de um nome de projeção nacional.

A frouxidão ideológica de Itamar era perfeita para os planos do novato Fernando Collor. Era do Sudeste e filiado a um partido liberal, o que combinava com o discurso *collorido* de abrir o Brasil para o exterior e trazer para cá a modernidade do Primeiro Mundo.

Itamar combinava também com a conversa de caça aos marajás do serviço público e combate à corrupção, por sua atuação na CPI da Corrupção, que apurara os desmandos praticados no governo Sarney. Tinha ficha limpa, nenhum envolvimento conhecido em casos rumorosos da "corriola política".

Apesar desses pontos de contato mal alinhados e sem que se conhecessem muito bem, Collor e Itamar se acertaram para formar a chapa. Ao assinar a ficha de filiação do PRN, no início de 1989, o mineiro não via a vitória no horizonte, pois Collor tinha apenas 2% das intenções de voto. Mais uma vez apostou no escuro e levou junto sua turma de Juiz de Fora. E a estrela brilhou de novo. Lance de sorte, intuição, senso de oportunidade?

Nos primeiros dois anos do mandato de Collor, o vice teve atuação tímida, mas reveladora de seu estilo, que ia do manso ao mercurial, e que se tornaria mais evidente na sua gestão como presidente. Como vice, ele discordava da política econômica do governo Collor – das primeiras propostas ao programa de privatizações –, deixava escapar seu descontentamento, mas não enfrentava o assunto com o presidente. Criticava ministros, em especial os da área econômica, e houve quem temesse demissões nos períodos em que ele assumia a Presidência na ausência do titular. Tudo não passava de ameaças.

As discordâncias entre presidente e vice se ampliaram a partir das denúncias de corrupção contra o governo Collor. Itamar cobrava respostas. Collor o ignorava. No início de 1992, Itamar Franco desfiliou-se do PRN, simbolizando seu rompimento político com o presidente. Com a aprovação do processo de impeachment, no final de setembro de 1992, Itamar assumiu o cargo, sem formalidades, e fez questão de continuar despachando no gabinete da vice-presidência, no prédio Anexo II do Palácio do Planalto. Só se transferiu para o gabinete principal, no terceiro andar do Planalto, após o afastamento definitivo do titular do cargo. Itamar era cheio de manias.

O tabuleiro mineiro

As semanas finais do impeachment de Collor foram marcadas pela intensa negociação política entre os principais partidos da oposição: PT, PSDB, PMDB e PCB. O vice-presidente, porém, se negava a participar das reuniões entre os presidentes desses partidos – Luiz Inácio Lula da Silva (PT), Tasso Jereissati (PSDB), Orestes Quércia (PMDB) e Roberto Freire (PCB).

Itamar não entrou na discussão nem mesmo quando o impeachment já era dado como certo e os partidos de oposição desenhavam o futuro. Os dirigentes partidários falavam em um governo de transição, que garantisse a democratização e que chegasse com a marca de "salvação nacional" para cumprir os dois anos restantes do mandato. Era a chance de fazer História. Só faltava combinar com o novo protagonista dela.

Às vésperas da votação sobre o impeachment na Câmara, diante da certeza do resultado, Roberto Freire e Lula procuraram Itamar para tratar do futuro Ministério. Tiveram dificuldade de puxar o assunto – Itamar estava arredio. Mas, quando conseguiram, Lula sugeriu o nome do jurista Raymundo Faoro para a Justiça e Roberto Freire indicou o médico sanitarista Sérgio Arouca para a Saúde. Aí veio a surpresa que quase derrubou os dois da cadeira:

"Não posso. Eu já convidei o Jamil Haddad para o Ministério da Saúde e o Maurício Corrêa para a Justiça."

Eram dois amigos dos tempos do Senado, ambos de Minas Gerais. Ficou claro que, sem participar das reuniões para não ser acusado de conspirar contra Collor, o vice estava vários passos à frente da oposição, que sonhava em, se não o enquadrar, pelo menos exercer influência no governo e na formação da equipe.

Itamar Franco fez questão de substituir todos os ministros, e parte dos convites foi feita ainda antes do afastamento do titular, à moda mineira, com cuidado e discrição. Ele não tinha como primeira preocupação refletir na equipe a coalizão partidária que defendera o afastamento de Collor e apoiaria seu governo, mas, sim, ter pessoas de sua confiança. Queria os amigos ao seu lado: Henrique Hargreaves (Casa Civil), Paulo Haddad (Planejamento) e Murílio Hingel (Educação), além de Jamil Haddad e Maurício Correa.

Tinha ciência de que precisava ceder espaço aos partidos aliados, mas seria a partir de seus critérios. Depois de dezesseis anos como senador, escolheu os que mais conhecia na Casa, entre eles o tucano Fernando Henrique Cardoso. Até mesmo o PFL, que formalmente apoiou Collor até o final, ganhou três ministérios, incluindo o da Fazenda, com o pernambucano Gustavo Krause. Os nomes representavam os partidos, mas as escolhas eram dele.

Antes de definir o titular do Ministério da Fazenda, Itamar avisou que só ouviria os amigos e políticos que concordassem com uma das premissas por ele estabelecidas: o comandante da economia não seria um paulista.

"É poder demais para São Paulo", era seu argumento.

Sobre o nome do então deputado José Serra, que entrava em todas as listas de cotados ao posto, Itamar tinha uma explicação que ia além do fato de o tucano ser paulista:

"Ele não quer ser ministro da Fazenda, quer ser o presidente da República."

Na escolha da primeira equipe já era possível ver a independência como uma marca forte do temperamento de Itamar. Determinação também era outro traço predominante. Para o Ministério da Previdência Social, Itamar nem deixou crescer especulações e avisou logo que seria "aquele menino da Câmara".

Era o deputado gaúcho Antônio Britto, que fora relator da proposta de reforma da Previdência do governo Collor. Uma proposta que não andava. O momento era de muita tensão na Previdência, que já vinha desgastada com as denúncias de fraudes e enfrentava uma barulhenta luta dos sindicatos mobilizados pela garantia do polêmico reajuste de 147% para os aposentados – o que, na opinião geral, quebraria o sistema previdenciário em dois tempos.

Escolhido para o cargo, Antônio Britto ouviu, no primeiro encontro com Itamar, uma única recomendação:

"Seja carinhoso com os aposentados."

O ministro percebeu ali a preocupação que Itamar teria com os idosos durante todo o mandato – ele próprio, com 62 anos, estava entrando na velhice e vivia rodeado de parentes idosos. Sentindo-se acolhido, Britto fez um pedido: queria nomear funcionários de carreira para as delegacias regionais da Previdência, descartando as tradicionais indicações políticas para o posto. Foi quando conheceu um pouco mais do novo presidente:

"Ótimo! E pode dizer que foi coisa minha."

Mesmo escolhendo pessoalmente cada um dos seus ministros, Itamar adotava uma postura muito reservada no trato com eles. Não era de ter ou demonstrar intimidades. Raras vezes abriu a guarda. Respeitava os políticos, mas não eram comuns gestos de afetividade na relação com eles.

No início do governo, a situação financeira não permitia agrados aos aposentados, mas o jeito do "menino Britto" no comando da Previdência agradou a Itamar e seus convivas palacianos. Um dia, bem cedo, o ministro recebeu um chamado do Palácio do Planalto, com o aviso de que o presidente queria que ele fosse lá imediatamente.

Chegou ao terceiro andar e já encontrou Itamar no corredor, vindo em sua direção. O presidente lhe deu um abraço forte e demorado, e disse:

"Saiba que gosto muito de você."

Apenas isso. E retornou ao gabinete.

O ministro voltaria para o ministério sem saber o motivo de tanto apreço se não encontrasse, por acaso, no mesmo corredor, com Ruth Hargreaves, também da turma de Juiz de Fora, irmã de Henrique Hargreaves. Após cumprimentos e frivolidades, ela contou:

"Ah, ontem você deu uma grande alegria para o Itamar. Nós estávamos tomando sopinha no Palácio quando umas tias dele telefonaram. E uma delas disse a ele: 'Como é bom esse menino da Previdência, carinhoso com a gente, atencioso'."

Era o Itamar das receitas caseiras. Tanto para a sopinha da noite como para aferir popularidade do governo, botava mais fé no que ouvia das tias, do motorista e da cozinheira do que nos resultados de pesquisas de opinião.

Família, aliás, era uma questão muito bem cuidada por Itamar Franco. Logo no início do seu mandato ainda provisório, os brasileiros souberam que ele tinha uma relação intensa com a mãe, dona Itália, que faleceu em dezembro de 1992, antes de Itamar ser efetivado no cargo. Ele falava muito da mãe e a visitava com frequência em Juiz de Fora, mas sua imagem não era exposta.

Da mesma forma, preservava a imagem das filhas Fabiana e Georgiana, frutos de seu casamento com Anna Elisa Surerus, no final dos anos 1960. Raramente elas foram vistas no Palácio do Planalto.

Ainda na montagem do seu Ministério, o impulsivo Itamar flertou com uma crise ao provocar o PT, que decidira ficar de fora do governo. Passando por cima das lideranças partidárias, convidou pessoalmente a ex-prefeita de São Paulo Luiza Erundina para ser ministra da Administração. Erundina aceitou o convite, mas teve que sair do partido.

Mesmo depois de forte atuação dos petistas na CPI que apeou Collor do poder, o PT não quis participar do novo governo, porque acreditou que Itamar seria o adversário natural do partido na eleição presidencial de 1994. Os petistas não fizeram oposição a ele, à exceção do período de lançamento do Plano Real, em 1994, que fez nascer, por consequência, a candidatura de Fernando Henrique Cardoso à Presidência da República.

Outras escolhas de Itamar para o Ministério foram feitas de forma bem heterodoxa. Fernando Henrique, que assumiu primeiro o ministério das Relações Exteriores, era um dos poucos que tinham liberdade para apresentar sugestões ao presidente, com chance de ser ouvido. Participando das articulações desde o início, FHC se surpreendeu com a decisão do presidente de trocar também os ministros militares, o que não estava no horizonte de nenhum político. Ainda havia aquele cuidado em não melindrar os generais.

"Vai trocar até os militares?", perguntou.

"Por que não?"

Itamar não queria abrir exceções. O que fosse decidido para um deveria valer para todos. No mais, era desconfiado mesmo, e acrescentou a FHC:

"Se eles [os ministros militares] não defenderam o presidente que os escolheu, será a mim que vão defender?"

Trocou todos.

A surpresa ficou por conta do critério adotado para a escolha do ministro do Exército. Ele recorreu ao Almanaque do Exército, em que constam todos os oficiais generais, com foto e currículo. Na presença de poucos assessores, pediu um exemplar e, com o livro na mão, mirou o que seria o meio e abriu a página. Lá estava o nome do escolhido: Zenildo Lucena.

O próprio Itamar, envaidecido, vendeu o formato da escolha como uma sabedoria: procurou um nome na página central do almanaque, porque se o abrisse numa ponta sairia um oficial muito jovem; se fosse na outra ponta do livro, seria um general mais velho, perto da reserva. Apostou que, com essa suposta espertreza, o novo ministro chegaria ao comando da tropa sem dever favores a ninguém. Não tinha padrinho político. Sua única lealdade seria com Itamar. Zenildo Lucena deu tão certo que se manteve no posto por sete anos, incluindo o primeiro mandato presidencial de FHC.

Formada a equipe, logo ficou claro que havia no centro do governo Itamar Franco uma espécie de duelo velado entre dois grupos. De um lado, o da "República de Juiz de Fora" – amigos, assessores e ministros que raramente opinavam contrariamente aos impulsos do presidente. Eram os irmãos Henrique e Ruth Hargreaves, José de Castro (Advogado Geral da União), Mauro Durante (Secretário-geral da Presidência), Maurício Corrêa (Justiça), Paulo Haddad (Planejamento) e Jamil Haddad (Saúde).

De outro lado, o grupo dos políticos em que figuravam Fernando Henrique Cardoso, Antônio Britto, Roberto Freire, Gustavo Krause e Pedro Simon. Ministros que não tinham acesso direto e imediato ao presidente e que, em algumas ocasiões, eram os últimos a saber de questões relevantes do governo.

Com o primeiro grupo, o presidente tinha encontros diários no gabinete. Muitas vezes essas reuniões aconteciam ao redor de uma cama de repouso instalada num espaço reservado do gabinete presidencial – uma herança dos presidentes do regime militar que foi sendo mantida pelos sucessores, até pelo menos o fim do governo Itamar.

Quando um dos ministros políticos ficava sabendo que tinha ocorrido um desses encontros reservados, pedia em seguida para tomar um café com o presidente. Eles precisavam saber qual era a nova do dia. Em geral, uma surpresa. E muitas vezes um incêndio que precisava ser apagado imediatamente.

Voluntarioso e de olho no povo

O governo Itamar Franco não foi resultado de sua composição política. Foi muito mais o reflexo do estilo do cidadão Itamar Franco: temperamental, ansioso e às vezes açodado, mas atento à necessária correção no trato da coisa pública – sabia que precisava fazer diferente do antecessor. Não é fácil compreender Itamar Franco, concordavam amigos e auxiliares. Ele oscilava entre o afável e o agressivo no trato pessoal; pelos jornais, era considerado um homem de rompantes.

A decisão de despachar no gabinete do vice até a queda final do titular embutia a intenção de mostrar que não estava deslumbrado com o poder, que tinha ciência da sua efemeridade. Ele recorria a símbolos, como o calendário que mandou pregar numa parede revestida de madeira, num pequeno cômodo contíguo ao gabinete presidencial, no qual ia riscando dia após dia. Parecia estar cumprindo uma tarefa que lhe fora imposta, com prazo determinado. Era a mensagem de desapego que queria passar. Apostava que esse jeito agradaria a população, e agradou.

A imagem amena e diferenciada que chegava ao público externo não era comum no seu dia a dia. Diante das dificuldades, o presidente se irritava fácil, agia de forma impulsiva. O temperamento mercurial era quase uma constante no trabalho. Mas ele gostava de passar uma ideia de desprendimento e bonomia. Chegou a dizer uma vez: "Eu sou bobo". Longe disso.

Surpreendeu o mundo político ao fazer escolhas inusitadas no período de pouco mais de dois anos em que governou o país. Assustou raposas políticas da época, gerou crises, preocupou os aliados, mas acabou implementando o mais bem-sucedido plano de estabilização de economia, o Plano Real. Mesmo tendo batido o recorde de ministros da Fazenda: cinco no curto mandato.

Um dos primeiros lances de Itamar Franco na Presidência foi sugerir o relançamento do Fusca no Brasil, o que contrariou o senso comum e os prognósticos econômicos. Isso depois de Fernando Collor ter classificado os carros brasileiros – o Fusca, inclusive – como "carroças" ao abrir as portas para os importados modernos.

Foi durante uma visita que fez ao Salão do Automóvel em São Paulo, em novembro de 1992, que Itamar lançou a proposta. Criticada na imprensa, ironizada por políticos e ignorada pelos executivos da Volkswagen do Brasil, que fabricava o Fusca. Jornais chegaram a publicar que o presidente queria apenas agradar sua namorada do momento, Lislie Lucena – filha do senador Humberto Lucena –, que tinha um Fusca 1981.

A ideia, porém, não surgiu de um rompante nostálgico, mas da sua preocupação com os preços dos carros no Brasil, como explicou. Ele ficara impressionado e irritado ao saber que o carro mais barato em exposição no Salão do Automóvel custava em torno de US$ 23 mil. Lá mesmo, resolveu dar uma entrevista sugerindo a volta do Fusca, "para que o brasileiro pobre também pudesse ter carro".

Mesmo com as críticas, Itamar não desistiu e convenceu a montadora a formalizar o "protocolo do carro popular" no Brasil. O mercado estava engatinhando na fabricação desses modelos. A chegada do Fusca às ruas em 1994, custando em torno de US$ 7 mil, alavancou o comércio de automóveis mais baratos, ao mesmo tempo que os importados também chegavam com força.

O "Fusca Itamar", como foi batizado, teve 40 mil unidades fabricadas entre 1994 e 1996. Perdeu para outros populares com preços similares, mais modernos e mais bonitos – em 1994, apenas dois modelos venderam em torno de 200 mil unidades cada. Não foi por falta de empenho do presidente, que fez o seu marketing, comprando ele próprio uma unidade. O Fusca em modelo conversível, o primeiro da linha de montagem e no qual ele posou para fotos na fábrica, está exposto no Memorial Itamar Franco, em Juiz de Fora.

No ringue com ACM

Itamar nunca seguiu o manual dos políticos e agiu quase sempre por intuição. Comprava brigas com quem muitos davam uma boiada inteira para não ter como adversário. Foi assim, com a matreirice dos mineiros, que se opôs ao valentão Antônio Carlos Magalhães, que dominava a política na Bahia e amedrontava os adversários, exibindo força em Brasília. Ninguém gostava de brigar com o temido ACM. Itamar aceitou ir com ele para o ringue político.

Com a indicação de Jutahy Junior (PSDB-BA) para o Ministério do Bem-Estar Social, o então governador baiano agiria como já era seu costume para atacar os adversários: anunciou que tinha um "dossiê do Jutahy". O tucano surgia como possibilidade de nova liderança no estado, o que incomodava ACM.

Para quem gostava de exaltar sua imagem de lisura, Itamar não tinha como fazer ouvidos de mercador às acusações do governador. Decidiu, então, receber pessoalmente as supostas denúncias de corrupção contra seu ministro. Mas Itamar pregou uma peça em ACM: chamou para o encontro o ministro da Justiça, como testemunha, e abriu o gabinete para os jornalistas credenciados no Palácio do Planalto.

O governador baiano não gostou da cena que viu. Disse que tinha pedido uma audiência privada com o presidente e largou na mesa o pacote que alegava conter as provas da corrupção. O pacote, entretanto, não continha qualquer prova, apenas recortes de jornais. ACM ficou irado com Itamar e por muitos anos não suportava nem falar do assunto.

No camarote com Lilian

Entre as surpresas da gestão Itamar, nada repercutiu tanto quanto seu encontro com a modelo Lilian Ramos, como ela se apresentou, em um camarote no Sambódromo, no Rio de Janeiro. A moça roubou a cena do carnaval de 1994 ao posar ao lado do presidente da República sem calcinha, vestida apenas com uma camiseta comprida. O encontro foi um desastre para a imagem do presidente.

Foram mais de dez minutos de exposição direta para os fotógrafos que usavam suas máquinas lá de baixo, na pista, em direção ao camarote da Liga das Escolas de Samba, onde Itamar era a cara da felicidade, de mãos dadas e sorriso largo com a moça paulista que acabara de conhecer – lhe fora apresentada por um dos figurões do Carnaval carioca.

Assessores e ministros avisaram-no, ao ver a intensa movimentação dos fotógrafos, que tomasse cuidado, e chegaram a sugerir que já estava na hora de ir embora. Que nada. Itamar queria ficar mais com a moça que ele dizia, ali mesmo na frente dos jornalistas, ter uma "boca muito linda" e que queria beijá-la. Quando um jornalista perguntou se estavam namorando, ele repetiu a pergunta para Lilian, todo sorridente, ao que ela respondeu: "Precisamos nos conhecer melhor". Assim, encantados, sentaram os dois juntinhos em um sofá, para mais uma sessão de fotos.

A repercussão, claro, não podia ter sido pior para o presidente, o governo e o seu entorno. Nos jornais, críticas e repreensões de representantes da classe política, da Igreja, dos empresários. Ainda assim, Itamar considerou nas conversas com assessores que não tinha feito nada de errado. Na primeira reação ao bafafá em torno do caso, disse que estavam querendo invadir a privacidade dele, e que isso não iria permitir.

Só se irritou e mudou de opinião a respeito do episódio quando soube que a modelo tinha aberto as portas da sua casa a jornalistas, no dia seguinte à farra do Sambódromo, e permitido que eles ouvissem, em uma extensão, a conversa dos dois ao telefone marcando um novo encontro para a noite de segunda-feira. Itamar, bravo, desmarcou o jantar e rumou para Juiz de Fora, seu refúgio em momentos de tensão.

Nos dias seguintes, o assunto continuava repercutindo, inclusive na imprensa estrangeira, dos Estados Unidos à Europa. O jornal *Washington Post* publicou as fotos do jornal *O Globo* com a legenda: "Sem sutiã, sem calcinha e sem vergonha". Nessa mesma edição, *O Globo* publicou que uma agência de acompanhantes de São Paulo anunciava Lilian Ramos entre suas garotas de programa.

Na semana seguinte à barulhenta passagem pelo Sambódromo, Itamar Franco tinha na agenda participação na Festa da Uva, em Caxias do Sul (RS), um evento sempre prestigiado pelos presidentes. Cogitou cancelar a viagem, mas foi vencido pelos argumentos de que pareceria estar fugindo dos holofotes. Foi, mas evitou posar para a tradicional foto ao lado das princesas e rainhas da uva.

O inconformado

A ebulição na economia salvou Itamar do escândalo do Sambódromo, voltando a dominar o noticiário. A elaboração do Plano

Real, já em fase avançada, desviou a atenção da sociedade para a novidade que seria lançada no final de fevereiro: a URV, a Unidade Real de Valor, o novo indexador da economia, que antecedeu a criação da nova moeda em julho. A URV era uma moeda escritural, não existindo fisicamente, que fez a transição entre o Cruzeiro Real e o Real.

Na Presidência, Itamar Franco demonstrava frequentemente seu inconformismo com a situação do país, como se não fosse ele o presidente da República, aquele que poderia dar respostas aos problemas. Reagia muitas vezes como um cidadão comum. Afirmava com frequência, aos olhos atônitos dos sistemas financeiro e político, que pouco importavam a ele as consequências do seu estilo. Como disse em conversa com jornalistas:

"Às vezes, dizem que sou açodado porque falo o que penso, porque manifesto minhas angústias. Meus ministros falam que, se eu fizer tal coisa, a bolsa vai para o chão. Quero ver como ficará a bolsa se os sete milhões de desempregados resolverem baixar no pregão."

Era comum Itamar chegar ao Palácio do Planalto com uma preocupação que afetava a vida das pessoas. Um dia a inflação, no outro a passagem de ônibus ou o preço dos remédios. "Ele conversou à noite com dona Raimunda", identificavam logo pela manhã seus auxiliares. Dona Raimunda era a cozinheira de Itamar em Juiz de Fora, que seguiu depois com ele para o Palácio da Alvorada.

Foi por causa dela que ele comprou uma briga com os laboratórios farmacêuticos. Ainda como presidente interino, no início de dezembro de 1992, ordenou uma devassa fiscal nos laboratórios depois do anúncio de mais um reajuste no preço dos remédios, que era constante em tempos de inflação nas alturas.

Ele próprio contou que, ao sair de casa, dona Raimunda reclamara do preço nas farmácias. Foi também por aqueles dias que a empregada doméstica da família em Juiz de Fora, Maria das Dores, apareceu nos jornais se queixando da mesma carestia.

O assunto virou pauta prioritária para o presidente da República. Além da fiscalização nos laboratórios, passou a ameaçar quase todos os dias com congelamento ou tabelamento de preços. Tornou-se uma obsessão. Convocou o ministro da Saúde, Jamil Haddad, pediu providências e o despachou para Cuba, a fim de conhecer o sistema de saúde de lá. Tentou implantar o que seria o embrião do sistema de farmácias populares, criado vinte anos depois pelo governo do PT.

Em determinado momento, chegou a sugerir a criação do Ministério dos Remédios, para acompanhar de perto o preço e definir políticas que pudessem ajudar a população. A ideia foi classificada de esdrúxula até por aliados.

Naquele momento tramitava no Congresso projeto do então deputado Eduardo Jorge, na época do PT, sobre fabricação de remédios genéricos. O debate era polêmico e não avançava. Itamar até assinou um decreto criando os genéricos no Brasil, mas a fabricação dependia de uma série de providências, incluindo a controversa quebra de patentes, que só ocorreu em 2001, quando o tucano José Serra comandava o Ministério da Saúde no governo Fernando Henrique.

Ainda que a origem do problema dos preços fosse a inflação alta, o fato é que a briga de Itamar com os laboratórios estimulou uma discussão mais ampla no governo a respeito de políticas públicas de medicamentos. Quando o presidente Itamar, com seu modo estridente e teimoso, levantou a bandeira, não faltou quem dissesse que se tratava apenas de "mais uma do Itamar".

Batalha semelhante Itamar Franco travou com os distribuidores de combustíveis. Determinou que não seriam mais permitidos os reajustes nos preços da gasolina sem combinação prévia com o governo. E que os aumentos teriam que ser avisados com antecedência – não mais de última hora, à noite, provocando insanas corridas de consumidores aos postos de gasolina, uma cena muito comum naquela época.

Os efeitos da inflação alta na vida do cidadão eram sua grande preocupação. Os embates de Itamar com a equipe econômica eram frequentes. Impaciente, dizia que era cada vez mais insuportável ouvir o argumento de que toda medida tinha que ser bem pensada "por causa da reação do mercado financeiro". A cada nova ideia, cobrança ou queixa de Itamar sobre a situação econômica, a bolsa caía, o dólar subia.

Tanto quanto o bolso do pobre, a crise econômica afetava a popularidade do governo e do presidente. Enquanto o Real não se tornou uma realidade, ficou evidente, pelos movimentos de Itamar Franco, que ele estava antenado com as agruras do povo, mas também com sua sobrevivência como homem público.

Logo depois que assumiu o cargo como titular, Itamar tinha aprovação de 36% da população. Sem solução para a economia, a popularidade começou a despencar. Em novembro de 1993, contava com apenas 12% de aprovação; para 41% da população, seu governo era de ruim a péssimo. A esta altura, a esperança estava depositada na equipe de economistas montada pelo já ministro da Fazenda, Fernando Henrique Cardoso, que trabalhava dia e noite na proposta de estabilização econômica.

Com os efeitos das primeiras medidas do Plano Real – corte nos gastos e a utilização da URV para reajustar igualmente preços e salários no início do ano –, a popularidade do presidente foi melhorando, chegando a 37% de aprovação em agosto de 1994, quando a nova moeda já estava nas ruas.

O presidente e seu plano econômico tornaram-se, então, fortes cabos eleitorais da eleição presidencial que elegeria Fernando Henrique Cardoso ainda em 1994.

A estratégia de marketing de Itamar incluía despejar suas angústias em entrevistas aos jornalistas, em conversas informais na chegada ou na saída do Palácio do Planalto. Não era de conceder entrevistas coletivas formais, mas foi o presidente que mais conversou com os jornalistas credenciados na Presidência da República, parando praticamente todos os dias, na entrada ou na saída do Planalto, para informalmente responder, ou não responder, às perguntas. Ele usava uma saída lateral no térreo do Planalto, próximo do Comitê de Imprensa, para embarcar e desembarcar do carro oficial. Dessas conversas informais era comum sair uma declaração polêmica.

Essa rotina de entrevistas era motivo de muita dor de cabeça dos ministros que trabalhavam por períodos de calmaria. Afinal, um ambicioso plano econômico estava em gestação e não interessava o ambiente conflagrado patrocinado pelo presidente da República.

O ministro Antônio Britto foi escalado para falar com Itamar. Tinha que ser com jeito, sem críticas ou cobranças ao seu comportamento, ou a conversa se encerraria de imediato. Britto abordou o assunto de forma disfarçada:

"Conversei hoje com vários jornalistas..."

Itamar o interrompeu:

"Sei que os jornais não gostam de meu governo, não gostam de mim."

"Não. Ao contrário. Eles adoram! O senhor dá entrevistas todos os dias, rende notícias, e isso os deixa felizes."

"Então, não falo mais!"

Passou a falar menos, de fato. Com a justificativa de que não romperia com os jornalistas que o acompanhavam diariamente na Presidência, continuou mandando seus recados ao mercado e aos políticos. O marqueteiro em ação, a seu modo. A estabilização da moeda logo acalmaria o presidente inquieto.

Travessuras

O distanciamento do presidente do que se convencionou chamar de "liturgia do cargo" era grande. Ele tinha aversão total ao protocolo.

Itamar queria mostrar que, como presidente, não mudaria seu estilo de vida simples, de homem pacato mesmo. Não era de frequentar restaurantes finos, fazer viagens ao exterior, ter carros de luxo ou exibir vestuário e acessórios da moda. Esse modo simples – que ele também fazia questão de mostrar, como parte de sua projeção pessoal e política – causou estranhamento à estrutura da Presidência da República quando ele chegou.

A primeira viagem oficial ao exterior, a Buenos Aires, Itamar pediu que fosse feita em voo comercial e afirmou que pretendia dispensar a equipe de segurança. O que não foi permitido, claro.

Numa viagem a Nova York, Itamar pouco saiu do hotel, mas, quando a conta de suas despesas chegou, quis analisar item por item, e, estupefato, reclamou com os assessores:

"Mas eu não fui a esse restaurante, não pedi esses pratos!"

Foi quando descobriu que tudo o que a comitiva consumia era registrado numa só conta do gabinete presidencial. Para que isso não se repetisse, foi separada, a partir de então, a conta do presidente da República da conta dos demais assessores, que passaram a receber diárias, com a posterior prestação de contas.

O mesmo aconteceu quando soube do custo de manutenção do Palácio da Alvorada. Eram muitos funcionários e seguranças, e toda despesa era registrada na conta do presidente. Itamar não gostou do sistema e o mudou. Levou a cozinheira dona Raimunda para o Alvorada, e ela mesma fazia as compras dos mantimentos para preparar a comida servida a ele. A fim de cobrir essas despesas estritamente pessoais, o salário do presidente foi reajustado. A outra cozinha atendia servidores e seguranças, com os custos mantidos pela Presidência da República.

Itamar foi o primeiro presidente que se aventurou a sair sozinho do Palácio da Alvorada, numa tarde de domingo, para ir ao cinema com a namorada. Na época, estava namorando June Drummond, funcionária do Ministério da Educação, com quem se relacionou até meados de 1995, quando assumiu a Embaixada do Brasil em Portugal, indicado pelo presidente Fernando Henrique.

O casal chamava a atenção – June era uma jovem de 30 anos, bonita e independente –, e Itamar não se furtava a aparecer em público com a namorada, nos fins de semana. Como nesse dia em que quis ir ver um filme e não conseguiu entrar no cinema, que já estava lotado. Causou muita confusão para os seguranças e jornalistas, que demoraram a localizar o seu paradeiro, mas a tempo de registrar a foto que seria estampada nos jornais do dia seguinte. Fez o mesmo ao visitar de supetão uma feira de livros, também em Brasília.

O mesmo Itamar que dizia se compadecer do tanto que os jornalistas credenciados no Planalto trabalhavam gostava mesmo era de pregar peças na imprensa. Fosse nos plantões de fim de semana, fosse em viagens particulares. Dizia que ia para um lugar, desembarcava em outro, como fez em um Carnaval: disse aos jornalistas que iria para Juiz de Fora, mas foi parar em Pernambuco. Sabia que a imprensa o encontraria.

Também tentava driblar a vigília dos seguranças sempre que podia. Em uma viagem ao Rio de Janeiro, com toda a comitiva presidencial hospedada no Hotel Glória, Itamar quis fazer um passeio. Já passava da meia-noite quando telefonou para o apartamento onde estava Fernando Henrique Cardoso.

"Todo mundo já foi dormir. Vamos dar uma volta?", convidou.

O ministro não teve como recusar. Os dois, e mais o ministro Mauro Durante, saíram de táxi à procura de um lugar para tomar um café. Partiram para Copacabana. Lá tentaram o famoso restaurante Bife de Ouro, mas estava fechado. De um lugar para outro, foram parar no Hotel Sheraton, em São Conrado, surpreendendo os funcionários quando chegaram.

Antes mesmo de descobrirem que nenhum deles tinha levado dinheiro para pagar os três cafezinhos, a equipe de segurança da Presidência da República identificou o paradeiro de Itamar e pagou a conta. Os seguranças se certificaram de que o presidente gostava mesmo dessas travessuras, e os cuidados foram redobrados.

Ministros em série

Temperamental e apegado a regras próprias para a escolha de seus auxiliares, Itamar Franco teve muitos desacertos nas escolhas para o Ministério da Fazenda, área de maior problema e que proporcionou, ao final, o principal e melhor resultado de seu governo.

Até acertar com a escolha de Fernando Henrique Cardoso, promovido de chanceler a comandante da área econômica em 20 de maio de 1993, Itamar teve três ministros da Fazenda em sete meses. Depois de Fernando Henrique, mais dois. Um recorde: seis ministros da Fazenda em dois anos e três meses de governo.

Depois de Gustavo Krause – O Breve, como o próprio se autointitulou após ficar apenas setenta dias no cargo –, Itamar faria uma escolha doméstica, com jeito de improviso: o amigo Paulo Haddad, que já era ministro do Planejamento, acumularia as duas pastas. Este também não durou três meses no cargo. Pediu as contas pela mesma razão do antecessor: o presidente conversava com diversos economistas, com quem se consultava, como Affonso Celso Pastore, Delfim Netto, Dércio Munhoz e José Serra, e mal falava com o titular da área.

Num sábado, Paulo Haddad telefonou a Gustavo Loyola, presidente do Banco Central, e avisou que havia pedido demissão. A economia continuava sem jeito. No domingo, Itamar convocou Loyola ao Palácio da Alvorada para uma reunião, ao lado dos assessores de sempre e alguns amigos. Sem muitos preâmbulos, contou a ele que Haddad havia pedido demissão (Loyola fez que não sabia) e disparou:

"Doutor Loyola, eu gostaria que o senhor assumisse o Ministério da Fazenda."

O tímido Loyola custou alguns minutos para responder, mas, por fim, falou:

"Presidente, eu também quero sair [do governo]."

Itamar não esperava pela recusa, e, entre surpreso e desconcertado, disse que iria pensar em outro nome.

Conhecedor do funcionamento dos mercados, Loyola achou por bem recomendar que a indicação se desse logo.

"Presidente, se a saída do Haddad vazar, o mercado vai ficar muito nervoso."

Sem pensar muito e nem consultar pessoas experientes da área, no dia seguinte Itamar anunciou para o posto outro amigo, também mineiro, Eliseu Resende. Ele ficou no cargo oitenta dias.

Gustavo Krause, Paulo Haddad e Eliseu Resende foram escolhas pessoais do presidente, nem por isso poupados por ele. Foram vítimas de um dos traços de sua personalidade mais criticados: de nem sempre se comportar com clareza e transparência. Lealdade na política também não era seu forte, e muitas mágoas ficaram.

Era maio de 1993 o chanceler Fernando Henrique Cardoso foi chamado de volta dos Estados Unidos, onde estava em viagem oficial. De lá, ciente das intenções do presidente, pediu a ele que não formalizasse nada até sua chegada ao Brasil. Itamar não lhe deu ouvidos. Quando FHC desembarcou na manhã seguinte, sua nomeação já estava publicada no Diário Oficial da União. Àquela altura, claro, o presidente já superara a resistência de entregar o comando da economia a um paulista.

Fernando Henrique chegou determinado a negociar com o presidente uma carta branca para conduzir as mudanças necessárias na área econômica, com uma equipe própria, escolhida por ele, e com liberdade para elaborar um plano de combate à inflação, que persistia na casa dos 30% ao mês – um acumulado de mais de 1.300% ao ano. Depois de tantos fracassos seguidos, Itamar Franco aceitou os termos de Fernando Henrique.

A relação entre os dois não seria nada fácil, mas a escolha poderia entrar na conta de mais um golpe de sorte de Itamar, que salvou seu governo com o Plano Real. Foi também o responsável pelo grande salto do PSDB no cenário político nacional. Naquele momento, os tucanos tinham vários nomes para disputar a Presidência da República em 1994 – José Serra, Tasso Jereissati e Ciro Gomes, além do próprio Fernando Henrique –, mas nenhum era considerado competitivo.

No dia seguinte à posse de FHC na Fazenda, a primeira divergência entre o novo ministro e o presidente da República já estava estampada nas manchetes dos jornais: o reajuste salarial do funcionalismo público. Itamar disposto a ceder mais; e ainda queria um aumento diferenciado, para servidores civis e militares. FHC não aceitou a ideia, e os dois bateram pé por mais dois ou três dias. Ao fim dessa primeira queda de braço, os dois cederam, e o reajuste saiu igual para todos.

Outras discordâncias se tornariam públicas durante o ano, em especial quando a equipe econômica pregava a necessidade de corte nos investimentos na área social.

O clima de animosidade não prejudicou a confecção e o sucesso do Plano Real. Anos depois, contudo, ainda causava rebuliço no grupo político de Itamar uma discussão sobre quem era, de fato, o pai do Plano Real: ele, o presidente da ocasião; ou Fernando Henrique, o ministro que coordenou a equipe. O próprio Itamar manifestou vez por outra sua mágoa por FHC ser considerado o autor do plano. Fernando Henrique sempre evitou essa polêmica e, por ocasião da morte de Itamar em 2011, disse: "Sem o apoio dele [Itamar] não teria Plano Real".

O sucesso do plano catapultou Fernando Henrique ao posto de presidenciável do PSDB em 1994, obrigando Itamar a nomear um novo ministro da Fazenda em abril daquele ano – FHC ficou menos de um ano no posto. A escolha da vez, o diplomata Rubens

Ricupero, fugiu novamente ao figurino preferido do presidente – nem amigo de Minas nem representante da classe política e, de novo, um paulista.

Cinco meses depois de assumir o cargo e a um mês da eleição, mais um desarranjo na equipe econômica. Ricupero saiu do Ministério após ter uma conversa com o jornalista Carlos Monforte, da TV Globo, captada por antenas parabólicas. O ministro, que andava pelo país em defesa do Real e da candidatura de Fernando Henrique, admitia, numa conversa prévia com o jornalista – nenhum dos dois sabia que o áudio estava sendo vazado –, que a máquina do governo estava sendo usada em favor do tucano. Mais do que isso, afirmou que a área econômica escondia os indicadores desfavoráveis da economia: "Eu não tenho escrúpulos. O que é bom a gente fatura; o que é ruim a gente esconde", foi a frase de Ricupero que provocou sua queda a quatro meses do fim do governo.

O sexto ministro da Fazenda de Itamar Franco tinha pelo menos uma afinidade pública com ele: Ciro Gomes, o ex-governador tucano do Ceará, era também considerado um homem temperamental. Explosivo até, como o Brasil veria melhor nos anos seguintes.

Já nos primeiros dias como titular da Fazenda, Ciro expôs divergências com outros integrantes do Ministério a respeito de políticas públicas e investimentos, mas àquela altura o assunto dominante era outro: a eleição presidencial. Concluiu sua missão junto com o próprio Itamar, sem tempo ou espaço para grandes polêmicas. Foi o cargo que o tornou figura relevante na política nacional.

A substituição de Fernando Henrique na Fazenda não foi um processo fácil, visto que envolvia também o posicionamento do governo nas eleições. Foram necessárias inúmeras reuniões naquele espaço reservado do gabinete presidencial no Palácio do Planalto, a sala com a tal cama herdada dos militares. Ali, nos fins de tarde, Itamar se reunia com sua turma de Juiz de Fora para discutir previamente decisões que seriam anunciadas depois – encontros regados a muitos cafezinhos com pão de queijo e, vez por outra, caipirinha de limão, como preferiam alguns dos convivas.

Foi nesse quartinho, ao redor da cama, inclusive, que o presidente fez uma reunião mais ampliada com Fernando Henrique para traçar a estratégia de sua sucessão – o mundo econômico e a elite empresarial do país já apostavam em FHC como sucessor de Itamar, e todos no governo sabiam dessa preferência. O tucano, porém, não poderia se arvorar a desejar o posto de presidenciável. Como conhecedor da alma de Itamar, Fernando Henrique fez uma *mise en scène*, encenando um certo desinteresse.

"Eu não posso sair do Ministério da Fazenda. A recuperação da economia ainda está muito dependente de minha presença lá."

Era o que Itamar queria ouvir. Um gesto de desprendimento, embora todos soubessem que na hora certa o ministro da Fazenda deixaria o cargo para disputar a Presidência. Com o Plano Real já em fase de implantação, Itamar tinha plena confiança em Fernando Henrique e já havia decidido, internamente, que ele disputaria a eleição com a sua aprovação. O apoio, contudo, só seria declarado a seu tempo, e a seu modo. FHC saiu do ministério no final de março, para cumprir exigências da lei eleitoral, e Itamar só começou a tratar publicamente dessa candidatura dois meses depois.

Da mesma forma, o presidente Itamar queria ser soberano na escolha do novo ministro da Fazenda. FHC preferia ter como substituto Pedro Malan, então presidente do Banco Central e um dos arquitetos do plano econômico. Quando a sugestão chegou discretamente a Itamar, ele desaprovou:

"Nomear um dos técnicos não dá! Ele não terá liderança sobre os demais."

Na verdade, ele não queria ter um ministro da Fazenda escolhido por Fernando Henrique. Desconfiado, considerava que, se cedesse a FHC, o novo titular da pasta iria conversar mais com o candidato do que com ele, o presidente. Foi assim que escolheu o embaixador Rubens Ricupero, remanejando-o do Ministério do Meio Ambiente.

A economia e os economistas

Com a inflação de doze meses acumulando o impressionante índice de 2.477,15%, o caos na economia foi a marca do primeiro ano do mandato de Itamar Franco, 1993. Os constantes sobressaltos, alguns em função do temperamento do presidente, e os desacertos na escolha dos ministros da Fazenda eram apenas alguns dos ingredientes que tornavam tensas as relações de Itamar com a área econômica.

Ao longo dos meses de preparação do novo plano de estabilização, o presidente manifestou em diversas ocasiões seu descontentamento com as propostas dos economistas, focadas a princípio no controle de gastos públicos, o que significava redução de investimentos na área social. Nas reuniões com FHC e equipe técnica, Itamar repetia como uma ladainha:

"Os economistas olham os números, nós temos que olhar as pessoas."

Os técnicos reclamavam do fato de que cada medida do plano tinha que passar por um lento processo de aprovação, durante horas e horas de reuniões com o presidente. Cabia a Fernando Henrique explicar a ele, em detalhes. Invariavelmente, um grande desgaste.

O presidente custou a se convencer, por exemplo, da adoção do chamado tripé macroeconômico, com os três princípios que regeriam a partir de então a economia brasileira: câmbio flutuante, meta fiscal e meta de inflação. Medidas que precisariam ser rigorosamente cumpridas, para que o Plano Real desse certo.

O próprio Fernando Henrique contou, anos depois, como eram essas reuniões. Ficava horas e horas detalhando e explicando as propostas da equipe, com Itamar interrompendo a todo momento, testando os argumentos, contraditando. O presidente acabava concordando, mas só depois de convencido de que tomaria a decisão certa, "de que o pobre não seria sacrificado mais ainda". Era o político em ação.

Seguramente, um dos dias mais tensos foi no último domingo de fevereiro de 1994, véspera do lançamento do novo indexador da economia, a Unidade Real de Valor. Fernando Henrique ainda encontrava resistências em vários setores do governo; a maior delas vinha do ministro do Trabalho, Walter Barelli, que condenava as perdas salariais dos trabalhadores que seriam impostas pela implantação da URV.

Nesse domingo, dia 27, Itamar fez uma reunião no Palácio da Alvorada com os principais ministros, incluindo FHC e Barelli. Um encontro tenso, que durou mais de oito horas, com ameaças de todos os lados. Barelli insistia que o salário mínimo tinha que ser elevado ao equivalente a U$S 100 – era, no momento, equivalente a U$S 65; defendia ainda um abono de 7% para os servidores, para compensar as perdas acumuladas em fevereiro.

Em um momento especialmente nervoso, Barelli, incorporando o discurso de Itamar em defesa dos pobres, dizia que a equipe econômica precisava prestar atenção na fome e na miséria do povo, ao que FHC, impaciente, respondeu que isso ninguém precisava ensinar para ele.

Fernando Henrique ponderava que havia chegado ao seu limite e que novas concessões poriam o plano a perder. Explicou que o desafio era justamente evitar os erros do passado, referindo-se aos aumentos de salários promovidos durante o Plano Cruzado, do governo Sarney. Ameaçou abandonar o barco: "Se não querem, então tá, tchau, um abraço".

O próprio Itamar, fugindo ao normal de seu comportamento, arbitrou os maiores conflitos, intercedendo em favor dos argumentos de Fernando Henrique. Chegaram a um meio-termo tarde da noite: concessão de um abono de 5% para os servidores e o compromisso de promover o aumento progressivo do salário mínimo.

Itamar não aceitava prato feito, sem questionamentos, mas não era tão turrão a ponto de comprometer os resultados do governo. Político experiente, tinha compreensão da necessidade de rigor na implantação das medidas econômicas naquele momento.

CPI e Plano Real

O duelo entre Itamar Franco e a equipe econômica dominava o noticiário quando surgiu, em 1993, um novo escândalo político, que resultou na criação da CPI do Orçamento. As investigações desvendaram os esquemas usados por parlamentares para desviar verbas do Orçamento da União e cobrar propina de empreiteiras. A CPI investigou quase quarenta parlamentares e, ao final, pediu a cassação de dezoito, mas apenas seis perderam os mandatos. Quatro renunciaram antes, para evitar a perda dos direitos políticos, e os demais foram absolvidos pelos seus pares em votações no plenário.

Entre os cassados estava aquele que fora o condutor do processo de impeachment de Fernando Collor na Câmara, o presidente da Casa, Ibsen Pinheiro, do PMDB. E também o líder da bancada do partido, Genebaldo Correia. O governo perdia dois aliados importantes, experientes articuladores, às vésperas da votação das primeiras medidas do Plano Real.

A principal delas, naquele momento, previa a criação do Imposto Provisório sobre Movimentação Financeira (IPMF), chamado de "imposto do cheque", por incidir sobre as movimentações financeiras de pessoas físicas e jurídicas. No dia seguinte à aprovação do IPMF pela Câmara, em maio de 1993, Itamar Franco concedeu a primeira entrevista coletiva formal. Fez questão de apontar o prestígio do seu novo ministro da Fazenda, Fernando Henrique Cardoso.

"Tenho grande esperança na redução da inflação e acredito muito no ministro Fernando Henrique, talvez até mais do que ele acredita nele mesmo."

O processo de criação do IPMF, como tudo, foi precedido de várias sessões reservadas com o presidente da República. Ele precisava ser convencido. Itamar se apegava aos detalhes. A princípio, a ideia foi apresentada como Imposto sobre Transações Financeiras, ITF. Embora tenha concordado com a proposta de tributar quem usava o talão de cheque, coisa de rico, como dizia, o presidente não gostou de duas coisas.

Primeiro, a sigla. Achou muito parecido com seu acrônimo: Itamar Franco, ITF. Ele viraria nome de imposto. Nem pensar. Pediu para trocar. Segundo, queria deixar claro que seria transitório, apenas para atravessar a crise e garantir mais recursos para a área social. Suas ponderações foram aceitas e daí nasceu o IPMF, que permaneceu por anos na vida dos brasileiros. No governo Fernando Henrique seria batizado de contribuição, ou Contribuição Provisória sobre Movimentação Financeira (CPMF).

Os momentos relevantes da vida política de Itamar tiveram a marca, com mais ou menos intensidade, de seu comportamento imprevisível. No Palácio do Planalto, colocava na mesa os problemas, questionava e, quando encasquetava com alguma coisa, fazia o governo dar voltas e voltas. O seu entorno se queixava: "Ah, o Itamar atrapalha muito".

Ele podia até atrapalhar, mas, cioso de sua autoridade, queria dar as cartas sempre. Não abria mão de participar de todas as discussões, porque acreditava que isso imprimia um ar de seriedade à sua gestão. Queria era deixar a sua marca nas decisões. Itamar foi um grande marqueteiro dele mesmo.

Nesses embates, sua maior implicância era mesmo com o repetitivo argumento dos economistas de que o mercado reagiria mal a isso ou àquilo. Nas conversas com os jornalistas, o presidente retrucava usando quase sempre o mesmo discurso, com pequenas variações:

"Eles falam sempre no mercado, na bolsa. Será que eles conhecem a dona Maria, que mora lá longe e tudo o que eles fazem acaba refletindo na vida dela? Dona Maria não sabe o que é mercado, e para ela bolsa é aquilo em que ela carrega as coisas que precisa comprar. E quer comprar barato."

**

Quando o presidente do Banco Central ainda era Gustavo Loyola, no início de 1993, Itamar o convocou para uma reunião no Palácio do Planalto, para se informar sobre os rumos da economia. Lá pelas tantas, sapecou-lhe uma pergunta:

"Doutor Loyola, de quanto são nossas reservas cambiais?"

De tão baixo, o valor das reservas brasileiras – o montante de moeda estrangeira acumulado pelo país que funciona como uma espécie de seguro em momentos de crise – era tratado com cautela no governo. Era quase um segredo. Sem conhecer todos os que participavam da conversa – auxiliares e amigos de Juiz de Fora –, Loyola arriscou uma resposta:

"Presidente, não posso dizer aqui. Esta é uma informação estratégica de Estado que não pode ser de conhecimento público. Se o senhor quiser, eu o informo, mas separadamente."

Loyola ficou esperando a bronca, em público. Para sua surpresa, Itamar gostou do zelo dele com os números da economia.

O problema era quando agia no rompante. Em uma viagem a Buenos Aires, sem se importar com as consequências, ele pregou um grande susto na equipe econômica ao tentar incrementar seu discurso de que estava disposto até mesmo a brigar com as elites para melhorar a vida dos brasileiros:

"E posso mexer até no sistema financeiro."

Poder, poderia mesmo. No entanto, não estava no horizonte da economia brasileira nem existia qualquer estudo a respeito do tema. Mas Itamar falou, a bolsa caiu e o dólar disparou. Era "mais uma do Itamar", do "louco manso".

Alberto Goldman, que era ministro dos Transportes, contou um episódio que qualifica bem essa vocação de Itamar para o marketing. Com estradas esburacadas precisando de obras grandiosas país afora, o ministro estudou cuidadosamente uma forma de propor ao presidente um programa de concessão de rodovias para a iniciativa privada. O programa previa inicialmente a concessão das Rodovias Dutra, a Rio-Petrópolis, a Rio-Teresópolis e a Porto Alegre-Osório, além da ponte Rio-Niterói.

Era um programa ousado, e Goldman se preparava para uma reação negativa do nacionalista Itamar Franco, já intuindo que o presidente defenderia que o próprio Estado fizesse o trabalho que seria das concessionárias: investimento em obras e, depois, a cobrança de pedágios. Dito e feito. Itamar de pronto perguntou:

"Por que o DNER (Departamento Nacional de Estradas de Rodagem) não faz isso, ministro?"

"Não temos recursos, presidente. E depois ainda tem de construir as praças de pedágio, contratar mais funcionários..."

Ainda não convenceu. Nada parecia mudar a opinião de Itamar, até que um argumento surgiu como definitivo:

"E com inflação alta, presidente, todo mês eu terei que vir aqui para o senhor assinar um decreto reajustando o preço dos pedágios."

"Pode fazer a concessão, pode fazer", liberou Itamar, no susto.

Na sua cabeça, ele não poderia ser o responsável direto pelos aumentos que cairiam no bolso do consumidor. Foi no seu governo que ocorreram, de fato, as primeiras concessões de rodovias federais no país.

Mesmo com as relações conflituosas na área econômica, economistas que trabalharam com Itamar Franco se recordam e falam dele com notável carinho, destacando a vontade de acertar, reafirmando seu comprometimento com mais justiça social. Uma preocupação que beirava a teimosia.

Em meio aos atropelos, o presidente e o governo contavam com a ação habilidosa de Fernando Henrique Cardoso, que frequentemente entrava em campo para acalmar os mercados, agentes econômicos e políticos diante dos arroubos de Itamar. Deu trabalho, mas deu certo.

Ordem na casa: chama um militar

Itamar Franco tinha normas próprias de comportamento para cada ocasião. Ninguém conseguia adivinhar qual seria sua reação a uma proposta inovadora ou a uma nova crise. No campo político, ele indicava ser um homem de esquerda, mas não tinha um viés ideológico claramente definido. E assim transitava de uma ponta a outra do espectro político.

Uma regra que ele seguiu em vários momentos causava curiosidade, e até uma certa estranheza: quando queria que alguma coisa funcionasse bem, que uma situação difícil se resolvesse, ele ia buscar alguém da carreira militar. Nem sempre abrindo na sorte o almanaque de oficiais. Alguns generais ganharam notoriedade ao serem convocados pelo presidente para resolver crises e problemas que se arrastavam na administração.

O caso mais rumoroso envolveu a nomeação do Coronel Wilson Romão, seu amigo de infância em Juiz de Fora, como diretor-geral da Polícia Federal. Era julho de 1993 e o ambiente era de intranquilidade na Polícia Federal. Havia uma crescente insatisfação dos policiais e delegados, que viviam em estado de greve por melhorias na carreira. Além disso, a corporação estava em ebulição com a fuga de PC Farias, o ex-tesoureiro de Fernando Collor, que deveria ter sido preso pela Polícia Federal (PF), a pedido da Justiça.

Desafiando esse clima de tensão, Itamar Franco deslocou Romão do comando da Companhia Nacional de Abastecimento (Conab), na qual o colocara para tentar sanear o órgão envolvido em denúncias de corrupção. O seu principal argumento: era de confiança, honesto e sabia organizar o que estava desarrumado.

Pesou contra a indicação justamente o fato de Romão ser da carreira militar. Quase duas dezenas de superintendentes regionais da PF e mais de 250 delegados entregaram seus cargos em protesto contra a nomeação, pois desejavam no comando geral um dos seus.

A greve da PF, em protesto à nomeação, foi confirmada para 15 de julho, véspera da Cúpula dos Países Ibero-americanos, que reuniria 23 chefes de Estado em Salvador. Itamar não arredou o pé; manteve a escolha do seu colega de ginasial e convocou o Exército para garantir a segurança dos chefes de Estado. Foi um grande bafafá.

O presidente acabou saindo desgastado do episódio, mas não voltou atrás. A difícil relação de Romão com a corporação, com outros setores do governo e até com governadores se estendeu por todo seu mandato na direção da Polícia Federal, que só terminou quando Fernando Henrique Cardoso assumiu o Planalto. Romão foi bancado e defendido o tempo todo pelo amigo presidente.

Em maio de 1994, mais uma polêmica envolvendo Romão. A Polícia Federal estava novamente em greve, com agressiva mobilização que incluía o cerco a prédios públicos. Quando os policiais cercaram a sede da própria PF, em Brasília, impedindo a saída do coronel Romão, Itamar convocou novamente o Exército para liberar o diretor-geral e prender os que resistissem.

Sob sua orientação, o Exército montou uma operação cinematográfica que começou à 1h da madrugada de 11 de maio, com mais de 20 mil soldados ocupando prédios da PF em Brasília, São Paulo e outras cidades. A capital se transformou numa praça de guerra, com helicópteros, paraquedistas e tanques Urutus. Os policiais em greve desafiaram a força do Exército, entregando flores aos soldados armados com metralhadoras. Compararam o governo Itamar com a ditadura. Um desgaste monumental, mas Itamar manteve-se firme na sua decisão.

Um dos últimos atos de Itamar na Presidência, no final daquele ano, atendeu parte das reivindicações dos agentes e delegados da Polícia Federal. Fez do seu jeito, meses depois. Não sob pressão.

Além de Romão, outros militares ocuparam postos civis de destaque no governo de Itamar Franco, que escolheu pessoalmente cada um deles: os generais Bayma Denys (ministro dos Transportes), Romildo Canhim (ministro da Administração Federal) e Romero Lepesqueur, para presidir a Companhia Siderúrgica Paulista (Cosipa) – uma clara intervenção na empresa, que não avançava no lento e polêmico processo de privatização.

Eram exemplos que Itamar gostava de citar para mostrar que, mesmo quando parecia controverso, ele fazia a escolha certa. Não importando se o escolhido era fardado ou não.

Sempre o mesmo Itamar

Temperamental, teimoso, mercurial, cismado, desconfiado. Determinado, confiável, honesto e leal. Algumas dessas características não se enquadram no figurino desejado para um chefe de Estado.

É arriscado esse tipo de comportamento, com tantos rompantes e surpresas? Com certeza, sim. Para o político Itamar Franco e para ele, pessoalmente, o receituário deu certo, pois queria exatamente isso, que seu jeito de ser se refletisse no seu governo. Reflexos negativos algumas vezes. Positivos, no geral.

Pega, por exemplo, a popularidade dele, que na maior parte do governo ficou em torno de 20%, mas, quando saiu do Planalto, era aprovado por 40% da população. Para Itamar, estava de bom tamanho. Depois da Presidência, foi eleito mais duas vezes, com votações expressivas, para o governo de Minas e como senador.

Logo após descer a rampa do Palácio do Planalto, em janeiro de 1995, Itamar Franco ocupou o posto de embaixador do Brasil em Portugal e depois na Organização dos Estados Americanos (OEA), em Washington. Foi nomeado para os dois cargos pelo presidente Fernando Henrique. A partir de 1997 passou a ser um dos maiores críticos do governo do seu sucessor.

Eleito governador de Minas em 1998, sua gestão também foi marcada por polêmicas. A principal delas, com prejuízo para a credibilidade do Brasil no exterior, foi a decisão de decretar a moratória (não pagamento), alegando que a gigantesca dívida do estado com a União (cerca de R$ 20 bilhões à época) o impedia de governar. Decisão que marcou o início de um longo período de disputa política com Fernando Henrique, que estava iniciando seu segundo mandato na Presidência da República.

Em 2010, Itamar se elegeu senador pelo então Partido Popular Socialista (PPS. Cidadania, posteriormente) e prometia animar o Senado. Faleceu ainda no primeiro semestre do mandato, em julho de 2011.

Sobre o político Itamar Franco, pode-se concluir que o que deu errado, em função do seu temperamento, não foi preponderante. Na Presidência da República, tudo poderia ter sido mais ágil e menos polêmico, com menos exposição das suas queixas diárias, mas talvez perdesse a marca principal que ele queria deixar: a de um presidente centrado nos problemas e no cotidiano do povo.

Seus rompantes não comprometeram o resultado final do seu governo, isso a História pode mostrar. As características positivas do seu temperamento parecem ter pesado mais na balança.

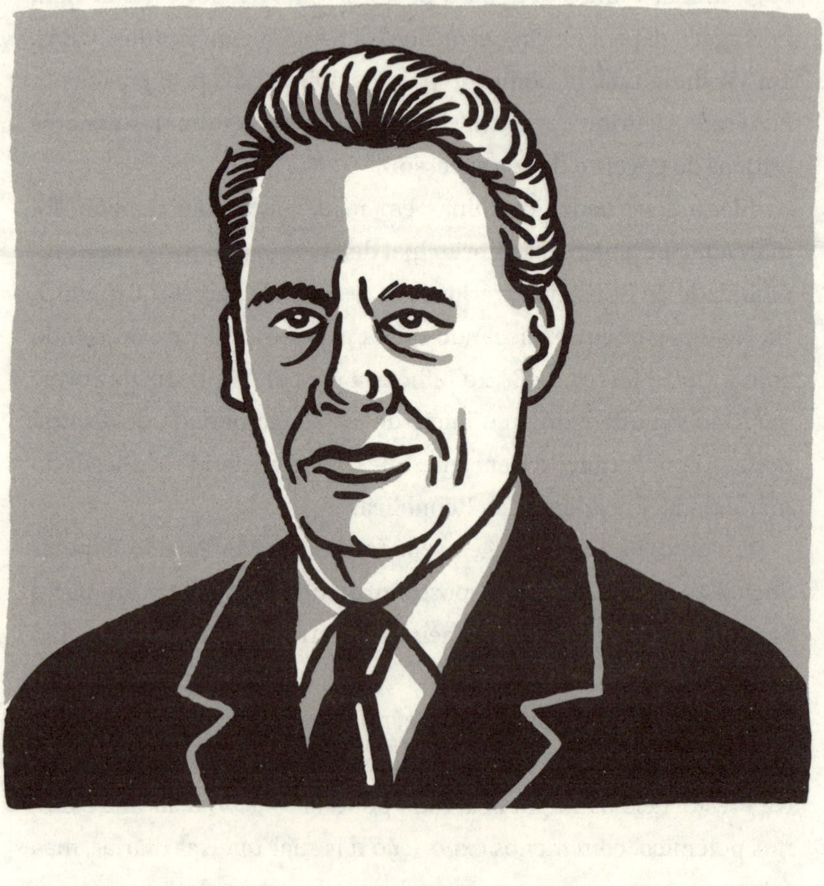

FERNANDO HENRIQUE CARDOSO
O sedutor

O príncipe e o povo

Nos anos pós-ditadura, dois inquilinos chegaram ao Palácio do Planalto sem receber a faixa do antecessor – João Baptista Figueiredo não passou para José Sarney em 1985, nem Fernando Collor para Itamar Franco em 1992. Em cada situação, um azedume.

Com Fernando Henrique Cardoso foi diferente. Eleito no primeiro turno das eleições de 1994 com mais de 34 milhões de votos, o dobro dos recebidos pelo adversário Luiz Inácio Lula da Silva, ele fez questão de entrar no Salão dos Espelhos, no segundo andar do Palácio do Planalto, de mãos dadas com Itamar Franco, que se despedia do cargo. Quando Itamar começou a descer a rampa, Fernando Henrique puxou palmas para ele.

A cerimônia de posse e a cordialidade para com o antecessor eram uma prévia do estilo que Fernando Henrique desejava imprimir na Presidência. "Eu sou sempre cortês", disse a um grupo de jornalistas pouco antes de assumir, para, em seguida, advertir que cortesia não é sinônimo de fraqueza. Com a economia organizada pelo Plano Real, que ele próprio havia conduzido, tinha ciência de que o desafio ainda era enorme: consolidar a estabilização da moeda e colocar o Brasil na rota do desenvolvimento. Cortesia com autoridade.

Eleito pelo PSDB em aliança com o PFL, que indicou o pernambucano Marco Maciel como vice, Fernando Henrique Cardoso chegou ao Palácio do Planalto, aos 63 anos de idade, como um político que se diferenciava dos antecessores – na trajetória política e no comportamento. Entre as características marcantes do seu temperamento destacavam-se elegância, sobriedade, sedução, vaidade.

Em contraponto, no exercício da Presidência sobressaiu em diversos momentos um comportamento dúbio, de não enfrentamento, de ações indiretas que inquietavam sobretudo os aliados mais comprometidos com seu governo. Um traço de personalidade que em determinadas situações sugeria falta de firmeza, de convicção, de segurança, mas que reforçava, por outro lado, um aspecto positivo: não era dado ao confronto, ao conflito.

Embora já tivesse exercido mandatos eletivos no Congresso, Fernando Henrique não era considerado um político tradicional, nos moldes da velha política, e não era ainda um nome de alcance nacional. Até 1993, sua atuação na política era restrita à parte mais rica do país, a região Sudeste – como senador por São Paulo, transitava basicamente entre seu estado, Rio de Janeiro e Minas.

A denominação "o príncipe da Sociologia", que ganhou quando ainda era professor, ou "o príncipe de Sorbonne", em alusão a sua experiência acadêmica na França, em 1967, eram expressões usadas ora como elogio, ora como uma disfarçada crítica ao seu suposto distanciamento da realidade brasileira. "Príncipe de Sorbonne" foi uma invenção de aliados criativos, inspirada na alcunha original do professor de Sociologia.

Quando se exilou em Paris depois de ter sido aposentado compulsoriamente como professor da Universidade de São Paulo (USP) pela ditadura, em 1968, aos 37 anos, ele frequentou a Sorbonne, assistindo a aulas e participando de debates, e lecionou na Universidade de Paris-Nanterre.

"O príncipe não quer"; "o príncipe não ouve"; "o príncipe não quer falar hoje". Assim, políticos do próprio PSDB, mas principalmente do PFL e do PMDB, referiam-se ao presidente em dias de tensão no Congresso. Ou "o príncipe está alegre", em dias bons.

Em pouco mais de um ano, entre a chegada ao Ministério da Fazenda, implantação do Plano Real, campanha eleitoral e posse, Fernando Henrique teve aulas práticas do chamado Brasil profundo. Em comícios e atos de campanha pelo Nordeste, o candidato experimentou buchada (um prato típico da região), subiu no lombo de jumento, usou chapéu de couro e dançou forró. Hábitos e tradições que ainda não tinha vivenciado e que, a despeito das críticas dos adversários, repercutiam bem junto ao eleitorado.

Antes de se tornar ministro da Fazenda e de comandar a equipe que implementou o plano de estabilização econômica que acabou com décadas de inflação alta, eram pequenas as chances de se reeleger em 1994 para o Senado, conforme indicava o favoritismo de outros candidatos. Ele próprio planejava concorrer a um mandato de deputado federal, menos disputado. O impeachment de Fernando Collor e o sucesso do Plano Real mudaram seu destino.

Como candidato a presidente, Fernando Henrique mudaria completamente sua rotina de político de gabinete. Percorreu o país de norte a sul no rastro do sucesso da nova moeda, e popularizou-se de forma rápida e impressionante. Estava exultante e orgulhoso de sua obra na economia. No lançamento do Plano, 1 real valia 1 dólar – em outubro do mesmo ano, poucos dias depois da vitória de FHC, o dólar chegou a valer menos que o real, negociado a R$ 0,82, sua menor cotação na história.

No meio da campanha, já à frente de Lula, Fernando Henrique era pura alegria quando em alguns comícios populares exibiam cédulas da nova moeda, em vez de atirar níqueis contra políticos no palanque, uma prática de protesto comum à época.

"Antes, as moedas serviam para simbolizar a corrupção, agora viraram motivo de homenagem", contou FHC, relembrando uma cena que presenciou de cima do palanque em Irecê (BA), "um homem simples, desdentado, erguendo uma cédula de real e gritando '*Henricardoso*, vê se segura o Real!'".

Quando começou suas andanças pelo Brasil, Fernando Henrique era ainda o príncipe da Sociologia, o senador requintado, experimentado em palanques com artistas, como o de sua própria candidatura ao Senado em 1978 e o das "Diretas Já!" de 1985. Mas com pouca vivência no contato direto com o povão. Em comícios, sobretudo no interior, não sabia como se comportar. Numa das primeiras viagens de campanha, depois de citar no discurso o poeta francês Charles Baudelaire e seu livro *Flores do mal*, aliados lhe recomendaram que fizesse falas mais coloquiais, contasse um pouco de sua vida, abordasse assuntos que o brasileiro pouco estudado entenderia.

Pois bem. Logo depois, FHC esteve numa reunião com prefeitos do interior do Ceará para falar da força do Plano Real. Atento aos conselheiros, contou que acabara de sair do Ministério da Fazenda e que fora senador por São Paulo. Fez uma espécie de discurso-biografia:

"Eu comecei a vida profissional como professor. Trabalhei muito e veio o golpe militar. Fui punido, fui ameaçado de prisão e perdi a cátedra."

Continuou sem empolgar. Ao final do encontro, pelo menos cinquenta prefeitos fizeram fila para dar um aperto de mão no candidato. Um deles chegou bem perto de Fernando:

"Força aí, irmão. Isso poderia ter acontecido com qualquer um, poderia ter acontecido comigo. Mas ninguém sai por aí dizendo assim que perdeu a cátedra", disse o preocupado apoiador, sugerindo que o termo desconhecido daquela plateia poderia ter interpretações maliciosas.

Sinal de que tinha muito ainda a aprender para falar a língua do povo. Disciplinado e paciente, outras marcas de seu temperamento, ouvia com interesse os conselhos. Enfrentava os desafios de uma campanha intensa, incorporava novos modos e nova linguagem, mas não cedia em tudo. Sistemático, se apegava a pequenos detalhes que lhes eram caros, como o rigor na vestimenta. Um dia, gravando programa eleitoral para TV, o responsável pela imagem pediu que ele dobrasse a manga da camisa, para ficar mais à vontade.

"Não, eu não dobro... Isso eu não faço."

Pouco tempo depois, acatou o conselho de trocar os mocassins italianos por tênis durante os eventos de campanha. Calçados populares, além de mais confortáveis. Mas não mudava seu figurino básico: calça e camisa de manga comprida.

Da academia ao Planalto

A militância política de Fernando Henrique foi construída no meio acadêmico. Muito jovem, se tornou assistente de Florestan Fernandes, o mais importante sociólogo da época na USP. Era a credencial que todos os iniciantes do ramo queriam ter. Foi ali que surgiu o "príncipe da Sociologia", ao ganhar notoriedade primeiro como aluno e depois como professor catedrático – equivalente a professor titular – de Ciência Política. Fazia sucesso com as alunas.

Ainda no primeiro período da ditadura, foi viver com a família no Chile, e depois na França. Ao voltar, em 1969, assumiu a cátedra na USP. Meses depois, foi aposentado compulsoriamente pelo regime militar e perdeu os direitos políticos. Ainda durante a ditadura, autor de dezenas de livros sobre sociologia, política e democracia, também morou nos Estados Unidos e lecionou por lá outros tantos anos.

Nos anos 1970, ajudou a criar o Centro Brasileiro de Análise e Planejamento, o Cebrap, uma entidade privada onde intelectuais de esquerda debatiam as questões nacionais. Foi mais para o final dessa década que se aproximou do movimento sindical que surgia no ABC paulista, criando ali os primeiros pontos de contatos com o líder sindical que duas décadas depois viria a sucedê-lo na Presidência da República.

Fernando Henrique e Luiz Inácio Lula da Silva dividiram mesas de debates sobre caminhos para minar a ditadura. Já se falava na anistia aos perseguidos políticos e no fim do bipartidarismo. A primeira divergência entre os dois surgiu ali. Lula queria criar um partido para os trabalhadores. Fernando Henrique defendia maior abrangência e sugeriu o Partido Popular. Lula fincou pé e criou o Partido dos Trabalhadores. Fernando Henrique ficou no MDB.

A despeito das diferenças, na primeira eleição que disputou para o Senado, em 1978, FHC teve Lula como importante cabo eleitoral na região do ABC. Nessa eleição, ficou como suplente de Franco Montoro; assumiu em 1983 no Senado, com a eleição de Montoro para o governo paulista; reelegeu-se em 1986.

**

Quando chegou ao Congresso, em 1983, tudo estava devastado. A ditadura havia cassado nomes importantes da esquerda brasileira. Alguns dos que recuperaram os direitos políticos com a Lei da Anistia de 1979 começaram a voltar nas eleições de 1982 – além de Montoro, foram eleitos outros nove governadores de oposição ao regime. No Senado, os que apoiavam a ditadura eram maioria, mas Fernando Henrique se destacava.

Trazia na bagagem o sucesso como professor, sua militância na esquerda e a fama de quem ciceroneou o casal de filósofos Jean-Paul Sartre e Simone de Beauvoir, ícones da esquerda mundial, em visita ao Brasil em 1960. Era um senador que citava autores como Maquiavel, Max Weber, Antônio Gramsci e Alexis de Tocqueville.

Depois de dividir palanques com celebridades na campanha pela volta das eleições diretas para presidente, em 1985 Fernando Henrique disputou a prefeitura de São Paulo. Traído pela vaidade e autoconfiança, foi derrotado por Jânio Quadros, após dois episódios de ampla repercussão.

O primeiro ocorreu no último debate na TV, quando o jornalista Boris Casoy perguntou a FHC se ele acreditava em Deus. Hesitou na resposta, e os adversários lhe pregaram, então, a marca de ateu. Peso significativo em um país de tão forte religiosidade.

O segundo episódio ocorreu na véspera da eleição, que seria em 15 de novembro, uma sexta-feira, quando Fernando Henrique posou para fotógrafos sentado na cadeira do prefeito. Ele e Jânio Quadros estavam empatados nas pesquisas. Do gesto arriscado, ficou a marca da arrogância.

Fernando Henrique reconheceu o erro e justificou que se tratava de uma combinação com a revista *Veja*, que só usaria a foto se ele fosse eleito. Mas a imagem acabou sendo veiculada no dia da eleição pelo jornal *Folha de S.Paulo*. Péssima repercussão. No primeiro volume de seu livro de memórias, *A arte da política – A história que vivi*, de 2006, Fernando Henrique atribui seu gesto à "ingenuidade" e ao "despreparo para a aspereza da luta política".

Jânio Quadros não perdoou, e no dia da posse chamou os fotógrafos para presenciar seu primeiro ato no gabinete: com um frasco de inseticida nas mãos, informou que iria desinfetar a cadeira usada pelo adversário.

Reeleito senador, Fernando Henrique se tornou influente interlocutor nas articulações do Congresso que sustentaram o projeto de transição democrática assumido pelo presidente Sarney.

No governo Collor, esteve a um passo de se tornar chanceler, mas Mário Covas brecou a entrada do PSDB no governo que já se mostrava complicado. Alcançou o posto de chanceler no governo Itamar Franco, presidente que proporcionou a maior guinada na carreira política de FHC ao transferi-lo para o Ministério da Fazenda em maio de 1993.

O convite para o cargo chegou de forma incomum, própria de Itamar. FHC estava em Nova York quando recebeu um telefonema do presidente, que falou não mais do que duas frases: "O titular da Fazenda, Eliseu Resende, está saindo; preciso de você".

Fernando Henrique, não de todo surpreso, porque essa possibilidade já estava sendo aventada, falou:

"Presidente, volto amanhã e aí conversamos. Tenho algumas ponderações a fazer."

O chanceler dormiu tranquilo. Itamar também. Enquanto isso, o Diário Oficial rodava na gráfica já com a nomeação de Fernando Henrique. Era a última aposta de Itamar para debelar a inflação, e a mais importante do PSDB.

Na posse de Fernando Henrique na Fazenda, o PSDB chegou unido, deixando de lado as pretensões de outros tucanos para a disputa presidencial de 1994 – José Serra, Tasso Jereissati, Ciro Gomes. Sabiam os tucanos que o sucesso da política econômica de Fernando Henrique para derrubar a inflação jogaria em suas mãos a candidatura ao Planalto. Um fracasso reduziria as chances de qualquer um deles. FHC assumiu o desafio.

A posse de Fernando Henrique Cardoso no Planalto teve vários simbolismos. O primeiro deles, a chegada de um paulista à Presidência depois de quase um século. Embora nascido no Rio de Janeiro em 1931, se mudou com os pais para São Paulo ainda na primeira infância. Foi onde se criou, se formou, constituiu família e construiu as carreiras profissional e política. Nos anos 1900, antes de FHC, apenas dois paulistas foram eleitos presidente: Rodrigues Alves, de 1902 a 1906; e Júlio Prestes, impedido pela Revolução de 1930 de tomar posse.

Um dos seus fiéis companheiros do PSDB, e que se tornaria o mais atuante e polêmico ministro, Sérgio Motta (morto em 1998), revelou no calor da vitória de FHC o peso do fator surpresa: "Ele está emocionado e atônito".

O encantamento com a vitória deu lugar à sobriedade nas primeiras reações depois de eleito. Conhecido pelo apreço aos ritos, Fernando Henrique rejeitou as recomendações de ser mais formal, deixando a pompa para depois da posse, e prometeu uma transição suave. O recado tinha destinatário certo: o desconfiado Itamar Franco, alimentado pela boataria de que o presidente eleito já começaria um governo paralelo.

"Não haverá Bolo de Noiva, poder paralelo ou lobby para chegar perto de mim. O governo é de Itamar, e o comando da economia, de Ciro Gomes [ministro da Fazenda]."

Outro gesto de cordialidade com o antecessor: nos primeiros dias de governo, o retrato de Itamar Franco continuava nas paredes do Planalto. FHC só fez a troca depois da segunda semana, com o cuidado de, antes, passar a fotografia de Itamar para a galeria dos ex-presidentes. Além da cortesia, o gesto embutia o cuidado com a aparência: FHC esperava que sumissem as olheiras do cansaço dos últimos dias para, então, fazer a sua foto oficial.

Nas solenidades de posse, a discrição do casal presidencial ditou a moda, com dona Ruth Cardoso impondo novo e reservado estilo na corte. Na congestionada e tumultuada festa no Itamaraty – com convidados demais e espaço de menos –, prevaleceu entre as mulheres a sobriedade, bem ao gosto da primeira-dama. Pouquíssimas sucumbiram ao dourado.

No Itamaraty, dona Ruth usou um vestido plissado de cor escura, do estilista japonês Issey Miyake. Nos outros eventos da posse ela se manteve a uma certa distância do marido – no Congresso, no Rolls-Royce que desfilou pela Esplanada dos Ministérios e na subida da rampa do Palácio do Planalto. Ao lado dele, sempre o vice Marco Maciel – que exerceu com elegância e discrição a longa parceria com FHC na Presidência.

O casal também não fez alarde sobre a decisão de convidar para as cerimônias de posse os funcionários do gabinete e da casa em São Paulo. Terezinha, a cozinheira em São Paulo, voou para Brasília especialmente para a festa do Itamaraty.

Fernando Henrique teve um início de mandato discreto, sem glamour. Com agenda protocolar, recebeu poucas pessoas. Parecia sondar o ambiente. Na ocasião, confessou que já estava começando a sentir a solidão do poder. Se ressentia dela, mas sem se abater.

"O poder não tem que ser triste."

Que o poder é cheio de altos e baixos, Fernando Henrique aprendeu logo. Bastou um mês de mandato para as pesquisas apontarem: o Real ia muito bem, mas o presidente perdia popularidade. Já estavam dissociados. O primeiro desgaste veio do anúncio de que vetaria o salário mínimo de 100 reais, o equivalente a 100 dólares, que havia sido aprovado pelo Congresso.

Ele e equipe ainda se ambientavam nas novas funções, bem no início do governo, quando o metódico Fernando Henrique estabeleceu como rotina fazer gravações semanais sobre os fatos importantes e os bastidores de eventos de que participava. Gravava o relato sozinho, à noite, no Palácio da Alvorada, e colocava a fita num cofre.

Pensou que o material serviria para suas memórias póstumas, mas virou livro em vida, publicado em quatro volumes a partir de 2015. "O gravador tornou-se meu padre confessor ou, quem sabe, à falta de um psicanalista que nunca tive, o médico de minha alma. Nele, eu desabafava", escreveu FHC no primeiro livro.

Senso de humor, vaidade e sedução

A imodéstia, que por vezes beirava o esnobismo, era uma característica forte do Fernando Henrique presidente – e nunca negada por ele. A vaidade vinha mais do Fernando Henrique intelectual. Ele próprio disse, logo depois de eleito, que é mais inteligente do que vaidoso. Um claro sinal de vaidade, presente também em momentos banais, ao se misturar com outro traço de seu temperamento, o senso de humor.

Quando já tinha tomado posse, ele se encontrou com a antiga amiga Ruth Escobar, que se aproximou dizendo que não sabia como se dirigir ao amigo que chegara à Presidência.

"Chame-me de Alteza", brincou o "príncipe".

O presidente gostava de fazer elogios à aparência dos interlocutores e, na sequência, se envaidecia com a retribuição. FHC usava também do charme para deixar interlocutores à vontade e, algumas vezes, com o ego inflado. Se o visitante era mulher, dizia logo que ela estava elegante. O sorriso era largo quando recebia de volta o comentário de que ele também estava muito bem.

O próprio fato de pensar em reeleição já no primeiro ano de governo, ainda que não declarasse esse desejo, acusava o tamanho da autoconfiança – vaidade embutida – de que teria o segundo mandato.

Nas viagens ao exterior era quase sempre acompanhado pela mulher Ruth e, às vezes, pelos netos pequenos. Na Cidade do Cabo, na África do Sul, a família foi passear em Table Mountain, uma extensa montanha de cume plano, como uma mesa, que domina a exuberante paisagem da capital legislativa do país. Entusiasmado, Fernando Henrique, posando para os fotógrafos, chamou:

"Ruth, venha tirar uma foto!"

"Deixa isso pra você, que gosta de aparecer", respondeu a primeira-dama, com naturalidade.

Os netos acharam a maior graça. Fernando Henrique também. A presença de dona Ruth por vezes limitava os arroubos do marido. Era considerada um ponto de equilíbrio e teve forte influência em seu governo. A antropóloga e professora tinha posições firmes na sua área de atuação. Defendia, principalmente, a tese de que o desenvolvimento social no país se daria a partir de uma conexão com as entidades representativas das pequenas comunidades.

Dona Ruth deixou sua marca ao traçar a política social do governo Fernando Henrique e propor a criação do Programa Comunidade Solidária, que estabeleceu as bases para planos posteriores de combate à pobreza. Ela era presidente do Conselho Comunidade Solidária, que contava com representantes da sociedade civil, mas exercia a função discretamente, atuando nos bastidores, e raramente se pronunciava sobre questões de governo. Para o público externo, a porta-voz do programa era a socióloga Anna Maria Peliano, secretária-executiva do Comunidade Solidária.

Ruth Cardoso e Fernando Henrique foram casados por 55 anos e tiveram três filhos: Luciana, Beatriz e Paulo Henrique. Ela morreu em 2008. Nunca se manifestou em público sobre as notícias, tornadas públicas, de que o marido teve um romance, e um filho, com a jornalista Miriam Dutra.

Em 2009, Fernando Henrique, segundo seus advogados, reconheceu como filho Tomás Dutra Schmidt, nascido em 1991 e registrado em um cartório de Madri, onde ele vivia com a mãe Miriam. Em 2011, dois testes de paternidade feitos por FHC, a pedido dos seus outros filhos, apresentaram resultados negativos. Na ocasião, Fernando Henrique disse, por meio de advogados, que nada mudaria na sua relação com Tomás. E nada mais disse.

Ruth Cardoso era discreta sobre todas as questões pessoais e familiares.

No governo, ela cumpria com gosto seu trabalho no Comunidade Solidária, mas sem qualquer entusiasmo o papel de primeira-dama, que considerava um "americanismo desnecessário". Com os anos, a relação do casal denotava normalidade nas aparições públicas. Já nos últimos dias do governo de FHC, ela se emocionou em público, deixando as lágrimas rolarem, quando o marido se referiu a ela como "minha Ruth".

Igualmente discreta é a segunda mulher de Fernando Henrique, Patrícia Kundrát. Ex-funcionária do Instituto FHC, era responsável pela administração da fundação. Depois de quase três anos de namoro, eles assinaram um contrato de união estável no final de janeiro de 2014, com a aprovação dos filhos do ex-presidente. Tudo na maior discrição. Sem convidados ou aviso à imprensa foram a um cartório de São Paulo selar o compromisso, noticiado uma semana depois. Ele com 82 anos, ela com 36. Na ocasião, o colega de partido Geraldo Alckmin disse que FHC era, de longe, o tucano mais moderno do país.

No fim do seu governo, em 2002, com o sucessor Lula já eleito, Fernando Henrique fez sua última viagem internacional como presidente. Foi homenageado em Lisboa, Londres e, o ápice, na Universidade Oxford, onde recebeu o título de Doutor *Honoris Causa*, o primeiro concedido a um brasileiro e a um governante latino-americano.

Os jornais eram só elogios à forma civilizada e democrática como ele fazia a transição de governo e tratava o sucessor – criou um espaço público para que as duas equipes pudessem trocar informações e discutir questões importantes; a boa vontade de Fernando Henrique com o presidente eleito e sua equipe, em discursos e atos, era exaltada como exemplo de democrata.

FHC ficou especialmente orgulhoso, durante essa viagem, com um editorial do jornal *O Estado de S. Paulo*, exaltando o "magistério da influência" do *Elder Statesman* (o estadista mais velho) Fernando Henrique. No avião presidencial, circulava com o exemplar do jornal, fazendo troça com a sua idade.

As gentilezas ao presidente eleito foram tantas nessa viagem que FHC conquistou a simpatia de boa parte do eleitorado do PT e do próprio Lula. Ele tinha a preocupação de transmitir no estrangeiro que o futuro governo era merecedor de toda confiança. Na saída da Universidade de Oxford, usando a beca vermelha, adiantou-se, aos risos, aos jornalistas brasileiros que o acompanhavam:

"Tenho medo que achem que seja uma adaptação às cores brasileiras de hoje (as do PT), mas não é. É uma tradição de Oxford."

A fama de sedutor, que vinha desde os tempos de professor da USP, foi reconhecida no Congresso como uma de suas armas no trato da política. Das audiências no Planalto ou no Alvorada, os parlamentares voltavam ora satisfeitos, ora nem tanto, depois de convencidos por Fernando Henrique. Líder do PFL por quase todo mandato de FHC, o pernambucano Inocêncio Oliveira era uma dessas "vítimas": "Você podia entrar no gabinete odiando o Fernando Henrique, mas saía de lá apaixonado".

Mesmo sobre os assuntos que não entendia, Fernando Henrique não fazia silêncio. Sempre dava uma opinião, muitas vezes, invocando a tal da cátedra. Era uma artimanha que usava para escapar de temas espinhosos. Não sabia nada, por exemplo, de futebol, e vez por outra tinha problemas no exterior, onde os interlocutores eram curiosos sobre o país campeão no esporte. Em viagem à Polônia, em 2002, o assunto do momento era: Romário vai ou não ser convocado para a seleção brasileira?

"Eu sou Romário. Sobre isso não há dúvida. O resto eu não respondo. Do Romário, eu sou fã", disse FHC, que de uma só vez falou de futebol e fugiu de perguntas a respeito da eleição presidencial em que Lula surgia como favorito, desbancando seu candidato José Serra (PSDB).

Foi manchete em todos os jornais, mas o técnico Luiz Felipe Scolari, o Felipão, não se abalou. Romário ficou de fora da Copa de 2002, que deu ao Brasil o título de pentacampeão mundial de futebol.

Usou do mesmo artifício futebolístico também nos encontros com a Rainha Elizabeth, em Londres, em 1997. Dessa viagem, Fernando Henrique destacou anos depois em entrevista a Jô Soares como se saiu diante de uma curiosidade da rainha. Como tradição nesses encontros, há troca de presentes entre os chefes de Estado. O cerimonial do Brasil providenciou uma escultura em pedra de um pássaro para Fernando Henrique dar à rainha.

"O presente era um desses pássaros de pedra, de bico de prata, bastante feio. Mas ela estava encantada e perguntou o nome do pássaro. Eu não sabia, não tinha ideia. Mas na hora me lembrei do Palácio do Jaburu, que fica ao lado do Palácio da Alvorada, e falei: é jaburu! Ela ficou mais encantada. Mas até hoje não sei que pássaro era aquele."

Fernando Henrique era atencioso nas reuniões de trabalho, mas, quando percebia que um determinado assunto estava empacado, encerrava-o. Foi o que fez numa reunião com governadores organizada pelos amigos Mário Covas (SP), Jaime Lerner (PR), Tasso Jereissati (CE) e Antônio Britto (RS). A ideia do grupo era selar o apoio dos governadores à política econômica e, previamente, articulou o que cada um falaria.

A reunião seguia monótona, arrastada, quando o peemedebista Mão Santa, governador do Piauí, pediu a palavra e dirigiu-se a Fernando Henrique: "Muito boa a reunião, mas posso lhe fazer um pedido? Queria conhecer a cama onde dormem os presidentes".

"Imediatamente", respondeu o presidente, acabando com a parte chata da reunião.

Usava também de pequenas mentiras para fugir de compromissos que não lhe agradavam. Eduardo Mascarenhas, psicanalista brasileiro morto em 1997, era um entusiasmado deputado federal pelo PSDB do Rio de Janeiro e gostava de organizar reuniões e debates com os colegas. Um dia, uma animada turma de tucanos estava numa churrascaria de Brasília. O então senador Fernando Henrique comia e bebia alegremente. Depois de alguns uísques, viu Mascarenhas se aproximando com um convite: que ele participasse de um debate no rádio às 7 horas da manhã dias depois. FHC continuou a conversa, sem responder. Na terceira insistência de Mascarenhas, FHC, que evitava compromissos tão cedo, afirmou:

"Às 7 horas eu não posso."

"Não? Por quê?"

"Nessa hora eu faço equitação."

Mascarenhas percebeu que era uma desculpa e parou de insistir.

A realidade do Congresso

O resultado das urnas de 3 de outubro de 1994 ainda não era oficial quando Fernando Henrique fez chegar a seus interlocutores do Congresso: a sua relação com o Legislativo seria institucional, com os partidos, sem tratamento individual. Na primeira semana de janeiro o Planalto recebeu mais de duzentos pedidos de audiências privadas feitos por parlamentares. O presidente não autorizou nenhuma.

Fernando Henrique sabia que não venceria na marra, e sem diálogo, seu ousado projeto de reformas constitucionais que embutia as polêmicas privatizações não seria aprovado. Acreditou, porém, que naquele momento seriam suficientes a força de seus milhões de votos e o encanto com a economia nos trilhos; estava em posição superior. Apostou no capital eleitoral; a vaidade falou mais alto, e os resultados foram imediatos, com derrotas no Congresso e queda de popularidade.

No primeiro mês de governo, ele ficou com o desgaste de vetar o reajuste do salário mínimo e viu as vitórias no Congresso

– projetos de concessão do serviço público e minirreforma tributária – diluídas por outra questão negativa: a polêmica anistia ao presidente do Senado, Humberto Lucena (PMDB-PB), perdoado pelos colegas por ter usado a gráfica da Casa em sua campanha eleitoral. Ocasião em que chegou à sua mesa a primeira chantagem explícita dos aliados: só aprovariam o nome de Pérsio Arida para a presidência do Banco Central se o presidente se comprometesse a não vetar a anistia a Lucena. Arida foi aprovado, e a anistia de Lucena, mantida.

As nomeações de praxe para o segundo escalão do governo, forte moeda de troca na relação com os políticos, também não ocorreram de imediato. Mas o presidente não ignorou todos os movimentos políticos. Nos bastidores, costurou a eleição de Luís Eduardo Magalhães (PFL-BA) para a presidência da Câmara. LEM, como passou a ser chamado no meio político o filho de ACM, se tornaria um dos mais fiéis aliados do presidente até sua morte, em abril de 1998. Fernando Henrique não participou da escolha do novo presidente do Senado, José Sarney. Mas fez chegar a ele sua simpatia, mesmo sabendo que o PMDB prometia muita dor de cabeça a seu governo.

Os números do Congresso, com mais de 60% dos parlamentares apoiando o governo, também alimentaram em Fernando Henrique a ideia de que poderia fazer política ao seu estilo, sem muito contato pessoal. A votação do salário mínimo foi um indicativo de que outras derrotas viriam.

Os amigos o alertaram de que precisaria pôr em prática seu poder de persuasão, quando as primeiras pesquisas confirmaram que FHC estava se distanciando do seu maior capital político: em apenas trinta dias, sua aprovação despencou de 70% para 36%, enquanto 75% da população continuava aprovando o Plano Real.

Nem assim ele modificou seu modo de se relacionar com o Congresso, e se manteve recluso nos palácios. Os aliados defendiam publicamente a nomeação de um articulador político. Nada de Fernando Henrique ceder. Não se alterou também com o surgimento, em março, da primeira denúncia de corrupção atingindo o governo – desvios e irregularidades na implantação do Sistema de Vigilância da Amazônia, o caso Sivam.

O presidente enfrentou a realidade, por fim, quando, na primeira votação da reforma da Previdência na Comissão de Constituição e Justiça (CCJ) da Câmara, o PMDB ameaçou votar contra. Seria uma derrota emblemática. Aí, ele telefonou para os 11 deputados do partido na comissão. Assumindo o jogo político convencional, com um pouco de humildade, FHC conseguiu os votos.

Com essa primeira vitória, virou-se para a sociedade e sancionou, em maio de 1995, o salário mínimo de R$ 100 reais. Fernando Henrique entendeu que era preciso fazer política sempre. Confiante de que havia retomado as rédeas da situação no Congresso, cobrou dos aliados:

"Quero saber quem está comigo e quem não está."

Foi se tornando um especialista. Enquanto os políticos cobravam a nomeação de um articulador político, ele próprio assumiu a função, dia e noite, escolhendo as pessoas certas para restritos jantares, almoços e cafés da manhã no Alvorada, para tratar da agenda política.

Em outra votação importante do seu pacote de reformas, a quebra do monopólio público do fornecimento de gás canalizado, em abril, venceu de lavada no plenário da Câmara: 468 a oito. Na véspera, FHC foi homenageado em jantar do PFL, em que abundaram cenas de tietagem. Distribuiu gentilezas e autógrafos, entre goles de vinho e elogios a Luís Eduardo Magalhães, que despontava como o principal homem do governo na Câmara.

Otimista com os resultados, subiu no salto e começou o segundo ano do mandato dizendo que venceria de novo a eleição. Ou que venceria quem ele apoiasse. Ali, já alimentava a ideia da reeleição – a emenda constitucional permitindo o segundo mandato para presidente, governadores e prefeitos tramitava no Congresso, cercada desde o início de rumores sobre as negociações para sua aprovação.

FHC era o mercador do Planalto. Em entrevistas, vendeu esperança de dias melhores na economia.

A vida real da política e do Congresso, contudo, não era só de flores. Suspeitas de irregularidades no socorro a bancos por meio do Programa de Estímulo à Reestruturação e ao Fortalecimento do Sistema Financeiro Nacional, o Proer, agitaram o cenário.

Considerado um dos mais polêmicos programas da história da economia brasileira, o Proer injetou dinheiro público – cerca de R$ 18 bilhões em valores da época – em sete bancos privados que estavam quebrados. Um dos maiores escândalos da gestão Fernando Henrique. A justificativa de que o Proer evitou a quebradeira de todo o sistema financeiro do país não acalmou a oposição e repercutiu mal junto à população na época. Mais tarde, foram reconhecidos seus méritos.

A CPI do Sistema Financeiro chegou a ser instalada, mas os aliados, agraciados com verbas e cargos para enterrar de vez a investigação, reproduziam o discurso de que o governo "preservou o sistema financeiro e não protegeu a família" – referência ao Banco Nacional, um dos maiores do país, que estava quebrado e que tinha entre seus herdeiros duas netas de FHC.

Nessa crise, o presidente não teve como ficar de fora, mas sua atuação foi bem ao estilo "morde e assopra", sem comprar briga com ninguém. O comportamento dúbio, indefinido. Quando José Sarney estimulou a criação da CPI dos Bancos, Fernando Henrique pediu a Tasso Jereissati para bombardear a ideia e o próprio Sarney, de quem era amigo. Não em nome dele, FHC, claro.

Qual não foi a surpresa de Tasso quando soube que o presidente havia destacado, para tratar do mesmo assunto, o também tucano Antero Paes de Barros, senador por Mato Grosso. Só que para fazer o contrário, apoiar a CPI de Sarney. Não em nome dele, FHC, claro.

Mário Covas já tinha sido vítima desse comportamento do amigo: "O Fernando pede pra gente enfrentar alguém, a gente fica como o inimigo e ele fica de amigo". Jorge Bornhausen, outro velho conhecido de FHC, completa: "Em política, Fernando Henrique é um homem frio".

Com esse modo de fazer política, ele sofreu, em um só dia, duas derrotas em março de 1996: no Senado, a criação da CPI dos Bancos; e, na Câmara, a rejeição da reforma da Previdência.

Uma semana depois, com os pefelistas executando os métodos tradicionais da política, o jogo virou, e um Fernando Henrique sorridente e bem-humorado comemorou ao lado de aliados o arquivamento da CPI e aprovação de um novo texto da reforma da Previdência.

Na ocasião, a "negociação no varejo" correu solta. Palacianos e líderes, com o mapa de votações anteriores nas mãos, saíram em busca dos aliados descontentes. A bancada de Rondônia, que primeiro votou em peso contra a reforma da Previdência, depois votou inteira a favor. No meio do caminho, foi liberado um vultoso financiamento para pavimentação de estradas no estado. Exemplo que se repetiu em várias bancadas.

Os políticos profissionais impuseram ao presidente o jeito brasileiro de fazer política. Era o velho toma lá dá cá chegando na vida real de Fernando Henrique. Não teria mais como se livrar dessa prática. Os meses que antecederam a aprovação da emenda da reeleição, em 1997, apresentariam uma conta muito maior.

Mais espinhos

Antes de vir à tona o escândalo da compra de votos para aprovar a emenda da reeleição, Fernando Henrique enfrentou outras denúncias de irregularidades e corrupção. No primeiro ano de mandato, acreditou no sucesso do modelo concebido por ele próprio, que vislumbrava um Palácio do Planalto forte, informado de tudo o que se passava na Esplanada dos Ministérios, e comandando toda a equipe.

No final de novembro de 1995, presidente e auxiliares não sabiam o que acontecia nem mesmo nos gabinetes palacianos: uma investigação sobre grampos instalados nos telefones de um assessor palaciano, o embaixador Júlio César Gomes dos Santos, apurava acusações contra auxiliares do presidente.

O projeto Sivam já estava sob suspeita, mas foram os grampos, com evidências de tráfico de influência praticado por integrantes do governo em favor de empresas concorrentes, que transformaram o caso no primeiro escândalo do governo FHC. O presidente tentou se manter distante do problema, mas a crise resultou em demissões, incluindo a do ministro da Aeronáutica, Lélio Viana Lôbo, e de seu amigo pessoal, Francisco Graziano, presidente do Instituto Nacional de Colonização e Reforma Agrária (Incra).

Ao mesmo tempo, veio a primeira crise com o senador Antônio Carlos Magalhães e seu filho, o presidente da Câmara Luís Eduardo Magalhães. A encrenca com os baianos começara em agosto de 1995, quando o governo decidiu liquidar o Banco Econômico, então um dos mais tradicionais bancos privados do país, com sede em Salvador. ACM tentou impedir o quanto pôde, ameaçou até com passeata rumo ao Planalto, mas não conseguiu.

As intervenções em função de gestões fraudulentas e quebradeira dos bancos – que antes ganhavam muito com inflação alta e quebraram com o Real estável – atingiriam, entre outros, o Banco do Estado de São Paulo (Banespa), gerando estranhamento entre os amigos FHC e Mário Covas; e o Banco Nacional, aquele que tinha entre seus herdeiros duas netas de FHC. Não seria, portanto, o banco baiano que seria poupado.

O problema se tornou maior no final do ano, quando vazou do Banco Central um documento com os nomes de mais de vinte políticos nordestinos que haviam recebido volumosas doações ilegais do Econômico para suas campanhas de 1990. ACM, claro, encabeçava a lista que constava de um papel cor-de-rosa. Era o barulhento "caso da pasta rosa". O senador baiano, inconformado com a exposição, xingou de marginais os diretores do BC e entrou em confronto direto com o governo.

Até Luís Eduardo, de perfil mais diplomático que o pai, estava irritado com FHC. Foi frio quando recebeu um telefonema do presidente, que estava em viagem à China: não esboçou um sorriso sequer com as brincadeiras de FHC e avisou que estava saindo de férias. Com Brasília fervilhando, o presidente ficou dez dias na China e outros países asiáticos. Só ao voltar se deu conta do emaranhado de problemas: o PFL inteiro havia tomado as dores dos baianos, e o clima azedou.

O escândalo das doações ilegais de 1990 não envolvia o presidente e o PSDB, pois listava políticos baianos em sua maioria, nenhum do partido do presidente. FHC, no entanto, agiu como agiria em outros momentos de crise, não dando atenção aos fatos. Não se posicionando.

Insatisfeito, o PFL tornou pública uma crítica que vinha fazendo em privado: o questionamento da autoridade do presidente, que, alegavam os pefelistas, não assumia o comando do governo e ficava sempre no "deixa como está para ver como é que fica". LEM sentenciou: "A vida é feita de pequenos gestos. E isso a gente não vê no presidente. Parece que ele não tem o instinto de preservação".

Fernando Henrique fez alguns gestos públicos e afagos aos aliados. A crise esfriou, o PFL manteve seu costumeiro papel de aliado, mas a relação de FHC com ACM ficou como na canção de Nelson Sargento: "você finge que me ama e eu finjo que acredito".

Em meio às tensões, a equipe de governo contava com o bom humor do ministro Sérgio Motta (Comunicações). Numa reunião, ao ver o colega Pedro Malan de óculos escuros, Motta provocou gargalhadas: "É para não enxergar a realidade?".

O presidente terminou o primeiro ano com popularidade alta nos programas de humor da TV. As viagens a quinze países e dezenas de outras pelo Brasil deixaram FHC fora de Brasília por um terço do ano. Passou a ser chamado de "Viajando Henrique Cardoso" pelo grupo humorístico Casseta & Planeta.

Reeleição, compra de votos e "privataria"

Ainda em outubro de 1994, Fernando Henrique Cardoso ouviu pela primeira vez uma pergunta sobre a reeleição. Respondeu que, se estivesse no Congresso durante a revisão constitucional de 1993, teria votado a favor. Depois da campanha de 1994, no entanto, começou a ter dúvidas, porque percebeu que, na cultura brasileira, a ideia seria confundida com o uso da máquina pública. E continuou:

"Imagine! Um presidente candidato à reeleição aqui no Brasil é candidato à derrota, pois vai ser crucificado."

Um mês depois da posse de FHC, o tema reeleição passou a ser tratado de forma institucional, a partir de proposta apresentada pelo deputado Mendonça Filho (PFL-PE). Seu patrono foi o ministro Sérgio Motta. Era quem falava sobre o assunto em público. Luís Eduardo Magalhães articulava nos bastidores.

Fernando Henrique, a seu modo, foi adaptando o discurso à ocasião. No início, dizia que não pensava nisso. De outra feita, apontava como melhor opção um mandato mais longo, sem reeleição.

Deixou de ser assunto exclusivo de Serjão – apelido mais carinhoso para o "ministro-trator" de Fernando Henrique – em setembro de 1995, quando o Planalto encomendou uma pesquisa para aferir o apoio popular à proposta de reeleição. O resultado agradou tanto, que a discussão ganhou novo impulso, e o comando das negociações passou abertamente para Luís Eduardo.

Nos bastidores, o presidente também estava atuante. Ele próprio amarrou o acordo com o partido de Paulo Maluf (PPB). Quando Sarney foi convidado a participar da coordenação, respondeu que, para ter direito ao segundo mandato, Fernando Henrique deveria "mostrar a cara". Era justamente isso que o presidente não queria: repetir o erro de Sarney na sua luta pelo mandato de cinco anos.

Em 1996, ainda sem muito alarde, começou a tarefa de caça aos votos. E, no rastro, a barganha dos parlamentares. O presidente tentou dar um basta: "Não quero reeleição a qualquer custo".

Líderes e auxiliares palacianos assumiram as negociações por votos, filtrando o que chegava ao presidente. Novembro e dezembro (1996) foram meses de romarias ao Planalto. Os representantes do governo lá eram dois: Sérgio Motta e Eduardo Jorge Caldas, o secretário-geral da Presidência.

Quando a popularidade de FHC voltou a subir, a partir dos bons resultados na economia, os líderes, de olho nas pesquisas, aceleraram a tramitação da Proposta de Emenda Constitucional (PEC) da reeleição. De dezembro em diante, não houve um só dia em que o tema não fosse tratado pelos articuladores do governo – que preservavam ao máximo a figura do presidente.

O deputado Paulo Lima (PFL-SP) foi quem melhor traduziu o ambiente político de Brasília nas semanas que antecederam a votação no plenário da Câmara: "Bem que poderia ter uma [emenda] dessas por mês!". Ele levou ao governo uma extensa lista, incluindo queixas contra a Receita Federal e pedidos de concessões de TV.

O pefelista cearense Roberto Pessoa era contrário à reeleição, mas quatro dias antes da votação mudou de lado. "Ele consultou a família e decidiu votar", um amigo explicou. Ao que outro emendou: "Ele ouviu foi a família Mendonça de Barros". Pessoa tinha pedido um financiamento ao BNDES, presidido por Luiz Carlos Mendonça de Barros, para construir um aviário. O pedido teria saído da gaveta.

FHC tentou se manter longe do varejo dos votos, mas entrou janeiro atuando diretamente junto aos caciques do PMDB, partido que vivia rachado e às turras com o Planalto – uma hora votava com o governo, em outra votava contra. Sobre a reeleição estava nessa mesma toada.

No dia 11 de janeiro, FHC se encontrou com os governadores do PMDB e recebeu deles o compromisso de que a convenção do partido manteria apoio à votação da emenda. Não foi o que aconteceu. Terminada a convenção, o presidente chamou o líder Michel Temer e mais cinco deputados do PMDB, e avisou:

"Não vou tolerar mais isso. O presidente da República não pode ficar encurralado; não aceito ser traído."

Depois chamou Sarney para saber de que lado estava o partido, lembrando que o PMDB tinha ministros e centenas de cargos federais. Reuniões se multiplicaram pelas madrugadas, conduzidas por Fernando Henrique, Sérgio Motta, Luís Eduardo e os líderes mais confiáveis.

Dia 27 de janeiro, governadores aliados foram novamente convocados para a recontagem dos votos dos seus estados. Até aviões oficiais foram oferecidos para levá-los a Brasília.

No dia seguinte, 28 de janeiro de 1997, o plenário da Câmara aprovou a emenda da reeleição por 336 votos a favor, dezessete contra e seis abstenções. Os jornais estampavam nas primeiras páginas que o uso da máquina fora farto e abusivo.

Quando a emenda estava dependendo apenas da votação final no Senado, em 13 de maio de 1997, o jornalista Fernando Rodrigues publicou no jornal *Folha de S.Paulo* uma reportagem sobre a compra de votos para a reeleição. Em gravações obtidas pela *Folha*, o deputado Ronivon Santiago (PFL-AC) contava como ele e mais quatro colegas de bancada – João Maia, Zilá Bezerra e Osmir Lima, do PFL, e Chicão Brígido, do PMDB – venderam seus votos por R$ 200 mil cada.

O rebuliço não poderia ter sido maior. Mercado nervoso. Congresso em polvorosa. E silêncio no Palácio do Planalto. Ou apenas murmúrios, na tentativa de espantar a denúncia e transferi-la para o outro lado da rua, o Congresso. Uma reação típica do governo Fernando Henrique, que padecia de um mal: achar que os problemas eram sempre fabricados pelos outros, e ele, o Executivo, nunca tinha nada com isso.

O PFL expulsou de imediato os dois deputados. Sérgio Motta, envolvido na denúncia, demorou quase 24 horas para se pronunciar, ficando apenas na negativa. A partir dessa acusação, a opinião pública deixava de diferenciar o governo FHC de outros do passado.

Mais de uma semana depois, Fernando Henrique Cardoso não sabia o que fazer para baixar a onda que ameaçava afogar o seu governo. Pensou em falar à Nação em rede nacional. Mas dizer o quê? Que nada daquilo tinha acontecido? Já eram nove dias em que no Brasil só se falava em compra de votos, e o comportamento do presidente seguia titubeante. Os gurus e conselheiros foram convocados. O presidente e seus auxiliares não conseguiam dimensionar o tamanho do estrago, mas já sabiam que atingira um ponto central: a confiança na honorabilidade do governo.

Fernando Henrique entrou no modo silencioso. Tanto quanto a crise, preocupava a falta de iniciativa dele para sair dela. Havia cobranças diárias, e nada. Diante da passividade do chefe, os operadores políticos entraram em campo e, dias depois, o PMDB ganhou mais dois ministérios, reafirmando compromisso com o governo. Aliados também foram novamente à luta para impedir a CPI da Compra de Votos.

No discurso de posse dos ministros do PMDB, o presidente falou publicamente sobre o assunto pela primeira vez: tudo seria esclarecido e, se tivesse algum membro do governo envolvido, este seria demitido.

O deputado paulista Delfim Netto, comandante da economia nos governos militares, foi dos primeiros a assinar o pedido de criação da CPI dos votos. Com a ironia de sempre, explicou: "O presidente Fernando Henrique pediu para esclarecer tudo e eu, como sou governista, assinei logo a CPI, para atendê-lo".

O escândalo não foi esquecido, e a popularidade do presidente voltou a cair, mas a CPI foi abortada. Exatos vinte dias após a revelação da compra de votos, o Senado aprovou em definitivo a emenda da reeleição, por ampla maioria.

O então procurador-geral da República Geraldo Brindeiro, apelidado pela oposição de "engavetador-geral" da República, rejeitou todos os pedidos para que uma denúncia contra o presidente fosse apresentada ao Supremo Tribunal Federal. Outros casos de irregularidades no governo FHC contaram com a mesma presteza de Brindeiro.

No rol de escândalos do governo Fernando Henrique houve ainda o da maior privatização da história do país, a do Sistema Telebras. O fim do monopólio estatal resultou em doze empresas privadas que expandiram os serviços de telefonias fixa e móvel do Brasil – uma revolução que deu início ao processo de modernidade no setor. Todo o arcabouço legal do processo de privatização foi preparado pelo ministro Sérgio Motta, que morreu três meses antes do leilão bilionário ocorrido em julho.

A privatização era um sucesso, mas, no início de novembro, o jornalista Elio Gaspari publicou que fitas gravadas por meio de grampo ilegal em telefones do BNDES – um dos braços do governo na realização do leilão – revelavam "conversas nada republicanas" indicando favorecimento ao consórcio organizado pelo banqueiro Daniel Dantas. Foi uma confusão das maiores.

Fernando Henrique segurou os envolvidos o quanto pôde e rejeitou a pressão política pela demissão de Luiz Carlos Mendonça de Barros (Comunicação):

"Enquanto eu for presidente, exercerei a prerrogativa de nomear e demitir", disse em 21 de novembro.

Dois dias depois, o ministro Mendonça de Barros e o presidente do BNDES André Lara Resende pediram demissão. Foi o escândalo que levou os opositores do presidente Fernando Henrique a batizar seu programa de privatizações de "privataria tucana", uma disputa política largamente explorada pelo PT. Em 2010, a Justiça Federal inocentou, por insuficiência de provas, Mendonça de Barros, Lara Resende e outros envolvidos no processo que os acusava de terem conduzido ilegalmente, com prejuízo para o Erário, a privatização do Sistema Telebras.

Duas perdas difíceis

Luís Eduardo Magalhães e Sérgio Motta foram personagens centrais nas principais vitórias do primeiro mandato de Fernando Henrique. Mais do que aliados empenhados dia e noite em garantir essas vitórias, LEM e Serjão eram amigos de FHC. As mortes dos dois, num espaço de dois dias em abril de 1998, foram o maior baque emocional sofrido pelo presidente em seus oito anos de mandato.

Sérgio Motta era Fernando Henrique o tempo todo, mas não esquecia o seu PSDB. Em quase quatro anos (1995-1998), não houve um só movimento político do PSDB que não tenha sido resultado das suas ações, nada suaves. Era o "trator Serjão". Era na sua casa que se decidia quem seria o próximo presidente do partido ou líder de bancada no Congresso.

O ministro exercia informalmente o papel de coordenador político do governo, liderando as reuniões para a contagem de votos no

Congresso. Foi ele quem introduziu a sistemática de mapeamento dos votos na Casa. Conhecedor dos segredos dos políticos, certa vez, saiu-se com essa: "Conversar com alguns políticos, só na sauna, sem carteira".

Era ele quem vocalizava as pretensões do PSDB dentro do governo e barrava os desejos dos aliados de ganhar mais espaço na Esplanada. No enterro dele, em São Paulo, Mário Covas disse que Motta inaugurou um novo estilo na política, o de "dizer o que pensa e fazer o que diz". Para Fernando Henrique, era importante o fato de que Sérgio Motta não tinha pretensão de disputar votos. Seu objetivo político era apenas o de eleger e reeleger Fernando Henrique.

Foi ele quem lançou a ideia de "projeto de vinte anos do PSDB no poder". Na sua morte, os jornalistas de política em Brasília constatavam: sem Sérgio Motta o governo vai ficar muito sem graça; quem vai falar agora por FHC?

Fernando Henrique foi informado da morte de Sérgio Motta quando chegou ao Alvorada, pouco antes da meia-noite do domingo, 19 de abril. Deu ordens para não ser interrompido por ninguém. Todos sabiam da gravidade da doença do ministro, uma infecção pulmonar de origem bacteriana, mas não perdiam a esperança. Morreu de insuficiência respiratória após agravamento da infecção, doze dias depois de ser transferido para a UTI.

Três anos antes, Sérgio Motta ouviu de seu cardiologista Bernardino Tranchesi, que tentava convencê-lo a cuidar da saúde: "No dia em que você for sedado, você não volta mais". No dia 9 de abril de 1998, já tendo perdido grande parte de sua capacidade pulmonar, chegou a hora de ser sedado. O paciente avisou ao médico que precisava de um tempinho, mandou chamar a mulher Vilma e pediu a ela um pedaço de papel. Num bilhete escrito de próprio punho, começando com "Caro Fernando", ele incentivou o presidente a prosseguir com as reformas: "Não se apequene. Cumpra seu destino histórico. Coordene as transformações do país".

Foi com lágrimas nos olhos e a voz embargada que Fernando Henrique leu para os jornalistas a mensagem que o amigo lhe escrevera antes de ser sedado. O presidente chorou de novo no enterro em São Paulo, que reuniu aliados e adversários, além de milhares de outras pessoas.

Fernando Henrique já estava com embarque previsto para a noite do dia 20, para viagem oficial de cinco dias à Espanha. Triste, mas convicto de que deveria seguir sua agenda, chegou do outro lado do Atlântico na manhã do dia 21.

Na noite desse mesmo dia, com o governo ainda abalado e Fernando Henrique na Espanha, morreu em Brasília Luís Eduardo Magalhães, aos 43 anos, vítima de enfarte. Em Madri, o presidente repetia: "Perdi dois irmãos".

ACM chamava o filho de "o deputado". O filho chamava o pai de "o senador". Pai e filho tinham modos diferentes de fazer política, de ver as coisas e, principalmente, de ver o governo Fernando Henrique Cardoso. Luís Eduardo, que por diversas vezes disse "sou de direita e não vejo problema nisso [em ser articulador político de FHC]", era um aliado muito mais convicto do que Antônio Carlos. Era um parceiro de FHC em todas as horas. Só não era se na outra trincheira política estivesse "o senador".

Como líder do governo na Câmara, a partir de 1997, Luís Eduardo era um político que cumpria a palavra empenhada. No Congresso, tinha admiradores na direita, no centro e na esquerda.

A partir da morte de LEM e Serjão, a FHC ainda era dada como certa a reeleição, mas a cara do seu governo seria outra. Motta representava para Fernando Henrique o lado do confronto. Luís Eduardo era o oposto para o presidente, mostrando-se empenhado no entendimento.

Amenizada a dor das perdas, Fernando Henrique se voltou para a campanha da reeleição, apostando que a popularidade de 46%

naquele momento resultaria em sua vitória nas urnas de outubro. Derrotou o petista Lula pela segunda vez, em primeiro turno.

O pior momento na economia

Ainda como ministro da Fazenda, durante a elaboração do Plano Real, FHC era um ouvinte que prestava atenção a todos os detalhes das reuniões com a equipe econômica. Pérsio Arida, um dos economistas da equipe do Real, destaca a capacidade que ele tinha de entender o plano, as medidas necessárias e como se daria a execução. Sabia onde podia ceder. Tinha humildade para perguntar o que deveria dizer para cada plateia.

No governo, como chefe supremo, administrou as contradições internas e públicas da equipe. Nem sempre agradando a todos. Ao longo do primeiro mandato, Fernando Henrique aparou arestas, manteve inquietações em banho-maria e tentou evitar que as divergências internas sobre a política econômica transbordassem. O modo como atuava podia contrariar aliados e assessores, pela demora e uma certa indefinição, mas para o público externo era um traço de personalidade positivo.

O conflito interno sobre a política econômica, que tinha forte base monetarista, cresceu nos últimos meses do primeiro mandato de FHC, mas perdeu força para outra questão que se apresentava mais grave naquele momento: a crise cambial, que exigia a desvalorização do Real diante do Dólar.

Essa, sim, foi a verdadeira dor de cabeça de Fernando Henrique Cardoso na área econômica. Em nome da reeleição em 1998, ele manteve o Real sobrevalorizado, jogando para janeiro do ano seguinte, já empossado no novo mandato, a maior crise de seus oito anos. Desemprego aumentando, juros nas alturas, previsões de inflação alta e crescimento baixo, além de uma negociação com o FMI incompreendida por parcela significativa da população.

Anos depois, ainda era senso comum que o dia mais tenso do governo FHC foi 29 de janeiro de 1999, quando o Real chegou ao seu maior valor perante o dólar. "Um clima de pânico", registraram integrantes da equipe ao relembrarem aquela sexta-feira, em vídeos gravados para o Instituto Fernando Henrique Cardoso.

Gustavo Franco era o presidente do Banco Central (BC) e já admitia flexibilização na política cambial, mas, diante de divergências internas, apresentou sua carta de demissão na noite de 12 de janeiro. A notícia, publicada com exclusividade pelo jornalista Jorge Bastos Moreno na edição do jornal *O Globo* do dia seguinte, já vinha com a informação de que o novo presidente seria Chico Lopes, um dos diretores da instituição. Tensão no governo e no mercado.

O presidente tinha acabado de chegar, no dia 12, à Praia do Saco, no litoral de Sergipe, onde passaria uns dias de descanso. Voltou de imediato para tentar contornar a crise e garantir a permanência de Malan no comando do ministério da Fazenda – sua saída era o maior temor do mercado.

De início, Chico Lopes propôs substituir o câmbio fixo pela "banda diagonal endógena" – uma engenhosa proposta de câmbio que não podia sequer ser compreendida e foi rapidamente rejeitada pelo mercado, apesar da desvalorização do Real de quase 9%. A crise brasileira afetou mercados mundo afora. Uma semana depois, o mercado interno impôs câmbio livre, com novas desvalorizações.

Foi um período em que Fernando Henrique passou a conviver com críticas vindas de todos os lados. Expostas, inclusive, em editoriais dos mais tradicionais jornais do país, que tinham clara boa vontade com o seu governo até poucos meses antes. Passou a ser um problema secundário naquele momento outro evento explosivo: a decisão do governador de Minas, Itamar Franco, de declarar a moratória da dívida – o estado não pagaria R$ 18,5 bilhões que devia à União – com péssima repercussão para o Brasil no exterior.

Em 29 de janeiro, quando o Real chegou ao seu pior momento, com U$S 1 dólar valendo R$ 2,15, a boataria tomou conta do país. O clima no governo era tenso, bolsa despencando, especulações de todo tipo e corrida da população aos bancos. Fernando Henrique precisou ir a público dizer que não faria confisco nem haveria feriado bancário: "Deixe seu dinheiro no banco, em paz". Seu orgulho fora ferido de morte ao ver sua política econômica sendo colocada no mesmo patamar da de Fernando Collor.

Deputados e senadores chegaram para tomar posse no primeiro dia de fevereiro nesse clima de incerteza e com discursos, até de aliados, de que o presidente não teria apoio incondicional. O pior viria nas pesquisas de opinião um mês apenas após a segunda posse: o Datafolha mostrou que, pela primeira vez, a rejeição a FHC era maior que a aprovação ao seu governo: 36% a 21%, com 39% considerando seu governo regular.

Foi durante esse burburinho de posse no Legislativo que o presidente decidiu fazer nova troca no Banco Central, uma vez que Chico Lopes não se acertava com Malan.

No sábado, depois da sexta-feira caótica, o presidente deu uma tarefa ao seu novo chefe da Casa Civil, Pedro Parente, egresso da equipe econômica: telefonar para Armínio Fraga, o economista brasileiro que fez fama ao ser contratado pelo megainvestidor George Soros para trabalhar em Nova York.

"Estou numa festa de amigos, me liga em uma hora", pediu Armínio ao receber a ligação.

Passada a hora, o ministro voltou a ligar, falou das intenções de Fernando Henrique, e Armínio concordou:

"Acho que em três meses dá para eu ir para o Brasil."

"Você não está entendendo... Daqui a três meses pode não ter mais país", retrucou.

Armínio, já na terça-feira, dia 2 de fevereiro, desembarcou em Brasília como novo presidente do Banco Central.

A troca de comando no BC pegou de surpresa ministros e políticos, inclusive os que compareceram ao jantar com Malan na segunda-feira, quando Fraga já estava no voo a caminho do Brasil.

A reação não poderia ser mais barulhenta, principalmente na oposição, que vociferava com o argumento de que era como pôr a raposa para tomar conta do galinheiro. Governistas, surpreendidos, também ensaiaram uma reação, mas logo faziam o mesmo discurso de FHC de que o câmbio flutuante exigia um operador de mercado.

O sociólogo Fernando Henrique tinha exata noção da repercussão que acarretaria a escolha de Armínio Fraga. Em sua coluna no jornal *O Globo*, a jornalista Tereza Cruvinel escreveu: "Tendo se tornado um político de resultados, Fernando Henrique nunca deixou de levar em conta seu conhecimento sociológico sobre a força do simbolismo. Agora, ao escolher o operador de mercados Armínio Fraga para presidir o Banco Central, certamente mediu os custos políticos do simbolismo e concluiu que pior seria perder a briga contra os especuladores. Poderia perder tudo".

A nomeação de Fraga e as negociações com o FMI acalmaram o mercado, e a cotação do Real voltou ao patamar de R$ 1,70. A popularidade do presidente, no entanto, jamais voltaria às alturas.

Administrando crises e egos

Desenvolvimentistas versus monetaristas. De um lado, mais investimentos e políticas de desenvolvimento. De outro, rigor fiscal e juros altos para controle da inflação. Essa foi uma disputa que se arrastou por meses, com os principais nomes do PSDB levando a arenga para a praça pública. O presidente sabia que teria que falar em crescimento econômico no segundo mandato, mas, reafirmando o estilo passivo, demorou a agir.

Essa mudança de rumo era defendida abertamente no governo pelos irmãos José Roberto e Luiz Carlos Mendonça de Barros – que ocupavam cargos na área econômica do governo –, José Serra (ministro do Planejamento e depois da Saúde), Clóvis Carvalho (Casa Civil) e outros ministros. Era a chamada "turma dos desenvolvimentistas", frontalmente rejeitada por Pedro Malan, que liderava o grupo dos "monetaristas".

Em maio de 1999, o PSDB sinalizou com mais uma cobrança explícita ao eleger Luiz Carlos Mendonça de Barros como um dos vice-presidentes do partido, para atuar especificamente nos assuntos de economia. Seu mote: o país precisa passar da macroeconomia de estabilidade para a economia de desenvolvimento. Malan retrucou, chamando a visão desenvolvimentista de "nostalgia dos anos 1950, um debate desfocado".

Fernando Henrique, que não agia sob pressão, esperou o momento das mudanças no Ministério – que ainda era o do primeiro mandato – para criar, em julho, o Ministério do Desenvolvimento, Indústria e Comércio. Atendeu, assim, a ala desenvolvimentista do PSDB, deslocando Clóvis Carvalho para essa pasta. Durou pouco.

Em setembro, num seminário do PSDB intitulado "Desenvolvimento com estabilidade", Malan falou, no seu modo manso e ponderado, que havia um falso debate sobre desenvolvimento. Na sequência, Carvalho pregou a necessidade de acelerar o passo da retomada do crescimento. Entusiasmado, disparou: "O excesso de cautela nesse momento será o outro nome para covardia; precisamos arriscar mais, ousar mais".

Estava feito o estrago. Malan não gostou, FHC ponderou que não havia divergência, mas sua assessoria indicou quem estava na berlinda: "O presidente não precisa repetir que o ministro Malan conta com seu apoio integral". Foi pouco para o ministro da Fazenda.

Também um vaidoso notório, Malan queria do presidente um apoio mais enfático e, como fez outras vezes, colocou o cargo à disposição. Clóvis foi obrigado a recuar e dizer que Malan era "o líder do processo". Ainda foi pouco. Depois de uma conversa de uma hora e meia com FHC, Clóvis pediu demissão, por orientação do presidente, claro. Malan se acalmou.

A crise não foi das pequenas; ainda assim Fernando Henrique repetiu seu jeito meio torto de enfrentar questões espinhosas: quando recebeu o pedido de demissão de Malan, não aceitou e ali mesmo pediu a Pedro Parente que avisasse a Clóvis Carvalho que ele estava fora do governo. Assustado, Clóvis reagiu: "Não, Pedro, eu fiz o que havia combinado com o presidente".

Essa maneira de agir do presidente irritava auxiliares e aliados, mas também alimentava brincadeiras nas rodas de Brasília. Uma delas era a seguinte: o ministro Serra vai ao encontro de FHC no Alvorada e lá diz que precisa de mais dinheiro para seus programas, mas o Malan não libera. O presidente responde:

"Você está certo, Serra. Você está certo."

Logo depois, chega Malan e diz que Serra está pressionando, mas que não tem como atender.

"Você está certo, Malan. Você está certo."

Por fim, dona Ruth, que havia acompanhado as duas conversas, provoca:

"Fernando, primeiro você diz que o Serra está certo; depois você diz que o Malan está certo... Como é isso?"

"Você está certa, Ruth, você está certa..."

A fama de pão-duro

A chave vinha na cintura num molho de outras que um presidente precisava controlar. Mas o que surpreendia quem frequentava o

Palácio da Alvorada era que, além de controlar a entrada dos convidados, o presidente Fernando Henrique Cardoso fazia questão de ir pessoalmente buscar o vinho que seria servido. A quantidade também surpreendia. Ele era do tipo que degustava. Não bebia a rodo e nem servia para quem quisesse passar da conta. Quem conhecia o gosto do presidente da República gostava de presenteá-lo com um bom rótulo. E ele dava valor.

Um caso foi emblemático. Dias depois de ser eleito presidente pela segunda vez, em 1998, ele convidou para jantar no Alvorada o economista Luiz Carlos Mendonça de Barros, que foi todo animado para o encontro, acreditando que seria mais um jantar de comemoração da posse. Para sua surpresa, o prato era uma macarronada bem básica e a garrafa de vinho já pela metade. O presidente explicou:

"O Malan jantou aqui ontem e trouxe um bom vinho. Sobrou a metade. Vamos bebê-lo."

O zelo não era só com vinhos. E nem só com os ministros e políticos. Certo dia, Fernando Henrique convidou-me para almoçar no Palácio da Alvorada. Depois de quase uma hora de conversa, o garçom avisou que o almoço estava servido. Seguimos, então, para a mesa de almoço, ali já com a presença da Ana Tavares, a leal e querida secretária de Imprensa do governo Fernando Henrique.

Servido o almoço, o garçom trouxe suco para todos. Notei que o do presidente era mais clarinho e perguntei:

"O suco do presidente é de laranja-lima?"

"É sim, senhora."

"Ah, então eu quero um desse."

"Mas esse é só para o senhor presidente", respondeu-me o garçom, quase que ao pé do ouvido, meio desconcertado.

Não aguentei e reclamei:

"Presidente, não acredito que o senhor vá me negar um copo de suco de laranja-lima. Sei que ela é mais cara do que a laranja-pera, mas..." Fernando Henrique aquiesceu, não deixou de achar graça da situação e autorizou um copo extra.

"Eu não sou pão-duro, sou econômico. Tenho horror a desperdício. Vivo apagando a luz no Palácio da Alvorada."

Assim ele tentava contestar a fama que corria à farta em Brasília, desde quando chegou como senador em 1983. Mário Covas dizia: "O Fernando é parada, ele não gosta de gastar".

O então governador do Ceará, Tasso Jereissati, foi outro que se surpreendeu ao visitar Fernando Henrique em seu apartamento em Brasília. Sentado em frente a um aparelho de televisão velho, ele puxava um barbante que estava amarrado aos botões da TV. Era assim que, da poltrona, ligava o aparelho. Tasso achou aquilo inconcebível para um senador da República, e o presenteou com uma TV nova.

Quando chegou ao Senado em 1983, Fernando Henrique já era um dos mais procurados senadores pela imprensa. Os convites eram praticamente diários para almoço e jantar, uma prática comum em Brasília para se tentar informações exclusivas das fontes, longe do burburinho do Congresso.

Invariavelmente, ele respondia o convite com outra pergunta: quem vai pagar, você ou o Roberto Marinho (*O Globo*)? Ou Otávio Frias (*Folha de S.Paulo*)? Ou o Júlio Mesquita (*O Estado de S. Paulo*)?

Zelo com a biografia

Com o petista Lula já vitorioso nas urnas de 2002, o presidente Fernando Henrique encerrava seu ciclo de oito anos de poder empatado diante da opinião pública: para 35% dos brasileiros, o Brasil estava melhor do que antes do início do seu governo; para 34%, estava pior.

Deixava o país com inegáveis avanços no controle da inflação e nas políticas sociais, mas as taxas recordes de desemprego, renda em queda e dívida nas alturas maculavam seus mandatos. Não era um quadro muito bom, tanto que não fez o sucessor.

Fernando Henrique estava confortável mesmo era na política: seu orgulho e satisfação em transmitir o poder a um ex-metalúrgico eram notórios.

Durante seu governo, ele sofreu a mais dura oposição do PT, dos petistas e do próprio Lula. Igualmente, mas a seu estilo, fez vigorosa oposição aos governos petistas e se posicionou a favor do impeachment de Dilma Rousseff, em 2016, com a ressalva de que não era contra ela, mas porque acreditava ser essa a forma de conter a crise institucional que se instalara no país. Escaramuças dos dois lados foram comuns por quase vinte anos, pontuados por não raros momentos de civilizada convivência.

Exatamente duas décadas depois de entregar o cargo a Lula, o ex-presidente Fernando Henrique Cardoso enxergou que em 2022 seria a vitória dele à Presidência que garantiria a continuidade da democracia no Brasil.

Aos 91 anos, FHC estava afastado da vida partidária, mas não distante da política. Na reta final da campanha em que Lula e Jair Bolsonaro disputaram palmo a palmo a preferência do eleitorado, o ex-presidente declarou voto no petista, "pela democracia e pela inclusão social", e até gravou um curto vídeo manifestando sua preferência. Ao final da eleição, o ex-presidente cumprimentou Lula, pelas redes sociais: "Parabéns, Lula, pela vitória. Venceu a Democracia. Venceu o Brasil".

Ainda antes do resultado da eleição, Lula fez questão de ir agradecer pessoalmente o apoio de FHC. O senador tucano Tasso Jereissati providenciou o encontro no apartamento dele, em São Paulo. Foram mais de duas horas de conversa, denominada por eles como "um reencontro democrático". Certamente ocupará lugar de destaque na história das eleições no Brasil.

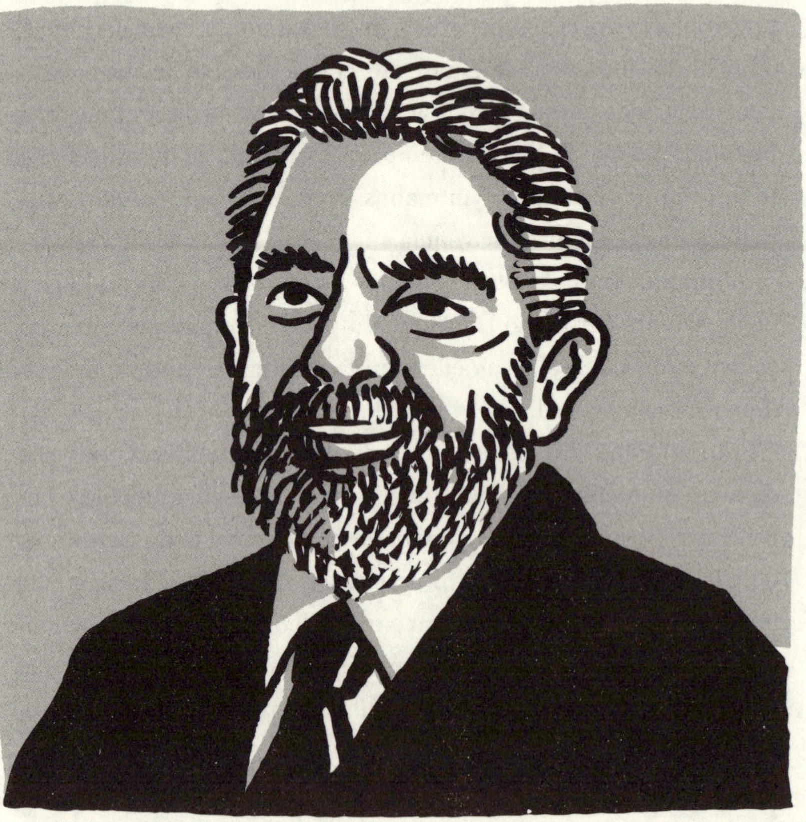

LUIZ INÁCIO LULA DA SILVA
O agregador

O líder sindical no Planalto

Brasília amanheceu naquele 1º de janeiro de 2003 com tempo parcialmente fechado. Ora sol, ora chuva fina. Nada que pudesse atrapalhar a festa de posse do primeiro ex-sindicalista na Presidência da República. Luiz Inácio Lula da Silva venceu as eleições e se tornou uma espécie de *pop star*. Por onde passava, tinha simpatizantes esperando para abraçá-lo e beijá-lo ou querendo aquele típico aceno de mão num gesto entusiasmado.

Foram mais de vinte anos como principal líder da oposição no Brasil. Agora Lula iria comandar o governo. Derrotou nas eleições de 2002 o paulista José Serra, candidato do PSDB e do presidente Fernando Henrique Cardoso, iniciando um inédito ciclo na política brasileira ao levar ao poder o principal partido de esquerda, o PT. Queria "fazer diferente" do que era o costume da elite política brasileira, a começar pela comemoração da posse, com forte presença popular.

"Ô, Duda, você me ajuda a organizar essa festa. Eu nunca tomei posse antes...", dizia, brincando, ao publicitário Duda Mendonça, que assinou o programa eleitoral vitorioso.

Lula queria aprender também a ser mais do que um presidente operário, na governança e no cotidiano de sua nova vida. Anos depois, ele mesmo contaria, às gargalhadas, quantas experiências diferentes viveu naquele início de mandato.

Como no dia de um jantar na Embaixada do Brasil na França, servido à francesa. Ao final, ele ficou intrigado com o fato de o garçom não recolher o seu prato, o que já havia feito com os demais convidados. Também não entendia aquela quantidade de talheres. Aprendeu ali que no código de etiqueta à mesa é preciso colocar os talheres em paralelo sobre o prato para indicar que havia terminado.

Para muito além do aprendizado de cerimônias e etiquetas, Lula tinha plena consciência do desafio que teria pela frente. Governar como representante das forças populares e da esquerda depois de derrotar a chamada política tradicional, os partidos de centro-esquerda e os conservadores que dominaram a política até então. Lula foi reprovado três vezes nas urnas – em 1989, 1994 e 1998.

"Nós não podemos errar, porque, senão, um operário ou um candidato de esquerda só volta ao poder no Brasil daqui a cinquenta anos" era a frase que repetia quase como um mantra.

O diferencial estava na sua origem: um retirante nordestino que, como milhões de outros, foi tentar a sorte na região Sudeste do país. Sua formação, além do ensino básico, resumia-se ao curso de torneiro mecânico que fez no Serviço Nacional da Indústria (Senai), órgão ligado à indústria que promove a qualificação técnica de trabalhadores. Assim, podia trabalhar no chão de fábrica.

No dia de sua diplomação como presidente, no Tribunal Superior Eleitoral, com a voz embargada e olhos marejados, emocionou a plateia:

"Eu, que tantas vezes fui criticado por não ter um diploma de nível superior, recebo agora o meu primeiro diploma, o de presidente da República do meu país. Muito obrigado!"

**

Lula é pragmático. É um brasileiro como tantos, criativo no que faz. E mais criativo ele foi na política: inventou um partido de esquerda que não era propriamente de esquerda – no lugar de dogmas desse campo político, a legenda tinha como preocupação maior representar e defender os interesses do trabalhador médio, do operário de fábrica.

Um líder de massa conciliador, agregador, que fez a ponte entre o povo e o empresariado. Não representou ameaça ao *status quo*. Era uma ameaça ao esquema político dominante, mas não às estruturas sociais que ele não se propunha a subverter. Encontrou um caminho que pela esquerda tradicional nunca chegaria.

Para seus amigos, Lula nunca foi um líder nos moldes que a esquerda brasileira imaginou levar à Presidência da República. Para vencer, fez um movimento ao centro da política brasileira e escolheu um empresário liberal, o mineiro José Alencar Gomes da Silva, como candidato a vice.

A campanha da vitória com a chapa "capital-trabalho" ganhou o slogan "a esperança venceu o medo". Uma resposta sua em entrevista ficou marcada. "O senhor é comunista?" De pronto, respondeu: "Não. Sou sindicalista".

Apesar da convivência com teóricos da esquerda brasileira e até da influência política do próprio irmão, Frei Chico – o irmão mais velho declaradamente comunista que o levou para a vida sindical em meados dos anos 1960 –, Lula sempre se distanciou de discussões ideológicas. Para seus companheiros de sindicato, ele era muito mais um reformador, um negociador, e não alguém que quisesse fazer uma revolução para implantar o comunismo ou o socialismo no país.

Anos depois, o PT reconheceria que a aproximação com a política tradicional, a partir de 2003, resultaria no maior erro do governo petista: em lugar de fazer diferente, fez igual. Especialmente na prática do toma lá dá cá que domina a política brasileira. Errou e repetiu o erro ao longo de treze anos no poder.

Ao montar sua primeira equipe de governo, o pragmático Lula surpreendeu com a nomeação de quatro ministros que estavam em campo oposto ao dele: Henrique Meirelles, ex-presidente do BankBoston, no comando do Banco Central; o empresário Luiz Fernando Furlan no Ministério do Desenvolvimento; o líder da entidade de produtores rurais Roberto Rodrigues na Agricultura; e o famoso advogado criminalista Márcio Thomaz Bastos no Ministério da Justiça. O PT torcia o nariz para algumas escolhas, mas quem decidia era Lula.

Em meio aos entraves que surgiam para a composição do governo e um muxoxo ou outro do PT, Lula não descuidou da festa de posse. E, conforme seu desejo, foi um evento como nunca antes visto em Brasília. Nas anteriores, o povo ia à Esplanada dos Ministérios, mas os eventos de comemoração eram a cerimônia fechada no Palácio do Planalto, um jantar de gala no Itamaraty para o mundo político e econômico e outra recepção para os visitantes estrangeiros.

Lula queria uma festa aberta para o povo, com shows de artistas populares. Cantores e bandas se revezaram ao longo do dia – a bateria da Escola de Samba Estação Primeira de Mangueira abriu a festa, que contou ainda com shows de Zezé di Camargo & Luciano, Fernanda Abreu e Gilberto Gil, que assumiria em seguida o posto de ministro da Cultura. Um chamativo e tanto para o grande dia do novo presidente.

As cenas da posse revelam milhares de pessoas se amontando para ver um sorridente e vaidoso Lula desfilar no Rolls-Royce presidencial, ao lado da primeira-dama, Marisa Letícia Lula da Silva. Ele em um terno escuro feito por encomenda a Ricardo Almeida, um alfaiate dos ricos e modernos de São Paulo. Ela com um vestido vermelho, a cor que predominou naquele dia. Em outro momento, o vice José Alencar dividiu com ele o Rolls-Royce.

Um dia marcado pela emoção. Até o sociólogo que deixava o cargo de presidente da República, Fernando Henrique Cardoso, disse que quase chorou ao passar a faixa presidencial a Lula. A cena atrapalhada dos dois na hora da troca da faixa no parlatório do Palácio do Planalto, em frente à Praça dos Três Poderes apinhada de gente, foi marcada por gestos de simpatia, muito riso e abraços. FHC não escondia sua satisfação em passar o cargo a um ex-operário.

No Congresso, o primeiro ato solene da posse, o cerimonial não conseguia cumprir o programado, com Lula parando e cumprimentando a todos com entusiasmo. A bursite (inflamação no ombro) que desenvolveu ao longo da campanha piorou de vez ao fim do dia, exigindo sessões extras do acupunturista chinês Gu Hanghu, de quem se tornou amigo – Gu pode ter sido o mais assíduo convidado para viagens do presidente. No plenário da Câmara lotado, petistas e até adversários começaram a cantar o mais famoso jingle de campanha, o "Lula lá". Ele pediu:

"Vamos quebrar o protocolo, mas nem tanto."

Lula levou para o Palácio do Planalto esse seu jeito boa-praça, de falar com todo mundo, dar abraços e tapinha nas costas. Foi o primeiro presidente, desde 1961, a usar o parlatório do Planalto para agradecer aos simpatizantes que se aglomeravam na praça em frente. E, depois de receber a faixa presidencial, desceu a rampa e se jogou no meio do povo, como fazia na campanha – coisa nunca vista antes daquela maneira num dia de posse.

O ambiente era bastante ameno entre ele e Fernando Henrique desde o fim das eleições, no período de transição de governo, e foi notório na chegada ao Planalto. Os dois haviam caminhado juntos na política, mas àquela altura um era o governo e o outro, oposição. Os bons modos dos dois não refletiam as diferenças políticas. No primeiro encontro que tiveram depois da eleição, no Palácio do Planalto, os fotógrafos gritavam: "Lula, olha pra cá!". Outro chegou a dizer: "Conterrâneo, parabéns, mas olha pra cá". Diante de tanta intimidade, ou falta de liturgia, Fernando Henrique os advertiu:

"Atenção, senhores, essa não é uma maneira de se dirigir ao presidente eleito. Respeitem. Agora é presidente Lula."

Lula gostou bastante da receptividade de Fernando Henrique e ao elogiá-lo usou ali, no seu primeiro pronunciamento dentro do Planalto, a expressão que se tornaria uma das marcas de seus discursos:

"Nunca na história de nenhum país se abriu tanto as portas para um novo governo como o presidente Fernando Henrique Cardoso está fazendo. Está promovendo a transição mais democrática da história da América Latina."

A simpatia e a troca de amabilidades entre os dois, no entanto, não durariam muito tempo.

Com apurado senso político, Lula sabia que a palavra-chave de seu governo seria "mudança", e por isso mesmo ela foi citada mais de uma dezena de vezes no discurso no Congresso. Explorou sua origem humilde e infância pobre para consolidar a identidade de grande fatia dos brasileiros com o novo presidente.

Deu ali os primeiros sinais de que tinha incorporado totalmente o papel. Ele adorou ser presidente da República, era um ápice necessário na vida dele, dizia para quem quisesse ouvir.

Construindo "Lulinha paz e amor"

Chegar à Presidência era um projeto a que Lula se dedicou desde quando fundou o PT, em fevereiro de 1980. Foram três derrotas consecutivas. Para a campanha de 2002, decidiu que deveria mudar muita coisa, fazer diferente. Ou seria do jeito dele ou o PT teria que buscar outro candidato.

Dono do maior cacife eleitoral no partido e na esquerda brasileira, Lula não teve dificuldades para que suas exigências fossem atendidas – salvo ser obrigado a disputar a indicação com outro candidato, o senador Eduardo Suplicy, o que não foi nada difícil para ele, e ainda legitimou o processo de prévias no PT.

No plano traçado por Lula, duas das principais ações para a campanha de 2002 teriam que se dar em paralelo: a composição da chapa com alguém que viesse do setor produtivo, para formar a vitrine "capital e trabalho"; e a escolha de um publicitário experiente para fazer o marketing político da campanha. Agora teria que ser do jeito dele, repetia. Queria carta branca.

O importante era construir uma aliança política mais ampla do que as anteriores e nela incluir partidos conservadores, e não apenas os de esquerda. Ele já mirava em José Alencar, senador de Minas que trocou o PMDB pelo PL para a missão. "Não adianta falar só para convertidos", era a justificativa para a parceria com antigos adversários. A chapa Lula-Alencar reuniu, além do PT e do PL, o PC do B, o PMN e o PCB.

A articulação da aliança PT-PL, que nada tinha de identidade ideológica, o que não é propriamente um problema no Brasil, foi comandada por José Dirceu, presidente do PT, com Valdemar da Costa Neto, o dirigente do PL. Alencar assinou a ficha de filiação ao novo partido no apartamento de Costa Neto, na quadra 111 Sul, em Brasília. A maior dificuldade naquele momento era assegurar recursos para a campanha de deputados do PL – compromisso assumido pelo PT e que mais tarde se tornaria o primeiro grande escândalo do governo petista, o mensalão.

A aliança estava feita ao gosto de Lula: um companheiro empresário-industrial, dono de uma das mais importantes indústrias têxteis do país, a Coteminas, e que representava um estado politicamente importante, o segundo maior colégio eleitoral.

A despeito das diferenças que marcaram a história dos dois – além da origem, Alencar apoiou o golpe de 1964 e era novato na política –, nos oito anos de parceria eles se tornaram amigos. Como vice, Alencar reclamava dia sim outro também das altas taxas de juros praticadas no Brasil. Lula lidava com isso à sua maneira. Não aprovava, muito menos discordava.

Uma cena que se tornou corriqueira nos voos do presidente e sua comitiva expressa bem esse traço do seu comportamento. Na cabine presidencial, sentavam juntos Lula, Alencar e os ministros Antonio Palocci (Fazenda), José Dirceu (Casa Civil) e Aldo Rebelo (Articulação Política). Assim que estavam todos acomodados, Alencar pegava uma cigarrilha de Lula, sem fumar, e começava a falar das taxas de juros. Palocci ficava incomodado, mudava até de cor, quase querendo ir para o embate com o vice. Lula ria. Dava espaço para Alencar falar. Se não fosse ali, ele iria à redação dos jornais fazer sua pregação. O presidente nunca deu brecha para Palocci contestar Alencar, mas também jamais deu razão ao vice. Era assim que agregava. Construiu, dessa forma, uma bonita relação de amizade com Alencar.

No meio da campanha da reeleição, em 2006, Alencar fez a primeira cirurgia para a retirada de um tumor no abdômen. Disse a Lula que ele deveria procurar outro vice. Lula não aceitou. Estava fechado com ele, e ponto final. Nos anos seguintes, o vice se submeteu a outras cirurgias, sempre acompanhadas pelo presidente. Em janeiro de 2008, Lula suspendeu uma semana de férias com a família na praia, porque queria ver antes os resultados de novos exames do vice.

José Alencar se manteve firme e otimista na luta contra a doença que o venceu em março de 2011, aos 79 anos. Lula estava em Portugal quando soube da morte dele. Emocionado, disse que Alencar fora mais do que um vice, que tinham uma relação de irmãos, ou pai e filho:

"Conheço poucos seres humanos que têm a alma de José Alencar. A bondade, a lealdade do Zé Alencar. Nunca imaginei que se poderia ter um vice como eu tive. O Brasil perde um homem de dimensão excepcional."

Mineiro bom de prosa, Alencar chamava a atenção pelo bom humor constante. Nos oito anos de mandato atuou de forma afinada com Lula. Não foi um vice mudo, mas, quando falava, estava tudo combinado com o titular. Foi um exemplo de como exercer o papel, com personalidade própria, mas sem descuidar da lealdade ao titular do mandato.

A carta branca que Lula obteve do PT em 2002 avalizou também a contratação dos serviços do publicitário Duda Mendonça – o mesmo que conseguiu reduzir a altíssima rejeição de Paulo Maluf e o levou à vitória na disputa pela prefeitura de São Paulo, em 1992. Uma guinada e tanto. Era o que Lula queria para ele, uma guinada.

Duda foi apresentado a Lula pelo jornalista Ricardo Kotscho, que seria seu assessor de imprensa na Presidência. Na ocasião, o publicitário disse ao petista que, tivesse sido ele o marqueteiro do PT em 1989, Lula teria vencido Fernando Collor. Precisaria apenas de emoção, de sua história de vida. Na reta final da campanha de 1989, com os candidatos em situação parelhada nas pesquisas, Collor levou ao seu programa eleitoral de TV uma ex-namorada de Lula, a enfermeira Miriam Cordeiro, que, ali, revelou ter sido estimulada pelo namorado a fazer um aborto. Foi fatal para o petista, que já parecia com a mão na taça ao som do "Lula lá".

Em 2002, Duda Mendonça foi mais do que o publicitário da campanha. Foi quase um psicólogo do candidato. E foi o professor que ensinou a Lula o que ele nunca mais esqueceu: "Na televisão, é muito mais o jeito que você fala do que o que você fala. Televisão é emoção". Mas foi duro até chegar lá.

A principal tarefa pretendida pelo publicitário era fazer o reencontro de Lula com sua própria história. Na primeira viagem para gravação dos programas de televisão, Duda e Lula foram até Caetés, distrito de Garanhuns, em Pernambuco, onde ele nasceu. Visitaram a casa de um tio e foram recebidos com muita conversa e uma "biritinha" de leve. Seguiram para o local da gravação, debaixo de uma árvore, e Duda pediu que Lula contasse sobre sua vida.

No primeiro relato de improviso já deu para sentir a importância da mãe, Dona Lindu. E o distanciamento do pai. Ele contou com emoção do dia, no final de 1952, em que a mãe e sete filhos, ele com 7 anos, iniciaram uma viagem de treze dias para São Paulo em cima de um pau de arara – caminhão com toscos bancos de madeira montados na carroceria, o transporte comum da época para os milhares de nordestinos que fugiam da seca. Nesse dia de gravação, Lula reencontrou Zé Diné, o motorista que levara a família. Mais emoção.

Do pai, que fora para São Paulo anos antes em busca de uma vida melhor, Lula não gostava de falar – logo que chegaram a Santos descobriram que ele já tinha outra família, mulher e duas filhas. Só contou que um dia o pai o chamou para um passeio com as meias-irmãs e, em algum momento, comprou picolés apenas para as filhas. "Você é um tabaréu e vai se lambuzar todo". História contada e recontada muitas vezes.

Ainda nessa primeira gravação em Caetés, Lula falou das dificuldades que passaram, do primeiro trabalho de vendedor de frutas e de engraxate, e da importância da mãe. Lágrimas rolavam na equipe de filmagem, mas ele mesmo segurava o choro. Duda, entusiasmado, queria que o candidato colocasse tudo para fora:

"Sua história de vida é bonita pra caralho! É isso que nós vamos contar!".

A partir daquele primeiro ensaio, Lula já era outro. No início, resistiu em adotar algumas falas, como a que explorava o contraponto entre a falta de estudo e o sucesso como líder. Mas logo entendeu a proposta e passou a aceitar com facilidade as sugestões. O publicitário apostava que a força dele estava no carisma e na voz, na expressão facial. O "Lulinha paz e amor", que não gritava e nem falava mal dos outros candidatos, foi surgindo nessas tantas horas de gravação.

E Lula foi gostando cada vez mais da imagem de candidato criado por Duda Mendonça, que o convenceu de que parcela expressiva dos brasileiros queria um homem do povo no poder, mas um homem bem-vestido, alinhado e sem aquela expressão raivosa das campanhas anteriores. Compunham o figurino um corte de cabelo moderno, barba aparada, dentes renovados e uma coleção de ternos novos para os dias de gravação.

Depois, levou toda a indumentária para o Palácio da Alvorada, de tanto que gostou. Muitas vezes, ao falar de seu novo estilo, dizia que nem no tempo em que trabalhava em fábricas gostava de usar macacão de operário.

Duda Mendonça ainda precisaria atrair para a campanha a arredia dona Marisa, a esposa que dividiu com Lula todas as lutas políticas, do Sindicato dos Metalúrgicos de São Bernardo à criação do PT, mas que nunca gostou de aparecer. Fazia aparições discretas nos palanques. Em 2002, o marqueteiro queria uma Marisa Letícia com presença forte e igualmente repaginada. Ela resistiu. O próprio Duda contava, brincando, que só a convenceu quando apelou para a fama de ciumenta dela: "Seu marido tá bonito e vai ficar tão famoso que vai ficar *assim* de mulher atrás dele". Dias depois ela mergulhou na campanha e, mesmo sentindo falta da rotina da família em São Bernardo, ficou oito anos ao lado de Lula em Brasília.

Como primeira-dama, chegou a ganhar uma sala no disputadíssimo terceiro andar do Palácio do Planalto, onde fica o gabinete presidencial. Não teve função ou programa específico no governo em que pudesse atuar, mas ia frequentemente para lá. A presença dela era tão importante para Lula naquele início, sabiam os assessores, que suas reivindicações eram prontamente atendidas. Até mesmo o desligamento do ar-condicionado de sua sala, interferindo no sistema central. Dona Marisa pediu, e também foi atendida, que as janelas pudessem ser abertas, para que ela fumasse ali.

Das primeiras gravações em Caetés nasceu o novo Lula, que na campanha só falava em sonhos e esperança. E que, aos poucos, foi desmontando marcas negativas associadas ao PT, como a de que um petista no poder iria desapropriar terras e casas. Lulinha paz e amor não criticava ninguém. Só somava. Já não era o "sapo barbudo", alcunha que lhe foi dada por Leonel Brizola – quando declarou apoio ao petista no segundo turno das eleições de 1989, Brizola disse que a política era a arte de engolir sapos: "Não seria agora fascinante a elite brasileira engolir Lula, esse sapo barbudo?!".

Já como presidente, num encontro com trabalhadores rurais em Brasília, Lula justificou as mudanças de discurso e de estilo:

"Em 1989 eu era o candidato da raiva. Eu acordava, me olhava no espelho e pensava: *Hoje eu tô com raiva.*"

Em outras ocasiões, lembrando de coisas do passado, ria de si mesmo:

"Isso é do tempo em que eu falava 'menas laranjas'."

Em um jantar no Palácio da Alvorada, tempos depois, com os presidentes do Mercosul e ex-presidentes brasileiros, Lula quis saber a opinião de Fernando Henrique Cardoso sobre seu novo estilo.

"O que você achou desse Lulinha paz e amor?"

"Eu gostei. Isso é você agora..."

A pragmática esquerda do operário

Nascido em 6 de outubro de 1945 em Caetés, então distrito de Garanhuns (PE), Luiz Inácio da Silva foi registrado anos depois, já em São Paulo, como nascido em 27 de outubro. Passou a ser chamado de Lula já filiado ao Sindicato de Metalúrgicos de São Bernardo, aos 21 anos de idade, levado por Frei Chico, seu irmão mais velho. Foi onde se firmou como um líder sindical ambicioso, criativo e determinado. E também vaidoso, traço comum entre os que almejam o poder.

O Lula presidente trouxe do sindicalismo habilidades que se tornaram marcas fortes de seu comportamento no governo. Negociador. Conciliador. Agregador. Características reconhecidas por aliados e adversários. Estes destacam como aspectos negativos a agressividade dos discursos e uma arrogância vendida como otimismo e autoconfiança. O carisma e a emoção sobressaem no exercício de outra de suas competências: a de exímio comunicador.

Esses traços de personalidade, uns mais e outros menos a depender do momento e da situação, foram predominantes em seus dois mandatos como presidente. Já podiam ser notados na campanha e na montagem do governo. Foi o mesmo Lula, também carismático, que conquistou o segundo mandato depois da tempestade chamada "mensalão", o escândalo político que arrasou o PT e se tornou sinônimo de corrupção no país. Terminou oito anos de mandato no auge de sua popularidade, com 83% de aprovação, e elegeu a sucessora, Dilma Rousseff, em 2010.

Para a disputa de 2002, antes mesmo de ir atrás dos especialistas que construiriam sua nova imagem, o petista percebeu que o Lula que deveria entrar em campo teria que ser mais conciliador, e não uma ameaça a este ou aquele grupo. Não afrontaria os empresários, os bancos. Seria ponte entre o povo e parte do empresariado.

Ainda antes da propaganda eleitoral na televisão e no rádio, esse novo Lula se mostrou para o grande público no momento mais crítico de 2002, quando lançou em junho a Carta ao Povo Brasileiro. Uma espécie de carta-compromisso para acalmar o mercado, investidores e setores empresariais, que estavam em polvorosa com sua provável eleição. Dólar nas alturas, bolsa em queda e fuga de capitais foram estancados aos poucos com a promessa de que a política econômica em curso teria continuidade. Que as metas de inflação e superávit seriam respeitadas, e os contratos garantidos. Não era apenas para ganhar a eleição.

Lula tinha uma forma própria de encaminhar a saída para os problemas que surgiam à sua frente. Normalmente, suas escolhas eram pela mediação dentro do seu grupo, tal como aprendera na lida sindical. Em outras ocasiões, buscava a solução em território onde se considerava com alguma fragilidade, onde não era o dono da bola.

Foi assim que buscou o presidente do Banco Central. As especulações no Brasil apostavam em ex-presidentes da instituição ou nomes mais identificados com a esquerda. Ele já tinha feito sua escolha, só faltava fazer o convite. Numa viagem a Washington, depois de eleito, pediu que chamassem para uma conversa o Henrique Meirelles, que estava na cidade. Petistas excluíam essa possibilidade sob o argumento de que Meirelles acabara de se eleger deputado federal pelo PSDB de Goiás e, mais do que isso, havia sido presidente de um banco estrangeiro, o BankBoston.

Pois esta era a característica que o agradava: vir de um banco internacional, onde, na sua percepção, estava a origem dos problemas da economia brasileira. Lula foi direto:

"Você aceita ser presidente do Banco Central no meu governo?"

"Depende", respondeu Meirelles.

"Depende de quê?"

"De ter autonomia..."

"Fechado", comprometeu-se Lula.

Mesmo sabendo que se tratava de uma proposta polêmica não apenas nos partidos de esquerda, Lula disse a Meirelles que pretendia aprovar um instrumento legal no Congresso. E ele honrou esse compromisso: a regulamentação do Sistema Financeiro, primeiro passo para posterior aprovação de uma lei sobre a autonomia do BC, foi a primeira PEC do governo Lula – aprovada em maio de 2003, não avançou rumo à lei complementar.

Lula, então, chamou Meirelles para dizer que não tinha condições de aprovar no Congresso a autonomia formal da instituição. Meirelles não criou caso. Lembrou que os dois tinham firmado um acordo de independência, e para ele era o que valia. De fato, ele conduziu a política monetária no governo Lula com independência maior do que gostariam os petistas. Vez por outra, quando o presidente não gostava de alguma decisão do BC, deixava Meirelles na geladeira por uns tempos, mas não reclamava em público.

Foi para agradar ainda mais a elite econômica do país que Lula levou para o Ministério da Fazenda o mais conciliador dos petistas, Antonio Palocci, que encantava o empresariado brasileiro. Nessa ocasião, Lula disse a um interlocutor que sua sorte foi ter colocado Palocci na Fazenda.

O petista, que era deputado e havia sido prefeito de Ribeirão Preto (SP), integrou a equipe de transição de governo, cumprindo um papel que estava reservado a Celso Daniel, prefeito de Santo André, assassinado no ano anterior. Em 2018, preso pela Operação Lava Jato, Palocci solicitou um acordo de delação premiada oferecendo informações sobre Lula e acordos não republicanos feitos no governo, mas não apresentou provas convincentes.

Já nos primeiros meses de governo, em 2003, o presidente decepcionou outras levas de petistas e apoiadores de sua candidatura. Primeiro com a proposta de reforma da Previdência, que reduzia direitos dos trabalhadores e resultou na saída do PT de um grupo de parlamentares, entre eles a senadora Heloisa Helena (AL) e o deputado Chico Alencar (RJ), que depois criaram o Partido Socialismo e Liberdade (PSOL). No Congresso da Central Única dos Trabalhadores (CUT), em junho, foi vaiado pela primeira vez como presidente ao defender a tal reforma.

O presidente sindicalista parecia não se importar com vaias. Ao longo dos seus oito anos de governo, ele contou diversas vezes o momento que considera o mais importante em sua trajetória de líder dos trabalhadores. Foi em 1979, quando conseguiu 63% de reajuste para os metalúrgicos em negociação com os patrões, após a famosa greve que reuniu mais de 200 mil trabalhadores do ABC paulista.

"O maior reajuste da história. Eu arranquei os olhos dos patrões", contava, com orgulho.

Na assembleia, contudo, foi vaiado e por pouco não perdeu a representação. Contou que foi pelo fato de ter ido conversar com o empresário Mário Amato, então presidente do Sindicato da Indústria de Papel de São Paulo – o mesmo que durante a campanha de 1989, já como presidente da poderosa Federação das Indústrias do Estado de São Paulo (Fiesp), disse que, se Lula fosse eleito, 800 mil empresários deixariam o país.

"Fui vaiado, chamado de pelego. Aprendi que a política é perversa; você tem que estar sempre atento e aprendendo com ela. Você tem que ser um observador dela com atenção."

No ano seguinte, sem sequer abrir negociação com os patrões, a assembleia liderada por ele no estádio Vila Euclides, em São Bernardo, aprovou a greve, e Lula foi preso. Aconteceu até o que ele não esperava.

"Recebi a solidariedade da CNBB, de bispos, e me tornei o mais importante líder sindical do mundo."

Lula nunca perdeu a vaidade e o orgulho por este período do movimento sindical e para sempre se considerou o maior líder operário do mundo. Isso, do mundo. Para ele, não havia modéstia quando o assunto era liderança, sindical ou política. A naturalidade com que dizia, como presidente, o "nunca antes na história desse país" levou seus críticos a dizerem que, para o petista, o Brasil era dividido em duas fases, a AL, antes de Lula, e a PL, a pós-Lula. Ele não considerava isso uma crítica.

Lula sendo Lula

O Lula bem arrumado, estiloso e de discursos mais amenos foi um figurino que ele adotou para sempre na sua vida política. O que não mudou foi o Lula das conversas mais reservadas com seus companheiros, nas horas de lazer, quando ficava relaxado. Nessas ocasiões, era o Lula que tomava cachaça, contava piadas e falava palavrões à vontade.

Lula usa a bebida para quebrar o gelo, diziam uns.

Lula bebe mais na alegria do que na tristeza, diziam outros.

A fama de "beberrão" o perseguiu por todo o mandato. Era assunto para a imprensa brasileira e a estrangeira também. Nunca negou que gosta de uma cervejinha gelada e de uma boa pinga. E também não escondia esse hábito, como mostra a cena que estampou capas de todos os jornais em janeiro de 2010, com ele carregando na cabeça uma caixa de isopor cheia de bebidas, seguido de dona Marisa, filhos, o acupunturista Gu e o chefe de sua segurança, general Gonçalves Dias – o presidente e a família estavam de férias na praia de Inema, em área privativa da Marinha em Salvador (BA).

Ao lado do Lula que gostava de interagir com as pessoas, pegar pela mão, abraçar, visitar doentes, convivia também o Lula mais zangado.

Com os companheiros do seu círculo mais próximo soltava o verbo nas reuniões de trabalho. Uns dois anos depois da posse, o presidente recebeu o ministro Patrus Ananias (Desenvolvimento Social), que gerenciava o programa Bolsa Família e queria gastar mais. Lula se antecipou e chamou o ministro da Fazenda para a conversa. Queria já ouvir os dois lados. Patrus, com seu jeitinho mineiro, falou da necessidade de acolher mais pessoas necessitadas, aumentando de 7 para 9 milhões as famílias atendidas. Queria também aumentar o valor do benefício. Lula só ouviu, nada disse. Pediu a opinião de Palocci. "Nem pensar, de jeito nenhum", retrucou o ministro, desfiando o rosário do ajuste fiscal. O presidente deu de novo a palavra a Patrus. Depois de muito ouvir, disparou:

"Palocci, você vai tomar... Pelo seguinte, cada empresário que você manda aqui, que entra por essa porta, leva sozinho do BNDES ou do Banco do Brasil mais do que centenas de milhares de famílias que o Patrus está reivindicando levariam. Então, não quero nem saber. Foda-se o mercado. Patrus faz o decreto."

No dia a dia do trabalho, o presidente Lula era de brigar, xingar, explodir, mas logo isso passava. Mostrou nessas relações que não é uma pessoa de guardar mágoa, de pensar em vingança. O jeito mais explosivo, no entanto, ele reservava para aqueles com os quais tinha intimidade. Gilberto Carvalho, seu chefe de Gabinete por oito anos, era um desses.

Me lembro de Gilberto contando que o presidente estava impossível num certo dia e que já tinha mandado ele à puta que pariu três ou quatro vezes. Passava um pouquinho, Lula abria a porta dele e chamava "ô, véi, venha aqui de novo". Num dos momentos de tensão extrema, no auge das denúncias de corrupção, o chefe de gabinete disse a Lula que estava pesado demais, que iam acabar rompendo a amizade: "Eram tempos duros, e eu era o cara que levava porrada o tempo todo, falei que ia embora. Levei mais uma chamada", relembrou Gilberto:

"Vai à puta que pariu, Gilbertinho. Vai trabalhar, vai. Vou dar porrada em quem, caralho?"

O amigo Gilberto Carvalho achou que tinha chegado sua hora de sair do Palácio do Planalto quando foi ao Congresso participar de uma acareação com os irmãos de Celso Daniel, o prefeito petista morto em Santo André. Os parlamentares investigavam denúncias de corrupção na prefeitura, que teriam levado ao assassinato do prefeito – o que não foi provado.

Era o chefe de gabinete do presidente exposto por horas e horas numa CPI. Um desgaste e tanto. Nesse dia, Lula tinha viagem marcada para o final da tarde. Mas não embarcou. Ficou na sala de Gilberto Carvalho, o esperando.

"Gilbertinho, vamos tomar uma cachaça aí. Você foi bem pra caralho."

**

Era comum ouvir de vários ministros na Esplanada dos Ministérios que o presidente Lula era o cara "boa-praça" – deixava o ambiente de trabalho leve na maior parte do tempo; estourava só com os amigos mais íntimos. Extrapolava também em discursos raivosos comuns em suas andanças pelo país.

O presidente gostava de elogiar os que trabalhavam com ele, afirmando muitas vezes "esse ministro extraordinário...", mesmo que não fosse. E todos se sentiam o melhor ministro. Nunca repreendia em público, só no particular. Era o Lula agregador. Um ministro que não era da cozinha dos palácios constatou: "Com dez minutos de conversa, você se acha amigo de infância do Lula".

Mesmo quando estava chateado, o presidente era considerado uma boa companhia. Uma vez, ao fim de uma intensa agenda pública em Recife, ele pediu a Eduardo Campos, que fora seu ministro antes de ser governador de Pernambuco, um refresco:

"Estou com a cabeça quente demais hoje, precisando de uma conversa boa, Eduardo."

Campos convidou bons contadores de causos para um encontro regado a comida, bebida e música. Completavam a roda o escritor Ariano Suassuna, os políticos José Múcio Monteiro e Cássio Cunha Lima e mais alguns poucos convidados. A noite, que se estendeu até as 4h da madrugada, foi animada pelos cantores pernambucanos Petrúcio Amorim e Maciel Melo.

Lula saiu desse encontro com mais um amigo próximo: Maciel Melo depois cantou em festa de aniversário do presidente e trocou cartas com ele, quando Lula esteve preso em Curitiba, em 2018, após ser condenado pelas investigações da Operação Lava Jato. Em 2022, compôs um dos jingles da sexta campanha presidencial do petista.

Quando Eduardo Campos morreu num acidente de avião, em agosto de 2014, ele e Lula estavam em trincheiras opostas. O petista, comprometido com a reeleição da presidente Dilma Rousseff, e Campos, disputando o mesmo cargo pelo Partido Socialista Brasileiro (PSB). Naquele dia, sob o impacto da notícia, Lula disse que não tinha condições de falar com os jornalistas. Quando deu entrevista, no dia seguinte, não conteve a emoção:

"Minha relação com Eduardo Campos extrapolava a política. Éramos mais do que políticos amigos. Éramos dois companheiros, um amigo que tive prazer de conhecer ainda menino. Podíamos ter divergência, mas nossa relação de amizade estava consolidada."

Esse Lula pura emoção, conhecido também do grande público, parecia não guardar mágoas naquela época de sua vida. Foi tocante o último encontro com Duda Mendonça, poucos meses antes da morte do publicitário, em agosto de 2021 – estava tratando de um grave câncer no cérebro quando foi contaminado pelo coronavírus, e não resistiu. Os dois deixaram de se falar em 2005, quando Duda confessou na CPI do Mensalão ter recebido R$ 10,5 milhões do PT pelo caixa dois.

Em maio de 2021, quando soube que o publicitário estava em tratamento em São Paulo, Lula foi visitá-lo. Conversaram pouco, coisas do cotidiano. Mas, se alguma mágoa teve, foi dissipada ali. Ao lamentar sua morte, o petista afirmou que Duda foi um gênio da comunicação política e que seu trabalho em 2002 ficará na história "como uma das campanhas mais bonitas e sensíveis".

Esse jeito leve e solto de Lula aflorava também quando o assunto era comida. Usava o tema para demonstrar intimidade com o interlocutor ou com a região que visitava. Nos discursos citava os pratos típicos de que mais gostava ou se lembrava de uma certa iguaria que lhe foi oferecida pelo anfitrião da hora. Até brincava, dizendo que o político local estava preparando uma quentinha para ele comer no voo. Tinha também por hábito ir à cozinha agradecer às cozinheiras pela comida servida, e fez isso até na China, para susto das mulheres, que acabaram posando para fotos com o presidente brasileiro.

Nessa viagem à China, a propósito, ministros presenciaram uma cena que terminou às gargalhadas. Após discurso de Lula em um jantar na embaixada do Brasil, o parlamentar e empresário sergipano Albano Franco, que estava na comitiva, elogiou:

"O senhor falou muito bem, presidente."

"Deixa de conversa, você dormiu o tempo todo..."

O comunicador – sabedoria e deslumbramento

Para contar sua história de vida, e principalmente para exaltar os feitos de seu governo, muitas vezes com exagerado otimismo, Lula adotou o uso das metáforas – as preferidas eram sobre futebol ou casamento. Recorria a elas para mostrar como a vida dos brasileiros havia melhorado: como mais e mais brasileiros estavam matriculados na universidade, fazendo churrasquinho na laje e podendo viajar de avião. O Brasil vivia "um momento mágico", dizia. Em suas andanças, Lula aprendia com o povo e traduzia para a linguagem popular os mais difíceis assuntos.

Nem sempre a linguagem popular de Lula agradava ao interlocutor mais humilde. Certa vez, na inauguração de um conjunto habitacional do Minha Casa, Minha Vida, programa de habitação popular do governo, o presidente entrou numa casa e se deparou com uma rachadura na parede. Imediatamente pediu uma ligação para o presidente da Caixa Econômica Federal e, à vista de todos, com arrogância, deu uma de suas habituais broncas:

"Vocês têm que olhar isso, a casa está uma merda, tem que melhorar..."

Quando desligou o telefone, o dono da casa pediu licença para falar com o presidente:

"Seu Lula, eu gosto muito do senhor. Mas tenho que dizer que essa casa não é uma merda como o senhor falou. É a minha casa!"

Com o tempo e o sucesso do governo, o grande comunicador Lula começou a gostar cada vez mais de suas falas, foi alimentando uma autoconfiança às vezes exacerbada. Considerou em muitos momentos que, com índices tão altos de popularidade, tinha o passaporte para falar e fazer o que bem quisesse.

Como ocorreu em março de 2008, quando passou três dias em viagem pelo Nordeste divulgando o PAC, o Plano de Aceleração do Crescimento. Não desceu do palanque nem poupou elogios. Em Pernambuco, fez saudações efusivas a Severino Cavalcanti, que anos antes havia renunciado à presidência da Câmara, após denúncias de que recebera propina de empresários que prestavam serviços terceirizados na Casa – caso que ficou conhecido como "mensalinho do Severino".

Em Alagoas, ao avistar o senador Renan Calheiros (PMDB), disse que não aceitaria repreensão "de quem não tem moral", e destacou a ajuda de Renan e do PMDB ao seu governo. Poucos meses antes, Renan havia renunciado à presidência do Senado sob a acusação de que tinha contas pessoais pagas por empreiteiros. Era o tipo de discurso e de comportamento que poderiam ser evitados, lamentaram muitas vezes auxiliares do presidente.

Quem conviveu mais de perto com Lula ressalta suas qualidades e afirma que ele é inteligente, observador, aprende rápido e decide pela intuição. Um homem que acredita nas coisas e nas pessoas. Um político que geralmente ouve muito, analisa todas as opiniões e só então decide. Mas, depois que decide, é difícil voltar atrás. Tinha prazer em expor o lado bom das coisas. Foi assim que invariavelmente fez em seus discursos, no Brasil e no exterior.

Em sua segunda participação no Fórum Econômico Mundial de Davos (Suíça), em 2004 – quando ainda havia curiosidade sobre o que fazia um governo de esquerda no Brasil –, Lula pediu aos ministros que integravam sua comitiva que falassem muito do Brasil nas palestras e entrevistas. E que ficassem de olho nas novidades. Ao então ministro Eunício Oliveira (Comunicações) pediu que procurasse saber como adotar no Brasil a tecnologia do wi-fi, a internet sem fio que chegaria ao país só em 2008.

"Eu nem sei o que é isso, mas se tem no mundo inteiro nós temos que ter também, Eunício."

Outra questão que o inquietava naquele período era sobre a pouca projeção das empresas brasileiras no exterior. Acreditava que as multinacionais poderiam ter uma presença maior lá fora. Pode ter saído daí a obsessão dele de criar os "campeões nacionais", estratégia de investir em conglomerados nacionais para torná-los mais robustos, usando os financiamentos em condições favoráveis do BNDES. Uma política questionável, que não deu certo e levou a instituição a um gasto enorme, e desgaste político maior ainda.

Essa preocupação em agradar o setor empresarial estava presente em sua agenda diária. Recebia mais empresários do que representantes dos movimentos sociais, com a justificativa de que precisava escutar essa turma, que não era a sua, que ele precisava conhecer melhor.

Nem sempre dava certo a tática de vender uma boa imagem do Brasil no exterior. Em 2010, planejou uma estratégica viagem por países da África – Cabo Verde, Guiné Equatorial, Quênia, Tanzânia, Zâmbia e África do Sul. Tudo milimetricamente calculado para chegar a Joanesburgo para o final da Copa do Mundo, certo de que o Brasil entraria em campo. Pisou em Cabo Verde duas horas depois de o Brasil ter sido eliminado.

Mensalão e reeleição

Quase vinte anos depois do escândalo do mensalão, o mais rumoroso e devastador caso de corrupção do governo Lula, não são poucos os petistas que alimentam a ideia de que o erro se deu no rastro da autoconfiança e do deslumbramento do presidente. Não só dele, mas de todo o núcleo dirigente do PT que ascendeu ao poder.

Personagens que viveram de perto as glórias e as agruras do governo diziam, com anos de distância do estouro do mensalão, que foram as novas amizades conquistadas com o poder que desencaminharam Lula. Que ele foi seduzido pelo estilo de vida da burguesia quando assumiu o Planalto. Do terno bem cortado aos vinhos caros que passou a consumir, além de coisas sem relevância – vários interlocutores ouviram Lula repassando a lição de que ao dar entrevista para a TV não se deve cruzar as pernas e mostrar a sola do sapato, o que alguns especialistas em imagem consideram inadequado, deselegante.

Outros relatos sustentam que Lula, inebriado pelo poder, se tornou prisioneiro do círculo do empresariado, das empreiteiras.

Boa parte dos problemas que ele enfrentaria mais tarde resultava desses relacionamentos. É uma narrativa que sugere uma certa ingenuidade do presidente e dos petistas, o que não é crível para muitos.

O escândalo do mensalão começou a ganhar forma em 6 de junho de 2005. Nesse dia, o então deputado e presidente do PTB Roberto Jefferson (RJ), acuado por denúncias de pagamento de propinas a apadrinhados seus nos Correios, revelou em entrevista à jornalista Renata Lo Prete, da *Folha de S.Paulo*, como funcionava o esquema de compra de votos no Congresso pelo governo do PT. Conforme a denúncia, deputados da base aliada de Lula – PL, PP, PMDB e o próprio PTB – recebiam mesadas de R$ 30 mil para votar a favor de projetos de interesse do governo.

No comando do esquema, afirmou Jefferson, estava o poderoso ministro da Casa Civil, José Dirceu, o capitão do time, como nominado por Lula. O tesoureiro do PT, Delúbio Soares, efetuava os pagamentos aos parlamentares. E o empresário mineiro Marcos Valério de Souza, dono de agências de publicidade com fartos contratos no governo, era o operador do que passou a ser imediatamente chamado de mensalão.

"Compra de votos", "mensalão", "valerioduto", "propina", "caixa dois sustentados por empresários" passaram a ser termos dominantes no vocabulário do país. O tema virou assunto popular, como novela ou Copa do Mundo. Dirceu foi o primeiro a cair, dez dias depois da entrevista de Jefferson. Na sequência caíram Delúbio, o presidente do PT José Genoino e outros dirigentes do partido.

A primeira reação de Lula, como relatado pelo jornalista Kennedy Alencar na mesma *Folha de S.Paulo*, era a de alternar momentos de tranquilidade com outros de ira. Soltava muitos palavrões e bradava que nunca tinha dado dinheiro a ninguém e nem pedido que dessem em seu nome. Se algum petista tivesse feito algo errado, que pagasse por isso.

Nessa primeira grande crise foi ressaltado um aspecto do comportamento de Lula: o instinto de sobrevivência falando mais alto. De cara, o distanciamento, e depois a demissão de companheiros para preservar a figura do presidente e de seu governo. Não podia se apegar às amizades diante da gravidade da situação. Dois dias depois da bomba Roberto Jefferson, ele sabia que não teria como evitar a CPI que já estava pronta para ser instalada no Congresso, em tempo recorde. Precisava reagir, cortando na própria carne. Sobre Delúbio, disse que, apesar de confiar nele, sua saída da direção do PT era necessária. Mais difícil foi o arranjo para tirar José Dirceu da Casa Civil.

Na primeira tentativa, em conversa com Dirceu e Genoino, foi convencido de que a demissão do ministro seria uma "confissão de culpa". Dias depois, Jefferson voltou a atacar e disse que seria mais prudente Dirceu sair logo do governo, "para que um homem inocente, o presidente Lula", não se tornasse réu. A saída do ministro, negociada com o presidente, teve direito a uma despedida de honra em cerimônia no Planalto e a uma carta carinhosa de Lula. Dirceu foi substituído por Dilma Rousseff, então ministra de Minas e Energia.

Era só o começo do escândalo político que se arrastou por meses e meses, com a revelação diária de novos personagens e cifras milionárias que confirmavam o pagamento a parlamentares aliados, o financiamento ilegal de campanhas por meio de caixa dois e uma infinidade de troca de favores, com o uso de bens públicos, entre o governo, a classe política e empresas.

A cronologia do caso registra que um dos piores dias para Lula e para o PT foi quando Duda Mendonça declarou ter recebido cerca de R$ 11 milhões, pelo caixa dois, depositados numa conta nas Bahamas, ainda como pagamento por seus serviços em 2002. Ele chorou na CPI e petistas choraram por todo lado no Congresso e no Planalto. O clima era de estupefação naquele 11 de agosto de 2005.

No dia seguinte, ainda sem o efeito do depoimento de Duda, pesquisa indicava que quase 30% dos brasileiros defendiam o impeachment de Lula. E, se ele fosse para uma candidatura à reeleição em 2006, seria derrotado pelo tucano José Serra já no primeiro turno. Nesse mesmo dia, o presidente decidiu que daria uma satisfação ao povo na abertura de uma reunião ministerial. Não foi fácil chegar a um acordo com os companheiros sobre o que falaria. Lula não queria pedir desculpas pelo que dizia que não fez. Os petistas não admitiam o erro. Sem consenso, o presidente falou que foi "traído" por companheiros que cederam "às práticas tradicionais" da política e, sem citar nomes dos envolvidos, concluiu com um enviesado mea-culpa:

"O governo e o PT, no que erraram, devem desculpas."

O mundo se acabava na política, a crise ruía o PT, sangrava o governo, e o presidente Lula seguia com o discurso de que não sabia, de que não tinha pedido nada nem autorizado ninguém a cometer irregularidades. Entre aliados ecoava a crítica de que a vaidade de Lula, encorpada por altos índices de popularidade, o impediu de se preocupar, ver e coibir os desmandos das negociações e negociatas políticas.

Logo após o estouro do escândalo, ele chamou um de seus auxiliares de confiança e pediu que ele fosse a São Paulo com a tarefa de saber o que Delúbio Soares tinha feito. Uma cena que revela o quanto Lula se distanciou das questões do partido. Esse emissário sustenta que Lula não sabia mesmo do esquema montado por Delúbio – conseguir empréstimos para saldar dívidas das campanhas municipais de aliados bancadas pelo PT em 2004, o que foi viabilizado por Marcos Valério por meio de operações suspeitas feitas com os bancos Rural e BMG, de Minas Gerais.

Se Lula não sabia foi porque nunca quis saber. É de conhecimento de todos os dirigentes petistas que, desde a primeira campanha presidencial do PT, em 1989, ele repetia: "Parte de financiamento de campanha não quero nem saber. É um troço de vocês, se virem com isso. Eu entro com a candidatura". Era uma posição cômoda e segura para Lula enquanto não era governo. No cargo de presidente, essa postura lhe custou muito caro, até porque não parecia crível que o chefe, que comandava tudo e todos, desconhecia os métodos do PT e a prática política corriqueira para garantir apoio no Congresso.

O escândalo não dava trégua, com revelações chocantes a cada dia – de dinheiro escondido na cueca a favorecimento de empresas a filhos de Lula, demissões, cassações de mandato. Ainda em julho, o presidente apareceu sorridente em show de Gilberto Gil na festa nacional da França, na Praça da Bastilha – emocionado com os aplausos, os dois terminaram às lágrimas. Foi de lá que Lula deu entrevista a uma televisão francesa, reproduzida no programa *Fantástico*, da TV Globo. Criticou a direção do PT, que caíra dias antes, cobrou que o partido explicasse seus erros e, como num jogo de morde e assopra, disse: "PT fez o que se fazia sistematicamente no Brasil".

Outros casos de corrupção se somaram ao mensalão naquela temporada. O "mensalinho" do Severino Cavalcanti; as reuniões suspeitas do ministro Antonio Palocci com lobistas de Ribeirão Preto; e o mensalão tucano em Minas, que revelou o mesmo esquema do empresário Marcos Valério voltado para campanhas do PSDB no estado. Severino caiu, Jefferson, Dirceu e outros petistas perderam seus mandatos de deputado. Ainda assim, Lula conseguiu eleger o aliado Aldo Rebelo como novo presidente da Câmara. Palocci resistiu alguns meses, mas sairia da Fazenda em 2006 já totalmente desgastado.

Era ano de eleições e, semanas antes da saída de Palocci, pesquisas indicavam que Lula tinha mais do que o dobro das intenções de votos do seu principal adversário na disputa presidencial, o tucano Geraldo Alckmin. O mesmo que em 2022 compôs com Lula a chapa vitoriosa na sexta candidatura a presidente do petista.

Lula pegou a "onda boa" – voltava à cena o "esperto, inteligente e pragmático", como exaltavam seus aliados. No campo da oposição, o discurso o comparava ao "ladrão querendo voltar à cena do crime".

Junto com os bons números das pesquisas, Lula reforçou e renovou seu discurso dirigido às classes mais baixas, enfrentou a campanha da reeleição que teve o mensalão como mote principal e venceu pela segunda vez um nome de peso do PSDB. Na visão dos aliados, a reeleição veio para avalizar a alegada inocência de Lula.

O Lula que saiu das urnas de 2006 aparentava um pouco mais de humildade e alguma cautela. No segundo mandato, prometeu, cuidaria mais de perto da articulação política do governo e não teria nenhum ministro forte, como foram Dirceu e Palocci. Às vésperas do Natal de 2006, no café da manhã com jornalistas, que fazia em todo dezembro, já era o Lula de sempre, esbanjando bom humor e otimismo. Era impressionante como sentia "o sabor do dever cumprido".

"Estou mais maduro, mais experiente."

O escândalo do mensalão ainda era um fantasma que rondava as cabeças petistas em dezembro de 2009 quando Lula atingiu nas pesquisas a aprovação de 83% dos brasileiros, tornando-se o presidente mais popular do planeta, como constatou à época o cientista político Antonio Lavareda, que fez a comparação com outros chefes de Estado: próximos de Lula estavam Michelle Bachelet no Chile, com 70% de aprovação; e Angela Merkel na Alemanha, com 60%.

Situação que, alinhada com os bons resultados da economia, favoreceu a eleição de Dilma Rousseff como sua sucessora, em 2010. A terceira vitória seguida reafirmou entre os petistas a convicção de que eram inocentes no caso do mensalão, que apenas fizeram o que todos praticaram a vida toda. O julgamento do escândalo no Supremo Tribunal Federal provou o contrário.

Com Lula já fora do governo, mas o PT ainda no comando do país com Dilma Rousseff, o Supremo iniciou em agosto de 2012 o julgamento da famosa Ação Penal 470 após sete anos de investigação. A denúncia do Ministério Público (MP) feita pelo procurador-geral da República (PGR) Roberto Gurgel centrou sua acusação em José Dirceu, a quem denominou o "chefe da quadrilha"; José Genoino, Delúbio Soares e o empresário Marcos Valério foram denunciados por corrupção e condenados à prisão. Foram 38 pessoas denunciadas.

A fase inicial do julgamento, que durou quatro meses, confirmou as principais teses do MP: dinheiro público desviado e empréstimos fraudulentos irrigaram o esquema de compra de votos no Congresso entre 2003 e 2005, movimentando cerca de R$ 100 milhões. O ministro Joaquim Barbosa, relator do mensalão no Supremo, negou, no entanto, a prisão imediata dos condenados, como solicitado pelo PGR. Foram presos, depois de inúmeros recursos, apenas em 2013.

Ao longo dos sete anos que separaram a denúncia de Roberto Jefferson do início do julgamento no Supremo, o PT conviveu com as acusações, mas venceu no campo político. Na seara jurídica, não teve sustentação a defesa do partido de Lula de que o ocorrido fora apenas crime eleitoral. A ministra do Supremo Cármen Lúcia resumiu: "O ilícito não é normal. Acho estranho e grave que uma pessoa diga que houve caixa dois. Ora, caixa dois é crime, é uma agressão à sociedade brasileira".

A condenação era como uma tatuagem no PT; o partido que nasceu em defesa da ética na política era o primeiro no país a receber um veredito tão duro.

O julgamento do caso já era definitivo, seus companheiros de partido estavam presos, mas Lula insistia na ideia de que os petistas foram vítimas do sistema. O ex-presidente Fernando Henrique Cardoso contou um episódio ocorrido durante o enterro do líder sul-africano Nelson Mandela, em dezembro de 2013, quando a presidente Dilma e os ex-presidentes (FHC, Lula, Collor e Sarney) dividiram o mesmo voo para a África do Sul. FHC começou uma conversa sobre os problemas do sistema partidário no Brasil, ponderando que os partidos não queriam mudar e continuariam dando problemas. Sarney concordou, mas Lula, de pronto, retrucou:

"Quando acabar este negócio eu vou mostrar que não houve mensalão."

"Desisti", lembrou Fernando Henrique. "Com o Lula não adianta, ele não vai, não evolui [nesse aspecto]. O nosso sistema está podre, não no sentido de corrupção, mas de não funcionar."

Lula considera que venceu em 2006 por conta dos acertos do seu governo, "o que mais olhou para a mesa, para o prato e para o bolso do mais pobres".

Companheiras e companheiros

Dona Marisa Letícia, Gilberto Carvalho, Luiz Gushiken e José Dirceu. Os bastidores da candidatura vitoriosa de 2002 e do início do governo petista mostram que essas eram as pessoas, nessa ordem, que tinham maior proximidade e influência junto a Lula.

No dia da morte da esposa, em fevereiro de 2017, aos 66 anos, vítima de um acidente vascular cerebral, Lula se emocionou, chorou e relembrou o começo da vida dos dois, no início dos anos 1970, no salão dos Sindicato dos Metalúrgicos de São Bernardo. Casaram-se em 1974, quando ela era uma jovem viúva com um filho pequeno. Ele também viúvo. Criaram juntos quatro filhos homens. Ou melhor, ela criou, disse Lula no enterro ao recordar que nunca conseguiu cumprir a promessa de assistir ao próximo parto:

"Aqui nesse salão eu conheci a Marisa, eu me casei com a Marisa e por aqui criamos nossos filhos. Aqui ela segurou a barra para eu me transformar no que me transformei. Tenho culpas, perdi os partos. Ela criou os filhos praticamente sozinha. Foi mãe, pai, avó, tia, levava pra escola... Cuidou de tudo sozinha. E nunca reclamou."

Para os companheiros que frequentaram a casa e os gabinetes de Lula, dona Marisa era fundamental. Era a bengala, a leoa que segurava e defendia a família, que tentava compensar as ausências do pai. Sustentam que foi ela que, preocupada com o futuro depois da Presidência, pensou em reformar o triplex do Guarujá. O casal havia feito anos antes um compromisso de compra do apartamento, por meio de uma cooperativa. Antes do fim do mandato de Lula, a Construtora OAS, segundo a defesa do ex-presidente, ofereceu uma reforma no apartamento, o que teria sido tratado diretamente com a primeira-dama. A explicação de Lula é que ele não se interessou pelo imóvel, pois não teria privacidade naquela região, e o negócio não foi fechado. Nem a compra e nem a reforma oferecida pela construtora, que, conforme o executivo da OAS Léo Pinheiro disse em delação premiada, esperava em troca favorecimento no governo.

Também foi de dona Marisa a ideia de aceitar a ajuda de empresários amigos para reformar o sítio de Atibaia, de propriedade de outro amigo, o petista Jacó Bittar – local que eles já usavam como visitantes e que passariam a usar com mais frequência depois que saíssem de Brasília. Para deixar o sítio em condições de receber o casal e parte do acervo particular que levariam do Palácio da Alvorada, esses amigos, de acordo com a versão da defesa do então presidente, pediram ajuda da Odebrecht nessa reforma – a empreiteira, segundo as denúncias da Operação Lava Jato, também tinha interesse em contratos com o governo, em especial com a Petrobras.

O ex-presidente, dona Marisa e outros petistas envolvidos negaram as acusações que levaram Lula à prisão. Quando a esposa faleceu, ela e Lula já eram réus na Operação Lava Jato.

"Marisa morreu triste com a canalhice que fizeram com ela. Quero provar essa leviandade, vou continuar brigando muito para defender a sua honra."

Do chamado "grupo dos fortes com Lula" no início do governo do PT, Gilberto Carvalho (chefe de Gabinete) e Luiz Gushiken (ministro da Secretaria de Comunicação, morto em 2013) eram da cozinha do Planalto. Eram amigos do presidente. Dirceu tinha uma força surpreendente tanto no governo como no PT, mas não tinha relação de amizade com o presidente, como ele próprio disse à jornalista Ana Flor:

"Eu não sou o amigo do Lula; você nunca me viu no Alvorada fazendo caminhada com o presidente ou tomando cerveja."

Era uma clara estocada em Antonio Palocci, que foi tomando espaço no governo e nas preferências pessoais de Lula e depois o traiu. Como presidente do PT, Dirceu foi considerado o cérebro do partido e o responsável pela estratégia de ampliar as alianças que sustentou o resultado de 2002. Por muito tempo dividia com Lula, quase em situação de igualdade, os aplausos nos encontros do PT. O primeiro sinal de que podia muito, mas não tudo, ocorreu antes da posse em 2003, quando sugeriu ao presidente convidar o PMDB para o governo. Ao fazer a sugestão, nos bastidores já tinha oferecido ao partido dois ministérios. O presidente o desautorizou. Preferia atrair os partidos médios, que eram o PP, o PL e o PTB – os mesmos do esquema do mensalão.

Sempre é lembrada entre petistas e aliados "uma das ousadias de Dirceu": o presidente Lula estava em viagem à China e ele, como chefe da Casa Civil, marcou uma reunião ministerial, convocando inclusive José Alencar, que estava no exercício da Presidência. Imagine um ministro "convocar" o presidente. Não demorou a chegar aos ouvidos de Lula, que esbravejou como poucas vezes. O ato de Dirceu denotava o tamanho do seu apetite pelo poder, o que incomodava o presidente. Um outro inquilino do Palácio do Planalto definiu a situação: era como se o quarto andar do Planalto, onde fica a Casa Civil, fosse "uma entidade autônoma". Nos anos seguintes, sem cargo no Planalto e condenado, Dirceu seguiu fiel ao PT e a Lula.

Antonio Palocci foi o único que desgarrou. O médico filho de fundadores do PT, que fez elogiada carreira política no partido como dirigente, prefeito, deputado e ministro, nunca foi perdoado pelos petistas. É tratado como o traidor que, preso pela Operação Lava Jato em 2016, se ofereceu para contar podres do governo petista numa delação premiada.

No auge de sua popularidade, Palocci encantava Lula e o mercado como poderoso ministro da Fazenda. Perdeu o cargo em março de 2006 após meses de desgaste sob a suspeita de que participava de reuniões da "casa do lobby" no Lago Sul de Brasília. Sua presença nos encontros de lobistas, confirmada pelo caseiro Francenildo Santos Costa, se tornou menos grave do que o que ele fez com o funcionário da casa: quebrou seu sigilo bancário na Caixa Econômica na tentativa de provar que recebera dinheiro de políticos para incriminá-lo.

Sem cargo no governo, Palocci se elegeu deputado federal ainda em 2006, foi inocentado pelo Supremo Tribunal Federal em 2009, prestou consultorias milionárias e voltou poderoso em 2011 como ministro da Casa Civil de Dilma Rousseff. Caiu de novo, um ano depois, em meio às denúncias de enriquecimento ilícito – que alegava ser fruto das consultorias.

De Lula, o companheiro Palocci mereceu nesse período elogios e defesas. Quando começaram a vazar as primeiras informações sobre os dados fiscais do então ministro, em 2011, o ex-presidente foi a uma reunião com a bancada do PT no Senado e deu uma ordem:

"Defendam o Palocci. Quando ele saiu do Ministério da Fazenda todo mundo queria a opinião dele, porque ele era o Pelé da economia", disse, justificando as consultorias prestadas pelo companheiro.

Em 2015, Palocci entrou na mira da Operação Lava Jato, conduzida em Curitiba pelo então juiz Sergio Moro, e foi preso em dezembro de 2016. Era apenas mais um petista investigado pela operação que teve início em março de 2014 – apontada como a maior investigação do país e que revelou o mais escandaloso esquema de corrupção na Petrobras, envolvendo políticos de vários partidos e algumas das maiores empresas privadas do país. A maior delas, a Odebrecht.

Condenado a quase dez anos de prisão e com milhões de suas contas bloqueados pela Justiça, Palocci propôs o acordo de delação premiada, adiantando que Lula não apenas sabia de tudo como mantinha um "pacto de sangue" com Emílio Odebrecht, o dono do grupo empresarial. Com provas frágeis, sua proposta não evoluiu.

Ao prestar depoimento ao juiz Sergio Moro na condição de réu sob a mesma acusação de receber propina da Odebrecht, em setembro de 2017, Lula começou relembrando que gostou muito do seu ex-ministro da Fazenda e que o Brasil devia muito a ele. Ao negar suas acusações, chamou-o de métrico, calculista e frio, e disse que seu único interesse com a "delação mentirosa" era ter de volta um pouco do dinheiro que estava bloqueado:

"Eu fiquei vendo o Palocci falar. Não tenho raiva dele. Tenho pena de ele ter terminado uma carreira tão brilhante da forma como terminou."

Como Palocci e outras dezenas de políticos e empresários, Lula foi julgado e condenado. Com uma pena de doze anos de prisão por corrupção passiva e lavagem de dinheiro, foi levado em abril de 2018 para a Superintendência da Polícia Federal, em Curitiba, onde permaneceu preso por 580 dias.

A disputa presidencial de 2018 ainda estava indefinida quando Lula foi preso. Nos meses seguintes, os altos índices de intenção de votos dados ao ex-presidente alimentaram no PT e na militância a ideia de manter sua candidatura pendurada na Justiça, enquanto ele seguia preso. Uma guerra jurídica que ao final selou de vez sua condição de inelegível. O paulista Fernando Haddad assumiu o posto de candidato do PT apenas na reta final da campanha que deu a vitória para Jair Bolsonaro.

Quando, em setembro de 2019, o Supremo Tribunal Federal considerou inconstitucionais prisões com base em decisões da segunda instância da Justiça, como havia sido o caso de Lula, ele foi solto. No mesmo período também foram reveladas gravações de conversas consideradas impróprias entre o juiz Sergio Moro e procuradores do Ministério Público, lançando questionamentos sobre a Operação Lava Jato.

Um ano e quatro meses depois de sair da prisão, em março de 2021, Lula teve suas condenações na Lava Jato anuladas pelo ministro Edson Fachin (STF), por considerar que a Justiça do Paraná não tinha competência para julgar Lula nos três casos envolvidos: o triplex do Guarujá, o sítio em Atibaia e as doações da Odebrecht para o Instituto Lula. A decisão não tratou do mérito das acusações, se eram verdadeiras ou não. Não significava, juridicamente, que ele foi inocentado, mas o ex-presidente passou a ser elegível.

Ao sair da Polícia Federal em Curitiba – onde a romaria de militantes e apoiadores não cessou nos seus 580 dias de reclusão – Lula, em clima de comício, "fez desabafos, desopilou o fígado e soltou o grito apertado na garganta", disse um dos amigos presentes. A médio prazo, voltaria ao pragmatismo que o levaria a fazer "uma oposição dura a Bolsonaro, mas não com uma metralhadora giratória nas mãos", e a lançar-se como candidato a presidente pela sexta vez, em 2022. Foi quando se mostrou mais conciliador e agregador do que nunca.

Lula não teve com nenhum outro companheiro do PT a relação de um extremo a outro que teve com Antonio Palocci. Alimentou, provocou e foi responsável direto por desavenças, algumas das quais resultaram em rupturas, mas não em rompimentos definitivos. O estranhamento de Lula com seu primeiro ministro da Educação, Cristovam Buarque, é um desses casos emblemáticos. Insatisfeito com críticas que o ministro vinha fazendo, Lula decidiu substituí-lo e não pensou duas vezes em demiti-lo por telefone, quando Cristovam estava em Portugal, a caminho da Índia, onde se juntaria à comitiva da viagem presidencial ao país. Ele se distanciou de Lula e do PT, mas em 2018 declarou voto, "sem ilusões", no petista Fernando Haddad. Em 2022, votou em Lula, com a convicção de que era a garantia da democracia.

A ex-senadora e ex-ministra Marina Silva foi outra petista de peso que saiu insatisfeita do governo Lula, vítima do pragmatismo do presidente, e também rompeu com o PT. Em maio de 2008, depois de mais de cinco anos como ministra do Meio Ambiente, comunicou sua saída em carta ao presidente. Lula não gostou do formato. Marina não tinha gostado de ter sido escanteada pelo presidente no lançamento do Plano de Amazônia Sustentável (PAS).

Na eleição de 2014, Marina, como presidenciável do PSB, foi vítima de uma campanha agressiva do PT. No segundo turno, declarou voto no tucano Aécio Neves. Novamente candidata a presidente em 2018, sem citar o nome de Fernando Haddad, disse que seu voto no segundo turno foi pela democracia. Em 2022, abraçou a candidatura de Lula contra a reeleição de Jair Bolsonaro e voltou ao posto de ministra do Meio Ambiente, no terceiro mandato de Lula.

Em treze anos...

Quando fez a sucessora, em 2010, o presidente Luiz Inácio Lula da Silva não imaginou que na década seguinte viveria os anos mais duros de sua trajetória política. Em dezembro daquele ano, as pesquisas de opinião indicavam que ele tinha a aprovação de 87% dos brasileiros. Encerrava oito anos de mandato com capital político suficiente para sustentar a vitória de sua candidata Dilma Rousseff e ainda tinha sobra para se manter no olimpo.

Sobre o escândalo do mensalão, que ceifou parte importante da história e das biografias do seu partido, optou por acreditar que se tratava de um pesadelo que ficara no passado. Mais do que isso, uma "perseguição" ao PT e à esquerda, dizendo que um dia a história daria sua real dimensão.

O "petrolão" revelado a partir de 2014 mostrou de forma inequívoca que o PT era parte do sistema de corrupção instalado na Petrobras pelos partidos governistas para superfaturar contratos, achacar empreiteiras, se locupletar com empresários e desviar centenas de milhões de reais dos cofres públicos.

Antes de ser preso no rastro dessas investigações da Operação Lava Jato, Lula viu ruir, devido à má gestão econômica, parte relevante de seu legado na área social. Viu Dilma Rousseff ser apeada do poder.

Já na condição de condenado à prisão, Lula sofreu a perda da mulher Marisa Letícia, em 2017. Da cela na superintendência da Polícia Federal em Curitiba soube das mortes do irmão Vavá e do neto Arthur, de 7 anos, em 2019.

A vigília de militantes durante os 580 dias de sua prisão, os amigos, a família e uma nova paixão – Rosângela da Silva, ou Janja, com quem se casou em maio de 2022 – pareciam alimentar a persistente autoconfiança de Lula, que repetia para quem quisesse ouvir que só sairia da prisão inocentado. Ele recusou propostas de seus advogados para que se negociasse uma reclusão domiciliar. A desejada alforria veio em novembro de 2019, quando o Supremo Tribunal Federal anulou as suas condenações.

Três anos depois, voltaria ao posto máximo da República com a maior votação das eleições. Na campanha de 2022, a voz mais rouca e os cabelos cada dia mais brancos e ralos demarcavam a passagem do tempo em sua vida. Mais experiente e maleável do ponto de vista ideológico, Lula foi escolhido, ao lado do companheiro de chapa Geraldo Alckmin, por 60,3 milhões de brasileiros para guiar o país em seu momento de maior fragilidade e polarização desde a redemocratização.

À sua frente, um Brasil com mais medos e angústias, bem diferente daquele cenário de esperança que alimentou sua chegada ao Palácio do Planalto em 2003.

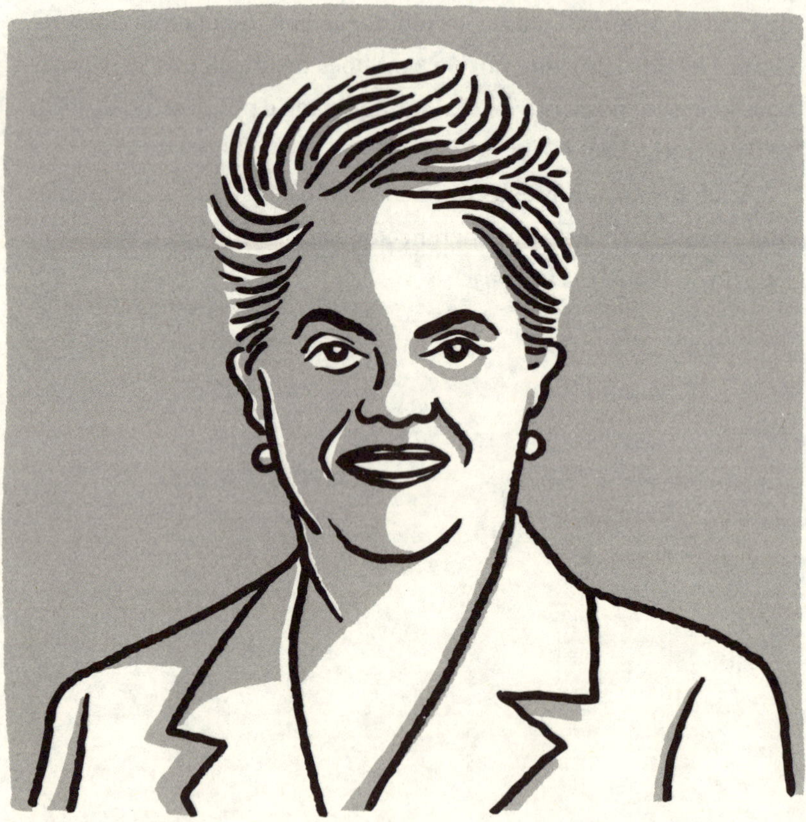

DILMA ROUSSEFF
A autossuficiente

Os começos

O ano era o de 1996. Dilma Rousseff recebia um convite para ser vice na chapa em que o PDT ia disputar a prefeitura de Porto Alegre.

"Fico lisonjeada, mas tu sabes, não tenho vocação para as urnas", respondeu ao então deputado Vieira da Cunha, que seria o cabeça da chapa.

Dilma estava errada. Quinze anos depois, aos 63 anos, em 1º de janeiro de 2011, ela subia a rampa do Palácio do Planalto. Eleita no segundo turno das eleições de 2010 ao derrotar José Serra, do PSDB, se tornou a primeira mulher eleita para a Presidência da República do Brasil.

Em sua estreia nas urnas, a força eleitoral veio de seu padrinho político, o ex-presidente Luiz Inácio Lula da Silva, que governara o Brasil em tempos de bonança econômica. Dilma foi ungida por Lula como candidata do PT depois que escândalos de corrupção em seu primeiro mandato ceifaram os projetos políticos de José Dirceu e Antonio Palocci, os dois pilares do primeiro governo petista.

Dilma foi a ministra da Casa Civil de Lula desde a queda de Dirceu do cargo, em 2005, no auge do escândalo do mensalão. Caiu nas graças do presidente por sua disciplina, dedicação e lealdade, predicados que reuniu e valorizou sobremaneira nos tempos da militância no combate à ditadura militar. Chamou também a atenção de Lula o rigor e o empenho da gestora Dilma, primeiro como ministra de Minas e Energia e depois na Casa Civil.

"Dilma é uma boa candidata para ganhar e para perder", explicava Lula a quem questionava sua escolha por alguém que nunca havia disputado eleições e que não integrara o grupo de fundadores do PT e, por isso mesmo, contava com a restrição das principais cabeças do partido.

Em conversas mais reservadas, Lula arriscava:

"Com a Dilma, eu tenho a certeza de que volto em 2014."

Lula estava errado. Confiante e vaidosa com os resultados positivos dos primeiros anos no Planalto, a presidente desejou um segundo mandato e o obteve. Em muitos momentos de sua vivência em Brasília, Dilma Rousseff fazia questão de demonstrar segurança, confiança e conhecimento a respeito dos assuntos que dominava, características que colaram nela a marca da autossuficiência, de uma pessoa que se apresentava como independente, autônoma – um comportamento controverso no meio político.

Com temperamento e estilo de governar totalmente diferentes dos de Lula, a primeira presidente brasileira foi do topo da aprovação popular à perda do mandato em menos de seis anos. Figura na História como a segunda ocupante do cargo a sofrer um processo de impeachment – 24 anos após o ocorrido com Fernando Collor de Mello e um ano e meio depois de ser reeleita.

Em toda a campanha eleitoral de 2010, Dilma foi apresentada como "a candidata do Lula". O então presidente destacava suas qualidades como gestora e prometia conversas quinzenais entre os dois para garantir que o governo dela seguiria o caminho que ele trilhara no seu. Dilma jamais reagiu a este discurso. Foi uma candidata disciplinada e obediente aos conselhos do marketing político, comandado pelo publicitário baiano João Santana, que trabalhara com Duda Mendonça na campanha vitoriosa do PT em 2002 e o substituíra na campanha da reeleição de Lula. Além de ser a escolhida de um presidente no auge de sua popularidade, era explorada a possibilidade de ser a primeira mulher a chegar ao comando do país.

**

Dilma Vana Rousseff nasceu em 14 de dezembro de 1947, em Belo Horizonte. Era a segunda de três filhos do casal Dilma Jane da Silva e Pedro Rousseff, um advogado e empresário búlgaro que migrou para o Brasil no final dos anos 1930. Uma família pequena e discreta. O irmão mais velho, Igor, não foi presente na vida pública de Dilma – no final de 2010, ele disse à jornalista Maria Lima que, no dia da posse da irmã no Planalto, estaria se preparando para ir bater às portas do INSS, em busca de sua aposentadoria, "para curtir os 8,5 mil quilômetros de praia que o Brasil tem". A irmã mais nova, Zana Lúcia, faleceu em 1976, após complicações de parto. Seu pai, com quem tinha profunda identificação, morreu em 1962. A mãe, que viveu com ela no Palácio da Alvorada, faleceu aos 95 anos, em 2019.

A militância em organizações de esquerda nos anos 1960 marcou para sempre a vida de Dilma Rousseff. Ela deixou o Colégio Sion, escola preferida pelas famílias de classe média de Belo Horizonte, aos 16 anos, e se transferiu para o antigo Colégio Estadual Central – hoje, Escola Estadual governador Milton Campos, local de grande efervescência política à época. Foi onde conheceu Fernando Pimentel, um dos seus mais leais amigos dentro do PT, com quem entrou no movimento estudantil e militou contra a ditadura, e que depois foi ministro de seu governo (Desenvolvimento, Indústria e Comércio). Ali no ensino secundário, ela se identificou com a Organização Revolucionária Marxista – Política Operária, a Polop.

Em 1967, já na Universidade Federal de Minas Gerais como estudante de Economia, passou a integrar o grupo Comando de Libertação Nacional (Colina), que defendia a luta armada em reação à ditadura. Em 1969, Dilma caiu na clandestinidade e passou a militar na organização Vanguarda Armada Revolucionária Palmares (VAR-Palmares).

Na militância, com o codinome "Vanda", conheceu "Max", o advogado Carlos Franklin Paixão de Araújo, com quem se casou em 1969 e teve sua única filha, Paula, em 1976. Antes, em 1967, Dilma casou-se com Cláudio Galeno Linhares, companheiro de luta contra a ditadura, mas a união durou pouco.

Aos 22 anos, em 16 de janeiro de 1970, Dilma foi presa pelo Departamento de Ordem Política e Social (DOPS) – o órgão de repressão e centro de tortura da ditadura militar –, em plena luz do dia, em um bar da Rua Augusta, na capital paulista, onde eventualmente militantes se encontravam. Foi torturada por 22 dias em São Paulo, Rio de Janeiro e Juiz de Fora (MG), cidades para onde foi levada para prestar depoimento.

Condenada inicialmente a seis anos de prisão, a pena foi reduzida pelo Superior Tribunal Militar, em um processo de revisão, e ela cumpriu três anos no Presídio Tiradentes, em São Paulo. Na Torre das Donzelas, como era chamada a ala feminina do presídio, Dilma e outras presas políticas estabeleceram formas de sobrevivência, para controlar, dentro de suas possibilidades limitadas, o tempo e o espaço. Assim, deixavam as celas abertas o máximo permitido, para que pudessem ir de uma à outra, ampliando seus espaços. E decidiram como ocupar o tempo: preparando a própria comida e conseguindo livros, muitos livros, e discos. "Eu conheci tango na prisão", disse Dilma em entrevista certa vez. Organização e disciplina faziam parte do cotidiano delas. Normas de comportamento que ficaram para sempre na vida de Dilma Rousseff.

A forte ligação com o pai não diminuiu em Dilma a admiração – quase silenciosa – que tinha pela mãe. Emocionada, relembrou algumas vezes do seu período detida no Presídio Tiradentes. "Minha mãe foi 100% para mim. Contratou o melhor advogado, levava as tias para me visitar. Eu saí da cadeia, e minha mãe estava lá com um fusquinha novinho para mim."

Em diferentes momentos de sua trajetória, ela falou sobre a tortura que sofreu. Em 2001, no depoimento ao Conselho de Direitos Humanos de Minas Gerais, disse: "No início, não tinha rotina. Não se distinguia se era dia ou noite. Geralmente, o básico era choque. Emagreci muito. O estresse é feroz, inimaginável. Descobri, pela primeira vez, que estava sozinha. Encarei a morte e a solidão. Marca a gente para o resto da vida".

No início de 2020, em entrevista ao site *Brasil de Fato* – publicação que teve origem em 2003 no Fórum Social Mundial de Porto Alegre –, Dilma falou sobre o quanto a dignidade humana fica frágil diante da tortura: "A dor é sempre uma ameaça de morte, quando se trata de tortura. A percepção da dor e da morte. É isso que a tortura é. E todos nós, cada um de nós, temos horror a ter dor. É isso que é a tortura, dor e morte sistematicamente. E com algo terrível, que é fazer a pessoa perder a dignidade. Esse é o componente da dor psicológica. Eles querem que você perca a dignidade, que você traia as suas convicções, que você abandone o que você pensa. Isso é, talvez, a decorrência maior da prisão".

Em maio de 2008, quando era ministra da Casa Civil e gerente do PAC – criado por Lula para turbinar obras de infraestrutura e a candidatura presidencial de Dilma –, ela foi convocada para depor no Senado. Falaria do programa e de outras suspeitas que rondavam o governo. Sugerindo que Dilma poderia faltar com a verdade no depoimento, o senador José Agripino Maia (RN), líder do DEM, começou a sessão lembrando que ela mesma dissera, em 2003, que "mentia muito, mas muito, feito louca", durante os depoimentos na prisão. Com a voz embargada num plenário totalmente silencioso, ela respondeu:

"Eu tinha 22 anos. Fiquei três anos presa e fui barbaramente torturada, senador. Qualquer pessoa que ousa dizer a verdade para interrogador compromete a vida de seus iguais. Eu me orgulho muito de ter mentido, senador. Porque mentir na tortura não é fácil. Na democracia se fala a verdade. Na tortura, quem tem coragem e dignidade fala mentira." E concluiu: "Aguentar tortura é dificílimo. Todos nós somos muito frágeis, somos humanos, temos dor. A dor é insuportável, o senhor não imagina o quanto."

A oposição se calou, governistas a aplaudiram. A estratégia dos oposicionistas era fustigar a ministra, conhecida pelo pavio curto e o jeito duro de dar ordens e fazer cobranças. De repente, ela chorou. Em público, Dilma deixou aflorar pela primeira vez as lembranças terríveis da tortura. Uma face que poucos conheciam.

Ao sair da prisão no final de 1973, dez quilos mais magra, Dilma se mudou para Porto Alegre, onde estava preso o marido Carlos Araújo, para concluir o curso de Economia na Universidade Federal do Rio Grande do Sul. Dilma e Carlos viveram juntos por cerca de trinta anos numa casa às margens do lago Guaíba e mantiveram uma bonita amizade depois da separação, no final dos anos 1990, até a morte dele em agosto de 2017. Entre o primeiro e o segundo turno das eleições presidenciais de 2010, Carlos Araújo, em entrevista aos jornalistas Maria Lima e José Guedes, do jornal *O Globo*, falou da ex-mulher com carinho e admiração. Na ocasião estava tratando de um enfisema pulmonar e contava com a companhia da ex-sogra, Dilma Jane. No ano anterior, quando Dilma iniciou o tratamento contra um câncer linfático, ele foi para Brasília e ficou dez dias ao seu lado.

Na entrevista, Carlos Araújo relembrou como se conheceram, em 1969, e como já estava apaixonado no segundo encontro: "Ela era linda, um espetáculo. [Chamou a atenção] ela ser tão jovem e tão entregue à luta política. Uma inteligência muito forte e pujante. E sua beleza". Não negou o temperamento forte da ex-mulher, mas sustentava: "Aqui em casa nunca teve esse negócio de dar murro na mesa. Nossos parâmetros não eram esses, de quem manda, quem não manda. Éramos companheiros". Quando se separaram, Dilma comprou um apartamento no mesmo bairro da casa onde viveram, para que continuassem próximos, e por causa da filha Paula.

Em 1979, quando a ditadura entrava na sua fase final, Dilma e Carlos Araújo participaram da campanha pela anistia e ajudaram a fundar o PDT no estado. Ele se elegeu deputado estadual por três vezes, ela ficou na retaguarda da política, trabalhando como economista na Assembleia e depois na gestão de Alceu Collares na prefeitura de Porto Alegre.

A trajetória de Dilma até Brasília se deu principalmente por suas habilidades técnicas. Depois de integrar em 2001 um grupo que discutia políticas para o setor energético, foi chamada para a equipe de transição de governo após a eleição de Lula, que não a conhecia. Era novata no PT, tinha se filiado ao partido apenas em 2000. Nas reuniões da equipe de transição, ela chamou a atenção do presidente eleito ao demonstrar conhecimento da área, com posições firmes; e porque "vivia com um computadorzinho na mão", diria depois o próprio Lula. Como ministra de Minas e Energia, Dilma mostrou também que era boa de briga e ganhou vários dos embates que travou com outra ministra forte, a do Meio Ambiente, Marina Silva. Foi ser a "gerente" da Casa Civil, firmando-se naquele momento com a marca de boa gestora.

Dilma já era a candidata de Lula para 2010 quando, em abril de 2009, anunciou que seria submetida ao tratamento contra o câncer. Era de um tipo agressivo, mas estava no início. Sessões de quimioterapia, perda de cabelo e uso de peruca. Surgiram dúvidas sobre a candidatura, dissipadas alguns meses depois com o veredito dos médicos. Ela própria confirmou-se como candidata, agora com uma carga emocional maior. A figura de "gerentona" do governo foi amenizada também quando se tornou avó de Gabriel, em plena campanha eleitoral.

Eleita com mais de 55 milhões de votos (56% dos votos válidos), Dilma tomou posse em clima festivo, desfilando pela Esplanada dos Ministérios ao lado da filha Paula, usando um vestido em modelo clássico de cor neutra, branco-pérola, penteado de festa e uma leve maquiagem. A filha, também discretíssima.

Nos discursos, Dilma pontuou em diversas ocasiões que consolidaria a "obra transformadora" de seu padrinho político. Suas falas foram elaboradas por ela, mas com a análise e supervisão do publicitário João Santana e dos futuros ministros Antonio Palocci (Casa Civil) e Fernando Pimentel (Desenvolvimento). Destacou o legado do antecessor e garantiu que continuaria contando com ele.

"Lula estará conosco. A distância de um cargo nada significa para um homem de tamanha grandeza e generosidade. Saberei honrar esse legado e avançar nessa obra de transformação do Brasil."

No retrospecto de sua vida pública, relembrou os anos de chumbo da ditadura para dizer que não tinha qualquer arrependimento, "tampouco ressentimento e rancor", e prestou homenagem aos companheiros que tombaram na luta contra o regime. No Jantar de gala no Itamaraty, teve uma passagem rápida pelos salões, porque queria se reunir numa área reservada com familiares e dezessete ex-companheiras de cela da Torre das Donzelas, no Presídio Tiradentes. Era o lado emotivo de Dilma, sempre contido em público. O presidente Lula, para não roubar a cena, não discursou. Mas chorou ao passar a faixa para Dilma e, em seguida, ao cair nos braços do povo, na Praça dos Três Poderes.

Dilma sabia que o fantasma de Lula iria pairar sobre seu mandato. Fosse porque ela conviveria com a comparação das duas gestões, e dos dois estilos, fosse porque ficaria no ar a ideia de que ele voltaria em 2014.

A escolha solitária de Lula

Lula é um bom ouvinte, aquele que capta diversas opiniões antes de tomar uma decisão. Com a estatura política que adquiriu como presidente, considerou que poderia decidir sozinho algumas coisas. Causava estranheza nos companheiros quando tentava impor, sem ouvir, sobre questões partidárias – era o líder maior do PT, ninguém nunca duvidou disso, mas o consenso era uma tradição da legenda. Sozinho, Lula decidiu que Dilma Rousseff seria a candidata à sua sucessão, na eleição de 2010.

Não é segredo que a maioria absoluta dos dirigentes do PT não aprovou a escolha. O que não se admite, claro, é que havia qualquer tipo de resistência ao fato de ser uma mulher. Antes de tudo, alegam, Dilma não era uma petista histórica. Outros argumentos levados a Lula: não tinha carisma, era dura demais no trato pessoal, não gostava dos políticos e não tinha experiência nas urnas. Já era tarde.

A escolha estava feita desde o final de 2006, mas o PT ainda não sabia. Depois de conquistar a reeleição naquele ano, com os petistas históricos derrubados pelo mensalão, Lula começou a mirar em Dilma. Ainda em 2007, de posse do segundo mandato, o presidente tratou de dar mais visibilidade à ministra da Casa Civil, levando-a para suas viagens de divulgação e inauguração de obras do PAC, o ambicioso programa de infraestrutura gerenciado por ela. Foi para uma plateia do Complexo do Alemão, no Rio, em março de 2008, que Lula a batizou:

"Ela é uma espécie de mãe do PAC. É ela que cobra se as coisas estão andando, ela que acompanha as obras."

Eram sinais claros de sua preferência. Só se falava disso no meio político, mas Lula não confirmava nem desmentia. Estava ainda testando. Em um final de tarde no Palácio do Planalto, lá por meados de 2008, ele anunciou sua decisão a um grupo restrito que estava em seu gabinete.

"Olha, eu vou indicar para o partido o nome de Dilma para 2010."

A reação do grupo, todos petistas, foi a pior possível. Um deles chegou a dizer que Lula não podia estar falando sério. Esse mesmo auxiliar contaria anos depois: "Ele já era tão grande nessa época que era difícil alguém contestar, apresentar alternativas". Para esse grupo, os ministros petistas Patrus Ananias, da área social, e Tarso Genro, da Educação, seriam escolhas mais naturais. Lula, porém, já estava decidido. Até ouviu o que os companheiros tinham a dizer, mas não deu margem para reabrir a questão.

Era uma escolha pessoal dele, que apostou no fato de ela ser mulher, de ter o carimbo de "boa gestora" e de não ser personagem de escândalos de corrupção. Tinha argumentos para todas as alegações do PT. Dilma não tinha vivência no PT – mas não discordava dele. Nunca havia enfrentado as urnas – mas poderia ganhar e, se vitoriosa, não criaria dificuldades para ele voltar em 2014. Falta de carisma, de simpatia e mau jeito no trato com as pessoas e com os políticos seriam corrigidos com o tempo, apostava Lula. Ele estaria ao lado dela na campanha para ajudar, orientar. No período do tratamento contra o câncer, ensinava a ela como se aproximar do povo:

"Quero que você olhe para as pessoas, porque é a partir delas que vem a força de que você precisa. Esse povo vai precisar muito de você daqui pra frente."

E, para o povo, dizia: "Orem por ela".

No segundo semestre de 2009, após o tratamento, Dilma e Lula intensificaram as articulações com os partidos aliados. As resistências, no entanto, estavam por toda parte. Ao cabo de um mês de muitas conversas, tudo que ela conquistou foi um "pré-compromisso" do PMDB. O maior partido do país queria mais do que a vaga de vice na chapa dela. Queria muitos cargos na Esplanada e, antes de tudo, queria ter segurança de que a candidatura era competitiva.

Esse sinal não demorou a surgir no cenário político. No início do ano eleitoral, ela já era mais lembrada como candidata do que o seu oponente José Serra. Lula estava em êxtase com sua ousadia de lançar um nome sem experiência eleitoral, sustentado em seu prestígio político. Depois desse primeiro momento de entusiasmo, Dilma estacionou. Pesou a falta de traquejo em campanhas políticas. Era preciso treinar mais seus discursos, eliminar falas longas e rebuscadas. Em várias ocasiões, ela refutava os conselhos, dizia que saberia como fazer. Era a Dilma autossuficiente, dona de si. Lula socorria o staff da campanha, reforçando expressamente a ela: seja mais direta, objetiva, use linguagem coloquial.

Em julho, na festa de inauguração do comitê de campanha, na presença de representantes dos dez partidos da sua coligação, Dilma demonstrou que aprendeu algumas lições. Discursou com um microfone sem fio e andou pelo palanque, como Lula fazia habitualmente. "Para tornar o discurso mais atraente", dizia Lula a ela, "conte algumas historinhas, casos sobre pessoas". Dilma fez isso, contando um diálogo supostamente travado com uma menina de 8 anos.

"Mulher pode?", perguntou a menina.

"Pode o quê?"

"Ser presidente da República."

"Pode, sim!" E, virando-se para a plateia: "E sabem o nome da menina? É Vitória!"

Repetiu essa historinha em duas cerimônias seguidas, sendo aconselhada a procurar outras. Eram as primeiras provas de fogo de Dilma.

Com popularidade na casa dos 80% àquela altura e sua presença sendo disputada por candidatos em todo o país, o presidente Lula intensificou a campanha de rua com sua candidata. Surtiu efeito: em menos de um mês, ela abriu vantagem de oito pontos porcentuais sobre José Serra. A campanha transcorreu exatamente como calculou Lula: a disputa polarizada entre Dilma e Serra.

Os primeiros gestos moldando o futuro

Logo depois da vitória, Dilma Rousseff fez uma reunião com coordenadores da campanha, os petistas Antonio Palocci, José Eduardo Dutra e Fernando Pimentel. Não convidou um representante sequer do PMDB de Michel Temer, o vice. Nem o próprio. Havia tempos o partido vinha reivindicando mais espaço nas reuniões e nos eventos públicos. Sem sucesso. Para se ter uma ideia, Temer apareceu uma única vez na propaganda eleitoral de Dilma, no segundo turno. Com a equipe de transição já sendo montada, os dirigentes do PMDB não conseguiam nem tratar da participação no processo. O partido queria também ampliar sua cota no Ministério. Se Dilma não os recebia, a pressão chegaria de outra forma, pela imprensa e por ameaças nos bastidores.

Quando finalmente conseguiu falar com a presidente eleita sobre a composição do Ministério, Michel Temer não gostou. Nem do tom e nem do desfecho inconclusivo da conversa. Enquanto com ele nada avançava, queixava-se, o então governador do Rio, Sérgio Cabral, citado como "o queridinho de Lula e Dilma", tinha suas sugestões ouvidas e acatadas – Cabral vivia seus dias de glória, ainda distante das acusações de corrupção que o levariam à prisão em

2016. Em nova reunião com Temer e José Sarney, outro cacique de peso do PMDB, Dilma chegou a dizer que o partido perderia duas pastas. "Essa conversa com ela não vai a lugar nenhum", foi o recado que chegou a Lula.

O ex-presidente, que havia dito que não seria "uma sombra" no governo dela, entrou em campo para aparar as arestas. E mudou o rumo. À medida que avançavam os acordos com os partidos aumentava a lista de ministros de Lula que seriam ministros de Dilma. Com um Ministério de 37 pastas, Dilma manteve dezesseis nomes do governo Lula, entre eles os mais emblemáticos – Guido Mantega (Fazenda), Fernando Haddad (Educação) e Nelson Jobim (Defesa). Além da volta de Palocci na Casa Civil, contra a vontade inicial dela, e de outros assessores e amigos de Lula, caso de Gilberto Carvalho.

A presidente eleita queria uma cota de um terço de mulheres na Esplanada, mas só conseguiu preencher nove pastas, com destaque para Ana de Hollanda na Cultura, Miriam Belchior no Planejamento, Maria do Rosário na pasta de Direitos Humanos e Helena Chagas na Comunicação Social. Ao final de seus mandatos tinha nomeado dezoito mulheres para o primeiro escalão do governo. Nas suas gestões, políticas importantes para as mulheres foram implementadas, como a Lei do Feminicídio, que transformou em crime hediondo o homicídio contra a mulher, quando cometido apenas por ela ser mulher; e a lei que assegurou direitos trabalhistas às trabalhadoras de serviços domésticos.

A movimentação era intensa naquele início de novembro de 2010 nos arredores da casa onde morava Dilma Rousseff, na QI 7 do Lago Sul, bairro nobre de Brasília. Entrando e saindo, políticos, assessores e auxiliares de todo tipo de serviço. Do lado de fora, na calçada, o batalhão da imprensa, sob sol e chuvas fortes, comuns na cidade nessa época do ano. Um vizinho de Dilma, seu Robério, eleitor da petista, comovido com a situação dos repórteres, fotógrafos e cinegrafistas, montou em sua garagem um comitê de imprensa improvisado: mesinhas de bar com cadeiras, jarras de água, um banheiro liberado e sinal de internet. Pronto. A imprensa não precisava mais do que isso para reportar o vaivém no centro do novo poder. Na garagem de seu Robério os jornalistas ficaram por mais de uma semana, até que Dilma decidiu se instalar na Granja do Torto, com estrutura para a imprensa trabalhar.

Apesar de negar, Lula teve muita influência na composição do novo governo, mas não impôs tudo. Os dois trataram detalhadamente do assunto na viagem que fizeram juntos a Seul (Coreia do Sul), em novembro de 2010, para a reunião do G-20 (grupo dos países desenvolvidos e em desenvolvimento). O desafio maior, em que Lula ajudou mais, foi na composição com os 10 partidos da coligação. Por fim, a primeira equipe ministerial de Dilma representava a força de Lula no seu governo. Até a cota pessoal dela foi preenchida em grande parte com nomes de Lula. Dilma queria, por exemplo, que a executiva da Petrobras Graça Foster fosse para a Casa Civil. Perdeu. Depois cogitou promovê-la a presidente da Petrobras, mas foi convencida por Lula a manter Sergio Gabrielli no posto. Nem para Nelson Barbosa, seu pupilo na economia, ela conseguiu um dos cargos que pensou para ele: Fazenda, Banco Central ou BNDES. Ele ficou como o segundo de Mantega, alçando o posto de ministro no final do segundo mandato. Das escolhas pessoais da presidente, seu amigo Fernando Pimentel era o mais representativo, no Ministério do Desenvolvimento.

A estreia de Dilma no mundo das negociações com políticos e partidos foi uma mostra de como seria em todo seu governo: relações atribuladas e marcadas por desconfiança mútua. Pouco antes da posse, com o primeiro escalão já definido, o presidente Lula fez um diagnóstico nada otimista, como escreveu o jornalista Gerson Camarotti no jornal *O Globo*: "Dilma atendeu a todos os partidos, mas deixou todo mundo insatisfeito. Para Lula, isso pode ser fonte de grande dor de cabeça para Dilma nos primeiros meses de governo".

Confirmando o prognóstico de Lula, mais problemas na relação com os aliados surgiram na distribuição de cargos relevantes do segundo escalão. Um dos embates se deu em torno da escolha do presidente de Furnas Centrais Elétricas, considerado um feudo do PMDB do Rio de Janeiro e do qual o deputado Eduardo Cunha não abria mão. Dilma, determinada e conhecedora da área, escolheu um nome técnico para o cargo, Flávio Decat. Até confirmar sua escolha, contudo, reuniões tensas, com diálogos ásperos e ameaças veladas, marcaram sua primeira trombada com Cunha, que viria a ser presidente da Câmara e seu algoz, anos depois, na condução do processo de impeachment.

A despeito de tantos descontentamentos e atropelos, um governo novo tem força, e não seria diferente com Dilma. A primeira prova disso foi a vitória de seus aliados como dirigentes do Congresso – Marco Maia (PT), com 375 votos na Câmara; e José Sarney (PMDB), com setenta votos no Senado, confirmando a folgada maioria do governo no Parlamento.

O próprio Lula foi uma das primeiras vítimas da displicência de Dilma no trato da política. Em março, a nova presidente viveria um dos momentos altos do início do seu governo durante a visita do então presidente dos Estados Unidos, Barack Obama. Evento aguardado com expectativa pela classe política, mas que não contou com a presença do ex-presidente no tradicional almoço no Itamaraty. A fofoca sobre essa ausência se estendeu por toda a semana seguinte no Planalto e no Congresso.

Os que queriam pôr panos quentes diziam que Lula não foi "para não ofuscar" a presidente na sua primeira agenda internacional. No meio-termo, os que diziam que ele tinha outro compromisso: churrasco de aniversário do filho. Outros, mais atiçados, sustentavam que Lula não gostou de ter sido convidado, como os outros ex-presidentes, pelo cerimonial do Itamaraty – e não pela presidente Dilma, pessoalmente. Ele se considerava diferente dos demais não só pela proximidade com ela como também por ter deixado o cargo meses antes. Não faltou quem lembrasse que Obama o chamou de "o cara" e "o político mais popular do mundo", em abril de 2009, durante reunião do G-20, em Londres.

Novo estilo e novas rotinas no Planalto

Em uma semana de mandato, Dilma Rousseff imprimiu novo esquema de trabalho no Palácio do Planalto – agenda cheia de audiências diárias com ministros para discutir no detalhe os projetos e metas de cada área. Saiu um líder carismático que explorou de forma eficiente seu dom para a comunicação. Entrou uma gerente, que pouco gostava de se expor e que passava horas lendo projetos e cobrando metas dos auxiliares.

Nos primeiros dias, funcionários e ministros notaram também outras diferenças em relação ao antecessor. Dilma não saía para almoçar em casa, comia por ali mesmo e quase sempre na companhia do ministro Palocci. Dispensava sugestões de solenidades e discursos. Enquanto Lula chegava a ter até três eventos públicos por dia.

Cartesiana, perfeccionista e muito mais ligada aos detalhes do que ao todo. Mandona também, era o que diziam. Nos processos de tomada de decisão, ouvia apenas o essencial das pessoas envolvidas no assunto e decidia logo, demonstrando confiança. Nas questões administrativas, o Lula presidente colhia opinião de todos os lados e muitas vezes esperava que os problemas se resolvessem com o tempo.

Dilma desenhou o formato de sua ação, criando quatro eixos de trabalho – econômico, social, cidadania e infraestrutura –, com cobranças frequentes das metas estabelecidas. Para o público externo também se mostrou uma gestora dura e atenta aos gastos públicos. A despeito de ter dito na campanha que não faria um ajuste fiscal rigoroso, na primeira reunião ministerial, em janeiro, anunciou que o tradicional corte no Orçamento da União seria para valer, e não apenas um contingenciamento temporário, como de costume. Queria ter como marca "o governo da gestão", o "fazer mais com menos". Aos olhos do mercado, surpreendeu para melhor.

O rigor e a disciplina no trato da questão pública estavam presentes no seu expediente de mais de dez horas diárias no Planalto e nas audiências frequentes com os ministros e equipes técnicas. Quando surgia um problema, ela não se contentava com respostas genéricas – queria saber o que motivou, o porquê e como resolver. Ficava irritada quando recebia como resposta o velho "porque sempre foi assim". Uma pessoa de convivência próxima com Dilma no Palácio do Planalto disse uma vez sobre o temperamento da presidente: "Ela veio ao mundo para brigar".

Todo o aprendizado como militante de esquerda definiu o estilo de Dilma nos cargos que ocupou, principalmente na Presidência. Um ministro palaciano me disse uma vez: "Ela queria que o governo funcionasse como acontecia no tempo da militância das organizações de esquerda: uma ordem dada teria que ser cumprida imediatamente. Mas no serviço público não é assim."

Com o tempo e a popularidade em alta, a presidente foi firmando esse comportamento. Não se importava com as queixas e críticas. Ela tinha dificuldades, por exemplo, para lidar com a diplomacia e não se rogava a aceitar os conselhos que vinham do Itamaraty. Os discursos preparados pela equipe para as viagens internacionais eram reescritos para neles incluir detalhes técnicos que ela considerava imprescindíveis. Eram os discursos rebuscados, às vezes incompreensíveis, que se tornaram uma de suas marcas.

Muitas vezes lhe faltava também tato político, como aconteceu em 2014, na inauguração do Porto de Mariel, em Cuba. A comitiva, formada por representantes do PT e de outros partidos da esquerda brasileira, não disfarçava a simpatia e a emoção por aquele momento de parceria com a ilha de Fidel Castro – uma parceria comercial muito criticada e contestada pelos críticos do PT.

Raul Castro já era o presidente, e Dilma, discursando ao seu lado, ignorou todo o contexto histórico. Passou longos e extenuantes minutos falando sobre as questões técnicas do porto, explicando em detalhes o calado, que é a profundidade em que cada navio está submerso na água.

Assessor especial para Assuntos Internacionais dos governos Lula e Dilma, o professor Marco Aurélio Garcia, petista histórico que a acompanhava nas viagens internacionais, era a cara da desolação: "Ela bem que podia ter esquecido de falar do calado do porto, não?!", lamentou com os colegas.

O Itamaraty vivia apreensivo, porque era claro o desinteresse da presidente pela agenda internacional, pelas viagens, declinando da maioria dos convites de outros presidentes. "O que o Brasil vai ganhar se eu for?", era a pergunta que fazia a cada viagem que lhe era sugerida. Para alguns diplomatas, Dilma "pensava pequeno" nessa área, não compreendia o papel do chefe de Estado nas relações bilaterais.

A implicância dos diplomatas com a presidente aumentou depois que, numa cerimônia de formatura do Instituto Rio Branco, a escola dos diplomatas brasileiros, ela discursou defendendo formação mais técnica para aqueles servidores. No meio do discurso, perguntou aos formandos:

"Quem aqui é engenheiro?"

Ninguém levantou a mão.

"Estão vendo, não tem. É preciso mais engenheiros no Itamaraty", fala entendida como certo desprezo dela pela diplomacia, que segue quase o mesmo padrão no mundo todo.

A chegada de Dilma ao Planalto não significava apenas uma mudança de gênero na condução do país que estava sob o governo do mesmo PT havia oito anos.

Iniciava-se um período com um novo jeito de administrar e tratar a política. Para os aliados, Lula à frente, a preocupação inevitável era: onde estaria a presidente que precisava também, além de administrar, fazer política, se relacionar com os políticos e se comunicar com o povo? Como sustentaria a governabilidade diante de crises?

A força e o incômodo da faxina ética

E a primeira crise não demorou. O homem forte do governo que chegou dizendo que queria ser apenas mais um ministro, que fugiria dos holofotes, provocou o primeiro abalo na gestão de Dilma, levando a crise para dentro do Palácio.

Antonio Palocci estava havia apenas cinco meses na Casa Civil, instalado no quarto andar do Planalto, quando os repórteres Andreza Matais e José Ernesto Credendio iniciaram a série de reportagens do jornal *Folha de S.Paulo* que o derrubaria do cargo em menos de um mês.

O Palocci que caíra do Ministério da Fazenda, em 2006, após denúncias de envolvimento com lobistas, cinco anos depois era acusado da prática de tráfico de influência e enriquecimento ilícito: em quatro anos como deputado federal (2007-2010) ele multiplicou por vinte o patrimônio de R$ 375 mil que havia declarado à Justiça Eleitoral em 2006. Chamou atenção a compra, pouco antes de assumir a Casa Civil, de um apartamento de luxo em São Paulo por R$ 6,6 milhões.

O ministro justificou que o aumento de seu patrimônio se dera a partir das consultorias prestadas enquanto era deputado. Palocci chegou a dizer que "ex-ministro vale muito no mercado". A princípio, contou com a compreensão da classe política, incluindo setores da oposição, que pediam "serenidade" nas investigações. Mesmo com uma decisão favorável do procurador-geral da República, Roberto Gurgel, que afastou suspeitas de que ele teria agido ilicitamente, vinte dias depois de iniciado o caso seu futuro político já estava selado. Teria que sair, para evitar maior desgaste para o governo.

Durante essa primeira crise, Lula se reuniu com a bancada do PT e com líderes aliados, jantou com Dilma, levou queixas dos parceiros do Congresso e reclamou de ministros. De um importante líder governista, o ex-presidente ouviu: "Ela não conversa com ninguém, não se sabe o que ela pensa. Faz tudo sozinha".

Uma atuação tão aberta de Lula precisou ser justificada por assessores palacianos: "Que ninguém se iluda. Tudo que Lula faz na política é combinado com a presidente". Ele cuidaria da política. Ela ficaria focada na gestão. No entanto, enquanto se construía essa narrativa no PT, Dilma surpreendeu: forçou a demissão de Palocci quando ele ainda negociava com Lula os termos de sua saída e, numa escolha solitária, nomeou a senadora petista Gleisi Hoffmann como nova ministra da Casa Civil.

Era noite de segunda-feira quando a senadora recebeu um enigmático recado da presidente para que ficasse de sobreaviso, pois poderia ser convocada para uma missão. Na manhã de terça-feira, Dilma conversou com Palocci, e poucas horas depois ele assinou a demissão. Sem dar tempo para contestações, a presidente anunciou a substituta. Os políticos chiaram. Diziam abertamente pelo Congresso que Dilma havia atropelado o PT e até mesmo Lula. O pouco que se soube naqueles dias sobre a preferência de Dilma foi o que ela disse ao ministro Paulo Bernardo (Comunicações), então marido de Gleisi:

"Eu gosto do discurso da loura. É uma defensora vigilante do governo", disse sobre a atuação da senadora, destacando que Gleisi era "estudiosa, dedicada e com apetite para fazer política".

Depois de formarem o primeiro casal ministerial da República, Gleisi e Paulo Bernardo se separaram. Ele se distanciou da política. Ela assumiu o cargo de presidente nacional do PT em 2017.

A queda de Palocci da Casa Civil foi só o início de uma onda de demissões que no primeiro ano de mandato de Dilma varreria seis ministros, no que ficou conhecido como "faxina ética". O ministro dos Transportes, Alfredo Nascimento, do PR, um dos partidos fortes da base governista, foi o próximo a cair, após denúncias de superfaturamento e cobrança de propina no Departamento Nacional de Infraestrutura em Transporte (Dnit). Na sequência, ministros do PMDB, PP e PDT foram atingidos pela onda sob acusação de irregularidades semelhantes.

A limpeza em setores da administração pública contaminados por esquemas de corrupção traria resultados favoráveis para a presidente, que começou a registrar crescente popularidade no período. Credita-se a essa fase de sua gestão ela ter terminado o primeiro mandato com inéditos 59% de aprovação popular, índice que nem Lula tinha alcançado – no meio do mandato, depois da faxina ética, Dilma teve aprovação de mais de 70%.

No meio político, contudo, a tal faxina foi motivo de crises e reprovação ao modo de governar e ao temperamento da presidente. As demissões deixaram em pé de guerra os dirigentes dos partidos aliados e incomodaram os petistas mais próximos a Lula, pois enxergavam nesse movimento a ideia de que o ex--presidente tinha sido leniente com a corrupção. Além de insatisfeitos com a pecha de corruptos, os partidos conviviam com disputas internas que dificultavam o bom relacionamento com o governo. Era preocupante a crise interna do PMDB, diante do crescimento do deputado Eduardo Cunha em oposição ao vice Michel Temer.

Neste ambiente conflituoso, Lula vivia em constante estado de alerta, aparando arestas entre aliados e acalmando petistas raivosos. Ministros fugiam de audiências com a presidente. No final de 2011, em uma dessas reuniões políticas, Lula disse sobre o comportamento de Dilma naquele momento:

"A Dilma é igual ao Pelé. Pelé quando entrava em campo, se precisasse fazer gol de cabeça, fazia. Gol de bicicleta, fazia. Mas Pelé nunca foi bom técnico. A Dilma fazia tudo o que era necessário, mas, como o Pelé, não tem capacidade de liderar uma equipe."

A contragosto, pois estava encantada com a aprovação popular, a presidente foi instada a sinalizar para a base aliada no Congresso com um basta nas demissões. Em público, rejeitou o termo faxina e a ideia de que auxiliares seriam "jogado aos leões":

"Essa pauta de demissões não é adequada para um governo. Não se faz escala de demissões, demissão todos os dias. Essa pauta eu não vou jamais assumir. Se combate o malfeito, mas não se faz disso [faxina] meta de meu governo. Faxina no meu governo é contra a pobreza."

A presidente acalmou em certa dose os aliados, mas manteve o discurso de combate aos desvios e à corrupção, que ela chamava de "malfeitos", o que era largamente criticado por seus adversários. O efeito nas pesquisas foi claro, com um dado curioso: 62% consideravam o governo bom ou ótimo, mas um percentual maior, 77%, aprovava diretamente o estilo, o jeito dela de governar, sendo mais gerencial e refratário às negociações políticas com o Congresso. A economia nos trilhos e o desemprego em baixa ajudavam a melhorar a popularidade do governo e da presidente.

Com esse capital político, Dilma se sentiu segura para manter seu modo de governar. Vez ou outra fazia pequenos agrados à classe política. As pesquisas continuaram dando a ela altíssimos índices de aprovação, permitindo que a presidente entrasse o ano de 2013 com sua candidatura à reeleição consolidada. Só restava a Lula e ao PT trabalhar por ela.

Uma outra face

A solidão acompanhou Dilma na maior parte dos seus dias no Palácio da Alvorada. Mãe de filha única que morava a mais de 2.100 quilômetros de Brasília, em Porto Alegre, ela contava com a presença em casa da mãe Dilma Jane e da tia Arilda. Os horários impostos pela agenda presidencial dificultavam uma convivência mais próxima. A solidão, no entanto, não parecia um estado que incomodava a presidente.

Certa vez, ao receber um pequeno grupo de jornalistas para um café no Alvorada, uma das convidadas perguntou se ela não se sentia muito sozinha naquele palácio gigante, se a solidão era um problema. Respondeu de pronto, fechando o casaquinho com as duas mãos em frente ao peito:

"Não me incomoda. Eu pego meu livro, e pronto."

Em outra ocasião, a jornalista Tânia Monteiro, que cobriu por décadas vários presidentes da República em Brasília, teve a oportunidade de passar algumas horas com a presidente em um fim de semana e observou o quão isolado pode viver um chefe de Estado. Por mais de três horas, Dilma não recebeu uma visita, ou um chamado ao telefone. Vez por outra ela perguntava a um auxiliar que estava por perto se havia qualquer recado. E tinha a negativa como resposta. O que também parecia não lhe incomodar.

A experiência de Tânia nesse dia com a presidente é uma mostra de que a Dilma impaciente e grosseira, sua maior fama em Brasília, podia também ser cordial, leve. Era junho de 2015, e a jornalista e o fotógrafo Dida Sampaio estavam havia dias madrugando na porta do Palácio da Alvorada, com uma bicicleta acoplada ao carro, para tentar abordar a presidente nas suas pedaladas matinais. Até que conseguiram. Quando viu Tânia de longe, Dilma a chamou para pedalar ao seu lado.

Depois das amabilidades iniciais, Tânia tentou fazer algumas perguntas, sem sucesso, como reportou no jornal *O Estado de S.*

Paulo. Descontraída e bem-humorada, a presidente convidou a jornalista para o café da manhã, quando falaram de amenidades, dos cuidados dispensados às mães idosas, de livros, filmes e dietas. "Foi realmente impressionante. Estávamos sozinhas, só eu e ela praticamente o tempo todo, nessas três horas", relembrou a jornalista.

Dilma aplicava no mundo particular o mesmo rigor que deixava transparecer em seus atos públicos. Se tinha que andar 45 minutos de bicicleta, faria os 45 minutos de qualquer jeito, nem que fosse dando voltas em torno de uma árvore. Se tinha que fazer ginástica, ia fazer até o fim. Tudo rigorosamente cronometrado, não importando se era segunda-feira ou feriado. Essa disciplina foi também percebida por auxiliares e jornalistas quando ela fez uma rigorosa dieta, na virada de 2014 para 2015, e perdeu quinze quilos. Na ocasião, sempre que as repórteres comentavam sobre sua silhueta, ela dava a receita:

"A gente faz duas coisas: fecha um pouquinho a boca e faz também um pouquinho de ginástica. Mas tem que ter disciplina."

Desde que promoveu mudanças no visual, para a campanha de 2010 – novo corte de cabelo, lentes de contato no lugar dos óculos, uma leve cirurgia plástica no rosto e um guarda-roupa mais moderno – Dilma se mostrava mais vaidosa. Poucos meses depois da posse, em março de 2011, ela estava preocupada com a balança, como revelou no jantar que reuniu no Palácio da Alvorada cineastas e jornalistas brasileiras:

"Ganhei mais alguns quilos depois da posse. Preciso voltar a caminhar."

Aquela noite, com 29 cineastas e seis jornalistas, foi pensada por Dilma naquele início de governo como forma de destacar e valorizar a presença da mulher em diversos segmentos da sociedade. Foram horas de descontração e conversas animadas. Muito se falou de Cultura, da necessidade de ampliar as políticas para o setor. Em nenhum momento, sobre questões de governo. Dilma queria falar era do empoderamento feminino, expressão que não usou, mas que estava em alta desde sua eleição.

"A eleição de uma mulher para a Presidência não é uma coisa trivial num país. É uma mudança importante. As mulheres precisam estar à frente das questões sociais, porque a sensibilidade feminina ajuda a superar as deficiências", disse.

Atrizes, diretoras e roteiristas sacaram seus celulares para fazerem registros pessoais do encontro. Entre uma sessão e outra de fotos, ao lado de celebridades como Tizuka Yamasaki, Anna Muylaert, Glória Pires e Patrícia Pillar, a presidente levou pequenos grupos para conhecer o seu local preferido no Alvorada: a biblioteca. Foram horas de uma Dilma bem-humorada e descontraída, que em nenhum momento demonstrou impaciência ou pressa em encerrar o encontro.

Essa, porém, não era a Dilma Rousseff do dia a dia no Palácio do Planalto. Em momentos de tensão ou irritação, ela dava broncas, muitas públicas, em ministros, assessores e funcionários administrativos. Era impaciente, rigorosa na cobrança e grosseira muitas vezes. Um ministro resumiu assim: "Dilma gosta que as pessoas sintam medo dela".

Anderson Dorneles foi seu secretário particular no Palácio do Planalto – cuidava do telefone, dos e-mails, e sabia de todos os gostos e preferências pessoais da presidente. Era considerado a pessoa que mais ouvia desaforos da presidente, mas manteve-se leal até o fim. Certa vez, quando Anderson estava de licença, com o pé quebrado, uma funcionária colocada em seu lugar ficou assustada logo no primeiro dia.

"Me traz uma água", disse Dilma, secamente.

"Como a senhora quer? Com gelo?"

"Telefona pro Anderson e pergunta", respondeu, aos gritos.

Dilma era impaciente com soluções complicadas ou que não chegavam rapidamente. Sua reação se transformava em falta de respeito com o interlocutor, e não foi apenas um ministro que saiu do seu gabinete chorando.

O tenente-brigadeiro Joseli Parente Camelo, piloto do avião presidencial durante os oito anos de Lula e no primeiro mandato de Dilma, coleciona algumas histórias sobre a impaciência da presidente. Durante uma viagem de helicóptero em Brasília, o comandante Joseli apontou:

"Presidente, olha ali, é a minha casa..."

"Mas você não mora no Park Way [um bairro nos arredores do Aeroporto]?"

"Não, agora moro aqui. Como agora sou quatro estrelas [na hierarquia da Aeronáutica], tenho direito a uma casa funcional."

"Mas, se você tem uma casa própria, não pode morar em outra, do governo."

"É a lei. Sou quatro estrelas, tenho direito..."

"Vamos mudar isso."

"Agora que chegou a minha vez, não, presidente."

Joseli era do tipo tolerante, que ouvia alguns gritos sem retrucar, e com o tempo foi aprendendo a lidar com a presidente. Em outro voo de helicóptero, Dilma o abordou:

"Este helicóptero está torto, não está, Joseli?"

"Não, está normal. Presidente, te mostrei meu relógio novo, olha aqui. Ele tem vários recursos", emendou o comandante, conseguindo distrair Dilma.

No auge da crise aérea no país, entre 2006 e 2007, quando diariamente eram registrados atrasos em centenas de voo, o comandante da Aeronáutica, Luiz Carlos Bueno, estava em permanente contato com Dilma, então ministra-chefe da Casa Civil. De dentro do gabinete, funcionários presenciaram, pelo viva-voz do telefone, o seguinte diálogo entre os dois:

"Comandante, o Brasil está parado com esta crise aérea!!! Cadê as providências??"

"Mas, ministra..."

"Nada de *mas*. Quero uma resposta imediata", disse ela, numa péssima ligação pelo celular.

"Hein?!", perguntou Bueno. E emendou: "Vou pra casa e ligo para a senhora de um telefone fixo..."

"Nada de ir pra casa, Comandante. O Brasil está parado... São cinco horas da tarde de sexta-feira!"

"É que estou na rua, está chovendo, e lá dentro de casa não pega o celular. Ligo já para a senhora, do fixo..."

Enquanto isso, assessores que ouviram o diálogo ficaram a imaginar a cena do comandante levando uma tremenda bronca, debaixo de chuva, na porta de casa.

Como ministra, Dilma já era rigorosa, mas quando assumiu a Presidência ficou mais em evidência seu estilo autoritário. Não aceitava discordâncias. Quando ouvia um *por quê?*, respondia: "porque eu quero assim. E não será de outro jeito porque não quero...".

Um ministro de convivência próxima com Dilma arriscou um palpite sobre seu comportamento: "A principal marca dela no período da militância foi a de cumprir e exigir o cumprimento vertical da ordem dada. Ela não aceita debater. Como na militância precisou ser muito rigorosa para ser aceita, uma vez que vinha de classe média alta, Dilma foi mais rigorosa com ela mesma".

A maior parte do tempo no trabalho era de tensão, mas Dilma sabia também desanuviar o clima com os interlocutores mais frequentes. Para alguns, as grosserias eram logo reparadas com um abraço ou o "beijinho no coração", expressão que usava ao final de uma conversa não tão amena. A outros, dispensava apelidos carinhosos, como "Jaquito" para o ministro Jaques Wagner, ou "Idé, Idé" para a ministra Ideli Salvatti.

Senadora por Tocantins e ministra da Agricultura de Dilma por pouco mais de um ano, no segundo mandato, a pecuarista Kátia Abreu se tornou uma amiga da presidente. Causou espanto na classe política o estreito relacionamento entre as duas ainda em 2012, quando Kátia era presidente da Confederação Nacional da Agricultura (CNA) – até então, ela era uma crítica do PT e adversária ferrenha de Lula. Antes de se tornar ministra, Kátia disse que tinha uma "relação de cumplicidade com Dilma, construída com sinceridade, franqueza e sem exageros". A senadora se manteve leal a Dilma até o último dia, figurando no julgamento final do impeachment no Senado como uma de suas maiores defensoras.

Kátia e Dilma têm semelhanças: gostam de mandar. Para a senadora, uma das virtudes do governo de Dilma era ouvir o contraditório. E uma das maiores virtudes da presidente, o respeito pelas mulheres de sua equipe, a solidariedade na doença, o carinho com as ministras – em especial àquelas que foram suas companheiras de luta contra a ditadura, como Eleonora Menicucci, ministra da Secretaria de Políticas para Mulheres durante seu governo.

Quem passava mais tempo com Dilma e frequentava o Palácio da Alvorada nos fins de semana afirma: ela é boa de garfo. De tempos em tempos, cismava com um prato e o repetia à exaustão. Uma mulher de fases, brincavam seus auxiliares.

Logo no começo do primeiro mandato, Dilma nos convidou, eu e Silvia Faria, para um café no Planalto. Simpática e feliz com a conquista, Dilma falava efusivamente de seus planos, comendo de forma compulsiva cubos de queijo *grana padano*. A tigela inteira foi consumida em minutos, com goles de café. Em outro momento, estava com mania de guisado, nome dado à carne moída no Rio Grande do Sul. Dilma passou mais de quinze dias comendo apenas carne moída refogada. Houve outro período em que só queria comer *polpetone*, o bolinho de carne moída bovina e suína com molho de tomate. Tinha um fornecedor certo em Brasília e outro em São Paulo. Depois de uma temporada de fidelidade ao prato, Dilma mudava, sem recaídas.

João Santana, o responsável pelo marketing político de sua campanha e de seu governo, sabia como despertar o modo mais gentil de Dilma: falar de arte, literatura, cultura em geral. Ele fez com que ela abandonasse um pouco os números nos discursos, incentivando-a a adotar falas mais suaves, o que ela raramente fazia. Apesar de ser durona na maior parte do tempo, existia a Dilma leve e sorridente, tanto que não era apenas Lula que a chamava de Dilminha. Sobre a fama de durona, algumas vezes a presidente retrucou, salientando o machismo na política: "Nunca vi ninguém acusando um homem público de ser durão".

O fantasma do mensalão, Lava Jato e reeleição

Dilma começou a metade final do seu mandato diante do mundo real da política: se queria mesmo ser candidata à reeleição, como já havia mandado avisar a Lula, teria que começar a pavimentar ela própria seu caminho político. Até porque o ex-presidente, embora não admitisse publicamente, ainda era considerado no PT e entre partidos aliados uma real possibilidade para 2014.

Forçada a fazer política, Dilma marcou reuniões e conversas com os aliados, em especial com aqueles expelidos no primeiro ano de seu mandato pela "faxina ética". Precisava reabilitá-los, ou não os teria no palanque da reeleição.

Estava também empenhada em mudar sua fria relação com o vice Michel Temer, pois já tinha entendido que sem o PMDB não iria a lugar nenhum. A ideia era fortalecer e prestigiar Temer – o que não se percebeu naquele momento foi o crescimento do deputado Eduardo Cunha, que, como presidente da Câmara, seria o principal arquiteto da queda de Dilma.

O ano de 2013 estava apenas começando no ato de pré-lançamento da recandidatura de Dilma, em fevereiro, na festa do PT para comemorar dez anos da chegada do partido ao Planalto. Na economia, notícias ruins dominavam a pauta, com crescimento econômico em queda, desemprego em alta e inflação fugindo do controle. Em junho, começaram as "Jornadas de 2013", as icônicas manifestações populares iniciadas contra o aumento de 20 centavos na tarifa do transporte público em São Paulo, que tomaram conta do país como um rastilho de pólvora, num movimento de insatisfação com a economia, com o poder público, com os políticos e com os partidos.

No auge dos protestos, em um dos dias mais tensos, 23 de junho de 2013, a presidente passou horas em seu gabinete matutando, conversando. Estava com poucas pessoas ao seu redor, entre elas as ministras Helena Chagas e Gleisi Hoffmann, e Giles Azevedo, seu chefe de Gabinete. Ela estava especialmente nervosa e, como fazia nessas ocasiões, fumava uma cigarrilha. Às vezes até um charuto.

Dilma Rousseff já tinha sentido o primeiro gosto amargo da impopularidade no final de maio ao ser vaiada no Estádio Mané Garrincha, em Brasília, onde foi prestigiar a abertura da Copa das Confederações. As pesquisas já indicavam o mau humor da população que se veria nos protestos de ruas, liderados inicialmente por jovens estudantes e agregando a cada dia uma massa maior de brasileiros insatisfeitos.

A presidente se isolou nos palácios e demorou a reagir à ebulição das ruas, sendo criticada pela falta de diálogo, pela insistência em manter o estilo do "eu resolvo, eu faço sozinha". No pior momento da crise, Lula e Gilberto Carvalho entraram em cena e a orientaram a falar com a população. Em pronunciamento à Nação, prometeu "ouvir a voz das ruas" e abrir sua agenda para reuniões com movimentos sociais, prefeitos e governadores. Os protestos demoraram a perder força, e foram se naturalizando à medida que se consolidava a percepção de insatisfação geral com o sistema e com os métodos da política tradicional.

Foi novamente em uma festa de aniversário do PT, em fevereiro de 2014, que a presidente Dilma teve sua candidatura à reeleição lançada. Com um detalhe simbólico: sem a presença do ex-presidente Lula, que estava em viagem aos Estados Unidos. Ele ainda era incensado a disputar a eleição.

Com a situação econômica já grave, a Operação Lava Jato entrou em cena a partir de março, amplificando a instabilidade política – a operação conduzida pelo juiz paranaense Sergio Moro começou investigando um intrincado esquema de lavagem e desvio de dinheiro público, envolvendo a Petrobras, empreiteiras e políticos; uma das investigações era sobre irregularidades na compra pela Petrobras da refinaria de Pasadena, no Texas (EUA), em 2006, quando Dilma era ministra de Minas e Energia. Não houve, contudo, acusação contra ela. O nome da operação remetia a uma investigação inicial que envolvia o lava a jato de um posto de combustível em Brasília.

Neste ambiente conflagrado, Lula, atiçado por todos os lados, fez em maio de 2014 uma reunião com um pequeno grupo de políticos aliados, em um hotel de São Paulo. Disse que, se o projeto político do PT estivesse em risco, ele voltaria como candidato, iria se impor para a presidente. Recuou. Como tinha recuado anteriormente, quando Dilma mandou recados de que ela seria candidata à reeleição. "Ela não teve a coragem de me falar pessoalmente isso, mandou dizer", lamentou um chateado Lula à época. Já em 2014, sem lamentos, Lula decidiu encerrar o movimento "volta, Lula" por considerar que era legítimo o desejo de Dilma de querer a reeleição.

Em pleno ano de campanha eleitoral, a Operação Lava Jato avançou na investigação sobre corrupção praticada por diretores da Petrobras alinhados com os partidos de sustentação ao governo. O estrago foi enorme já em 2014, mas não o bastante para impedir a reeleição de Dilma, que venceu o mineiro Aécio Neves (PSDB) no segundo turno. A vitória aflorou nela a autossuficiência: iria conduzir o governo do seu jeito, com as suas decisões solitárias.

Sobre o impacto das investigações da Lava Jato, disse:

"Não é uma crise. É uma investigação sobre corrupção. E o Brasil está maduro para fazer um pacto contra a corrupção."

A economia cada dia mais desarranjada lhe impôs a realidade, levada por Lula, que a aconselhou a acelerar as nomeações da equipe econômica do novo mandato, para dar boas sinalizações ao mercado e tentar esvaziar o noticiário sobre corrupção. Ele sugeriu três nomes para o Ministério da Fazenda: Luiz Carlos Trabuco, que era executivo do Bradesco, Henrique Meirelles e Nelson Barbosa. Dilma escolheu Joaquim Levy – ele e sua rigorosa política fiscal foram o melhor sinal para o mercado, e o pior para o PT. Não durou um ano no cargo. Ainda no início de 2015, setores do PT criticavam Levy, reverberando o que dizia Lula internamente. A presidente se irritou, e Lula, em mais um movimento "avança e recua", tentou segurar os petistas: "Não dá para o PT fazer papel de governo e de oposição ao mesmo tempo".

Pouco adiantou. O clima de crise política e econômica era permanente. Em julho de 2015, Lula desembarcou em Brasília, chamou alguns ministros, entre eles Jaques Wagner (Defesa) e Aloizio Mercadante (Casa Civil), e foram almoçar com Dilma no Palácio da Alvorada. Foram mais de quatro horas de análise de conjuntura, alternativas possíveis e, ao fim, o conselho de sempre para tirar sua afilhada política das cordas: que ela retomasse de imediato o diálogo com os partidos políticos, com os movimentos sociais e com o empresariado; que viajasse pelo país. Lula tinha noção da gravidade da crise, mas a Lava Jato para ele, até aquele momento, era "um assunto das instituições envolvidas, e não do governo".

Lula participou da campanha, da comemoração, e deu palpites sobre a formação do novo governo, mas a harmonia entre ele e Dilma já não era a mesma. Os dois passaram a divergir, em discussões ásperas no Palácio da Alvorada e também por telefonemas, sobre a condução da economia e sobre a atuação dos órgãos de investigação do governo. No final de 2015, as pesquisas já atestavam queda na popularidade da presidente. Mais uma vez, os dois discordavam sobre a motivação. Para Lula, era o desempenho da economia comandada por Levy. Para Dilma, a raiz dos problemas estava nos casos de corrupção descobertos pela Lava Jato. Os dois estavam certos.

A política econômica do governo Dilma, batizada de Nova Matriz Econômica, que vigorou entre 2011 e 2014 e era executada por Guido Mantega, é apontada comumente como a principal responsável pela crise aguda na economia brasileira em 2014, que acabou levando ao seu impeachment. Era baseada em medidas de forte intervenção estatal para tentar estimular o consumo e controlar os preços, especialmente dos combustíveis, resultando em descumprimento, ainda que parcial, do Tripé Macroeconômico que vigorava desde o governo de Fernando Henrique Cardoso: câmbio flutuante, metas de inflação e meta fiscal.

A substituição de Mantega pelo ortodoxo Joaquim Levy, no segundo mandato, deu um pequeno fôlego ao governo. Sua proposta de ajuste fiscal rigoroso agradava menos ao PT que à presidente. Ele era bombardeado frequentemente pelo partido. O PT não gostava de Levy, e ele não gostava do PT. O próprio Lula sugeriu em diversas ocasiões a substituição do ministro, que acabou pedindo demissão no final de dezembro de 2015, sendo substituído por Nelson Barbosa – mais amigo de Dilma que do mercado financeiro.

Quando Lula e petistas de todas as tendências criticavam Joaquim Levy e pediam sua demissão, a presidente Dilma partia para a ofensiva, atribuindo o agravamento da crise à Operação Lava Jato, e não à sua política econômica; e dizendo que as investigações nada tinham contra ela ou contra o governo dela. Os petistas não gostaram, Lula se zangou e os dois tiveram mais uma ácida conversa por telefone.

Depois, assessores do Planalto tentavam explicar as falas de Dilma: "Lula vestiu a carapuça. Era para o [Eduardo] Cunha". Assim, nesse clima azedo, os dois terminaram o ano, sendo surpreendidos no início de 2016 com mais uma fase da Operação Lava Jato, que mirava desta vez o ex-presidente, levando-o à prisão dois anos depois.

Enquanto as investigações avançavam contra Lula, Dilma teve oportunidade de provar sua lealdade: ofereceu ao ex-presidente o cargo de ministro da Casa Civil, como forma de garantir a ele foro privilegiado no Supremo Tribunal Federal, o que o permitiria fugir da alçada de Sergio Moro. Manobra impedida pelo STF. Foi de um diálogo por telefone entre os dois – gravado, editado e vazado pelo juiz da Lava Jato – que a expressão "tchau, querida" ganhou as manifestações de ruas a favor do impeachment e figurou nas frases de parlamentares durante o julgamento de Dilma no Congresso.

O ambiente já era de guerra e ganhou um novo complicador a partir da disputa interna do PMDB, que levou ao rompimento do presidente da Câmara, Eduardo Cunha, com o governo. A presidente Dilma, diferentemente de outras vezes, bem que se esforçou para promover um entendimento com o conjunto do PMDB, mas todas as tentativas fracassaram. A oposição se juntou ao partido do vice Michel Temer e a chamada "pauta bomba", com propostas que comprometiam as contas públicas e desgastavam ainda mais a presidente, foi aprovada no Congresso, a galope.

"Teimosa, mas poucos são tão bem-intencionados como ela. O erro de avaliação foi subestimar o Eduardo Cunha", avaliou tempos depois o senador Eduardo Braga, o ex-ministro de Dilma que com ela desenvolveu uma boa relação, mas acabou votando a favor do impeachment.

Ele e outros ex-aliados se ampararam na justificativa de que o que derrubou Dilma foram a crise econômica, o desemprego e seu distanciamento da política. Argumento mais palpável e convincente que as chamadas "pedaladas fiscais" – as manobras nas contas públicas feitas por todos os governos e que figuraram como o crime de responsabilidade que justificou o pedido de impeachment.

Em 22 de setembro de 2022, por determinação do Ministério Público Federal, foi arquivado o inquérito civil que apurava supostas irregularidades nas operações de crédito entre o Tesouro Nacional e bancos públicos (as pedaladas fiscais). O Ministério Público considerou que não houve "comprovação de improbidade administrativa ou crime" e que os agentes públicos "apenas procederam em conformidade com as práticas do Ministério do Planejamento". Foram inocentados, então, Dilma Rousseff, Guido Mantega e o então secretário do Tesouro, Arno Augustin.

Dilma × Dilma

O primeiro semestre de 2016 reunia pelo menos quatro elementos que estimularam o processo de impeachment concluído em 31 de agosto: crise política; perda da base parlamentar pelo governo; crise econômica (com a economia estagnada e o desemprego de 12 milhões de pessoas); denúncias de corrupção da Operação Lava Jato. E, por tudo isso, o apoio da sociedade ao pedido de cassação do mandato da presidente. Ou, como a própria Dilma concluiu sobre o motivo de sua punição, na defesa que fez no Senado: "Pelo conjunto da obra".

Nas reuniões internas do PT naquele período, uma reflexão era permanente: "Como chegamos a este ponto?". Na derradeira tentativa de reverter a situação, o ex-presidente Lula disse que nunca pensou que viveria aquele momento. O desabafo foi compreendido em dois aspectos: o primeiro é que o PT, que apresentou mais de cinquenta pedidos de impeachment de outros presidentes, prova do seu veneno; o segundo é que ele nunca imaginara que a pupila que escolhera em 2007 iria "jogar pela janela" o projeto petista de poder.

Quando escolheu Dilma como sua sucessora, Lula foi considerado por alguns um gênio da política. Ele havia encontrado uma pessoa que era, ao mesmo tempo, uma novidade, com reconhecida competência técnica, e, sobretudo, alguém que tinha passado pelos anos recentes de escândalos de corrupção imune a qualquer denúncia. Antes mesmo da queda da presidente, a escolha já era considerada por companheiros petistas um dos grandes erros de Lula na política. O maior deles foi não brigar para impedir que ela fosse para a reeleição, quando ele poderia ser o nome com mais condições de agregar a classe política no tensionado ano de 2014.

Os aliados políticos do governo Dilma eram unânimes ao apontar o momento em que a presidente cavara sua própria cova: desafiou a força de Eduardo Cunha na Câmara ao lançar o petista Arlindo Chinaglia para disputar com o peemedebista a presidência da Casa. Cunha, àquela altura poderoso no plenário, fez o que mais sabia fazer, chantagem política: cobrou do PT apoio para evitar um processo contra ele no Conselho de Ética por quebra de decoro. Não obteve esse apoio e revidou, acolhendo um dentre os mais de quarenta pedidos de impeachment.

Naquele momento, Dilma tinha certeza de que conseguiria barrar a abertura do processo. "Um governo que não tem 172 votos na Câmara [para rejeitar o pedido] não tem mesmo como governar", diziam ministros e líderes, certos de que a proposta não avançaria. Avançou. No Senado, com 28 votos reverteria a situação, mas Dilma recebeu apenas 22. Era resultado, em grande parte, do temperamento da presidente, falou-se à época. Um exemplo é que seis ex-ministros de seu governo votaram contra ela no plenário do Senado. Cada um tinha uma queixa, ou muitas, a fazer da ex-chefe. Oitenta e cinco por cento dos votos a favor do impeachment foram por causa do comportamento dela, calculavam os petistas que passaram dias tentando arregimentar apoios.

A presidente que chegou a bater 80% de aprovação no primeiro ano de mandato foi prejudicada também, como ficou evidente, pelos indicadores negativos na economia e pela insatisfação generalizada da sociedade com a política. As "jornadas de 2013" foram transportadas para 2015 e 2016 com expressivas manifestações populares a favor do impeachment. Dilma perdeu o governo e mandou o PT para a oposição depois de treze anos e meio no poder.

A fala tantas vezes ouvida – "vai ser assim porque eu quero. E não será do outro jeito porque eu não quero" – justificava parte do isolamento em que ela estava no momento do impeachment. Cinco anos e meio antes, sem qualquer experiência de convivência parlamentar, Dilma chegou ao Planalto apegada ao rigor da disciplina dos tempos de militância. Em plena democracia, ocupando a Presidência da República em um governo de coalizão partidária, o mais importante seria ouvir, dialogar. Isso ela não aprendeu. Se recusava a conversar com os políticos. Ceder, então, era quase impossível. Com esse estilo, começou a colecionar desafetos e a transformar ex-auxiliares em adversários. Bastava observar que ao redor de Michel Temer no seu período como presidente provisório estavam três ex-aliados de Dilma: Eliseu Padilha, Moreira Franco e Geddel Vieira Lima. Ocupavam cargos no governo dela, saíram e passaram a articular sua queda.

O PT era o partido mais estruturado do país, estava no poder havia mais de uma década, tinha aliança com os principais partidos do Parlamento, contava com a força do maior líder popular da História e, ainda assim, não conseguiu conter a pressão popular. É razoável, portanto, afirmar que Dilma caiu muito por conta do estilo pessoal dela. É possível também concordar que pesou na machista classe política brasileira o incômodo causado pelo fato de uma mulher, que nem profissional da política era, ter chegado ao posto mais relevante do poder público. Em 2020, Dilma disse numa entrevista ao Podcast *Mano a Mano*:

"Não acho que sofri um golpe porque eu sou mulher. Sofri porque eu representava um projeto. Mas se utilizaram de uma escancarada misoginia para me dar o golpe. A misoginia recai sobre mulheres que saem do padrão bela, recatada e do lar, e ousam entrar num âmbito masculino, como o do poder."

As pedaladas fiscais, apresentadas como o crime de responsabilidade cometido por Dilma, não eram o ponto crucial do processo de impeachment e serviram, depois, para alimentar o discurso do golpe parlamentar, a narrativa construída pelo PT. Ao fim do julgamento, no qual não faltaram discursos inflados de petistas em defesa dela, a maior aposta entre eles era de que, a partir daquele momento, iria cada um para o seu lado: Dilma voltaria para o Rio Grande do Sul e o PT retomaria a política de palanques em busca de energia.

Àquela altura, mesmo unidos na trincheira contra o impeachment, os dois protagonistas desta história mantinham suas convicções: para Dilma, a situação chegou àquele ponto porque o PT arrastou seu governo para o escândalo na Petrobras; para Lula, o desgaste se deu por causa da deterioração da economia, sob o comando de Dilma, e de seu questionável estilo de governar.

Fato é que Dilma não foi condenada em nenhuma das acusações que lhe foram imputadas nas investigações sobre corrupção ocorridas ao longo de seu governo. Também é preciso reconhecer que o proclamado "maior escândalo de corrupção do país" apurado pela Operação Lava Jato não atingiu apenas o PT, como se viu nos dois primeiros anos da investigação do juiz Sergio Moro. Se espalhou por outros partidos, atingindo inclusive ministros importantes do governo de Michel Temer e a cúpula do Legislativo.

Os 580 dias de Lula na prisão, a recandidatura dele que não houve em 2018 e a passagem dos anos amainaram a esgarçada relação entre Dilma e o PT. Principalmente entre Dilma e Lula. Em 2022, o ex-presidente enfrentou a resistência dos companheiros petistas e fez a defesa do governo dela na festa de aniversário do PT, em fevereiro: "Poucas vezes nesse país teve uma mulher de qualidade moral, ética e a competência técnica da Dilma".

Diante da má vontade de alguns, da desconfiança de outros e do pragmatismo dos que temiam o prejuízo político de sua volta ao palanque, Dilma Rousseff não se curvou, não se escondeu. Com um estilo suavizado pelo tempo e pelas experiências, manteve a retórica do golpe de 2016 e começou a reconquistar seu espaço no PT e junto a Lula em 2022.

Lula levou a ex-presidente Dilma para seu palanque diversas vezes durante a campanha presidencial de 2022. Com a ressalva do que chamou "de equívocos na economia", elogiou: "Dilma fez um primeiro mandato excepcional. [...] É uma das pessoas pelas quais eu tenho o mais profundo respeito, pela competência".

Na noite da vitória petista em 2022, Dilma repetiu a roupa vermelha de sua despedida do Planalto para comemorar a volta do PT ao poder. Um gesto simbólico. Incensada novamente por Lula e aplaudida pela multidão na Avenida Paulista, a ex-presidente estava com o estado de espírito renovado. Nas cerimônias de posse de Lula para o terceiro mandato, Dilma também mereceu lugar de destaque. Mostrou-se à vontade e contente, ainda que não tivesse no horizonte a expectativa de que exerceria papel de relevância no novo governo que se iniciava.

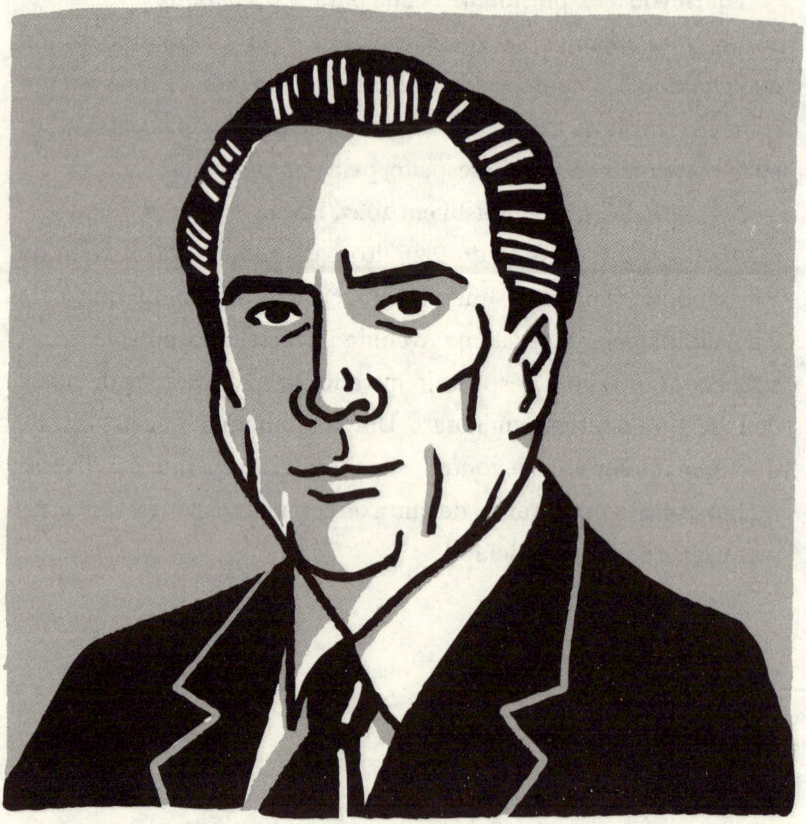

MICHEL TEMER
O articulador

O posto cobiçado

O paulista Michel Miguel Elias Temer Lulia trilhou uma sólida carreira como advogado, professor de Direito Constitucional e procurador-geral do Estado, até chegar ao posto de Secretário de Segurança Pública, em 1984, ano em que começou na política outra trajetória de conquistas. Em 12 de junho de 2010, Michel Temer selou seu destino rumo à Presidência da República ao ser confirmado pelo seu partido, o PMDB, como o vice na chapa presidencial do PT, encabeçada por Dilma Rousseff. Assumiu o posto em meados de 2016, após o impeachment da titular, que havia iniciado o segundo mandato um ano e meio antes. Temer, nascido em setembro de 1940 em Tietê (SP), tinha 75 anos e era a pessoa mais velha a chegar ao cargo de presidente até então.

O maior e mais bem estruturado partido brasileiro desde antes da redemocratização, o PMDB chegava pela segunda vez à Presidência da República por via indireta. Antes de Temer, José Sarney, também como vice, assumiu no lugar de Tancredo Neves, o presidente escolhido pelo Congresso Nacional em 1985 para dar um fim à ditadura militar, mas que não tomou posse. O PMDB nunca elegeu um presidente da República, mas sempre exerceu protagonismo na história recente do país.

Em mais de quarenta anos de vida pública, Michel Temer esteve à frente de momentos importantes da vida política do país. Uma distinção que, com aparente vaidade, buscou e cultivou ao longo de décadas. Foi deputado federal por seis mandatos, presidente da Câmara três vezes e presidente nacional do PMDB por muitos anos. Mais do que votos, seu sucesso na política foi construído a partir de uma reconhecida habilidade como articulador, de seu profundo conhecimento do funcionamento do Parlamento e do temperamento conciliador. Atributos como elegância, cordialidade e paciência também são sempre lembrados pelos que conviveram com ele na política.

Nas duas primeiras eleições para deputado federal que disputou, em 1986 e em 1990, Michel Temer não conseguiu votos suficientes, mas assumiu depois como suplente. Em 1994, foi eleito com 70 mil votos, se destacando, a partir daí, como um dos principais líderes do PMDB no Congresso. Obteve votações maiores em 1998 e 2002 – em torno de 250 mil votos. Na eleição seguinte, o tamanho do prestígio que tinha no cenário político nacional não foi transportado para as urnas e ele obteve cerca de 100 mil votos, ficando como o deputado menos votado do PMDB de São Paulo em 2006.

Em junho de 2010, na convenção nacional do partido que oficializou Michel Temer como vice da chapa presidencial petista, o então presidente do Senado José Sarney, um dos mais longevos caciques do PMDB, ilustrou a disposição do grupo para o poder: "O PMDB chega não de mãos vazias, mas com união, com suas ideias e seus representantes".

Michel Temer reforçou:

"O PMDB não está fazendo ajuntamento de pessoas, está fazendo ajuntamento de ideias. O PMDB será protagonista, ator principal. Deus me deu a oportunidade de presidir o PMDB num momento de unidade e num momento em que o PMDB não vai apenas participar do governo, vai governar o país."

Duas semanas antes do julgamento final que a tiraria definitivamente do cargo de presidente da República, em 31 de agosto de 2016, Dilma Rousseff afirmou: "Visivelmente, eu errei na escolha do meu vice-presidente. Isso é óbvio". Dilma, o PT e seus apoiadores nas ruas conseguiram colar em Temer o epíteto de "golpista". Um título que, com o passar dos anos e das decisões judiciais inocentando a ex-presidente, foi naturalizado em outros espectros da política, além da esquerda.

Dilma Rousseff e Michel Temer eram, na política, como água e vinho. Ele, um habilidoso negociador político. Diz-se que todo político é pragmático. Michel Temer é mais. É apontado como um dos mais racionais de sua geração. A força e a determinação com que o PMDB sustentou a governabilidade nas gestões petistas, como o principal partido de base aliada, foram as mesmas que Temer e seus companheiros utilizaram para chegar ao poder, no lugar do PT.

Em 12 de maio de 2016, Michel Temer assumiu como presidente em exercício, após o Senado dar início ao processo de impeachment de Dilma. No dia 31 de agosto, assumiu em definitivo os dois anos e meio que restavam do mandato presidencial. Chegou ao topo do poder o filho de imigrantes libaneses que desembarcaram no Brasil na década de 1920. Já como político experiente, foi membro da maçonaria por catorze anos, entre 2001 e 2015, sendo vinculado à Loja Simbólica Colunas Paulistas, em São Paulo. Pai de cinco filhos – três mulheres e dois homens –, Michel Temer é casado desde 2003 com Marcela Tedeschi Temer, nascida em 1983, em Paulínia, também no interior de São Paulo.

Ele começou a ter visibilidade na política quando assumiu o cargo de procurador-geral do estado de São Paulo e depois o de secretário de Segurança Pública – primeiro no governo Franco Montoro, em 1984; e depois na gestão de Luiz Antônio Fleury Filho, nos anos 1990. Da primeira experiência como secretário no governo Montoro, duas marcas se destacam: o crescimento das taxas de homicídios no estado; e a criação da primeira Delegacia da Mulher do país.

No governo Fleury, ele assumiu o comando da Segurança Pública do estado cinco dias após o massacre do Presídio Carandiru, em outubro de 1992, quando 111 detentos foram assassinados pela Polícia Militar. Foi o pior momento da gestão de Fleury. Na primeira entrevista como secretário de Segurança, na ocasião, Temer disse que o combate aos criminosos seria enérgico, mas sem violência, e afirmou que os militares que tinham participado daquela operação mereciam "repousar e serem submetidos a tratamentos psicológicos", porque "o choque do dia a dia é uma tarefa ingrata, e eles precisam de repouso e meditação".

O cristal trincado quebrou

Na primeira semana de dezembro de 2015, poucos dias depois de a Câmara acolher o pedido de impeachment contra Dilma Rousseff, o PMDB deu o passo mais concreto em direção à ruptura com o governo e com o PT, por meio da carta que o vice-presidente escreveu à presidente. Até então, Michel Temer tinha atuação pública discreta, elegante. Não era um homem de arroubos na atuação política.

A carta recheada de queixas ao tratamento recebido por ele e pelo PMDB desde que Dilma chegara ao Palácio do Planalto, em 2011, deixava evidente o descolamento político das partes. A principal reclamação de Temer era que tinha passado o primeiro mandato como "vice decorativo" e que perdera "todo o protagonismo político que teve no passado". Como não costumava expor publicamente as divergências internas, o seu recado foi interpretado como um ato com objetivo claro: iniciar o processo de rompimento.

Embora tenha dito que se tratava de uma carta pessoal, de um desabafo, e que ficara surpreso com a publicidade dada ao texto, o próprio Temer amplificou sua importância ao afirmar ao jornalista Jorge Bastos Moreno, naquele dia, que havia sim fundamento jurídico para a aceitação do pedido de impeachment feito pelo então presidente da Câmara, Eduardo Cunha. Para o governo e petistas, não restava dúvida de que o vice estava claramente se posicionando no tabuleiro político como um polo de poder.

Ao revelar suas mágoas com o governo, Temer voltava a se aproximar de Eduardo Cunha, jogando por terra a avaliação palaciana de que o pedido de impeachment se tratava apenas de um gesto de vingança. O presidente da Câmara, a esta altura, já estava acossado também pela Operação Lava Jato sob a acusação de participar do esquema de corrupção na Petrobras, com a divulgação de suas contas bancárias secretas no exterior.

A carta de Michel Temer a Dilma revelou traços importantes de sua personalidade que não eram tão visíveis em público: a mágoa e o orgulho em valorizar suas habilidades, seu mérito. Ao relatar sua insatisfação com o papel que desempenhara no governo, ao longo de cinco anos, enumerou uma série de episódios que, para ele, confirmavam sua compreensão de que a presidente não confiava nele nem no PMDB. Um dos episódios citados por Temer: na mais recente reforma ministerial, Dilma havia preferido conversar com o líder da bancada, Leonardo Picciani, do que com o presidente do partido, ele próprio. Queixou-se também de não ter sido convidado, durante as cerimônias de posse um ano antes, para uma reunião de duas horas que Dilma teve com o então vice-presidente dos

Estados Unidos, Joe Biden. Depois de outros lamentos sobre a desconfiança e menosprezo do governo, Temer concluiu: "Finalmente, sei que a senhora não tem confiança em mim e no PMDB, hoje, e não terá amanhã. Lamento, mas esta é a minha convicção".

Presidente e vice ainda tentaram se acertar numa conversa em janeiro do ano seguinte, mas o cristal trincado já estava prestes a quebrar, como diziam interlocutores de Michel Temer.

O texto do vice foi o desfecho para uma relação que se mostrava desgastada havia tempos, que já chegou comprometida na posse do segundo mandato, mesmo tendo Michel Temer contornado algumas crises internas no PMDB.

Ainda no ano da reeleição, em 2014, ele conseguiu evitar uma debandada de figuras expressivas do partido insatisfeitas com a perda de cargos no governo federal e com as disputas nas eleições estaduais.

Não era uma tarefa fácil do ponto de vista partidário, nem da logística, dado o estilo arredio da presidente. Em uma ocasião, o vice organizou uma reunião dos dois partidos, PT e PMDB, com Dilma para tentar acertar os ponteiros. Os principais líderes partidários ficaram por horas no Palácio do Jaburu, residência oficial do vice-presidente, aguardando o chamado dela, que estava a poucos metros, no Palácio da Alvorada. Nada feito. Apenas Temer foi chamado até lá para uma conversa a dois. E o acordo não evoluiu.

O papel de vice-presidente apenas, sem outra função relevante no governo, parecia incomodar Michel Temer desde o primeiro mandato. Ele almejava ser uma figura de mais destaque na equipe. Enquanto PT e PMDB se preparavam para repetir a dobradinha na eleição de 2014, ele voltou à presidência nacional do seu partido justamente para ter, e mostrar, mais força política e visibilidade. Queria recobrar o poder de dirigente do principal partido da aliança com o PT, para definir estratégias, ter uma palavra de peso e legitimidade na condução do acordo eleitoral com todos os partidos aliados. Temer estava insatisfeito com a atuação discreta dos quatro anos do primeiro mandato, e não queria repetir essa situação.

De posse do novo mandato, a dupla chegou ao Planalto tentando afinar a relação, e Temer assumiu a função de articulador político do governo. Os primeiros desfechos da Operação Lava Jato, a economia entrando em crise profunda e as manifestações de rua contra a inflação e o desemprego – que logo viraram manifestações pelo impeachment de Dilma – eram a pauta dominante do país naquele início de 2015. Em um dos momentos mais agudos da crise, em julho, o vice disse que a situação do Brasil era "grave" e que o momento exigia alguém com capacidade de "reunificar a todos".

Os petistas interpretaram que Michel Temer se apresentava como essa pessoa, e as críticas foram violentas. Ele ameaçou abandonar a articulação política, mas aceitou o apelo de Dilma para permanecer. Era um episódio atrás do outro esgarçando a relação entre PT e PMDB, entre Dilma e Temer.

E, no meio disso, um insatisfeito e ameaçador Eduardo Cunha, afirmando que era inocente das acusações que lhe foram imputadas pelo Ministério Público, que havia sido o escolhido para ser perseguido. Defendia que Temer saísse da articulação política, que o PMDB se afastasse do governo. Esse coro engrossava no partido.

Barulhentas manifestações de protestos contra o governo, contra a política econômica, pregando a saída da presidente voltaram às ruas em agosto com mais força. Junto com isso, a popularidade do governo em queda e o discurso da oposição em defesa do impeachment de Dilma deixaram o PMDB em alerta. "Ao longo desse tempo, o cristal ficou trincado. Agora, o cristal quebrou", resumiu um interlocutor de Temer, quase que reproduzindo uma fala dele ao afirmar que o vice estava avaliando o melhor momento de deixar a missão. Primeiro, a de articulador político. Depois, a de vice, a de parceiro da chapa vitoriosa menos de um ano antes.

Enquanto permaneceu como articulador, Temer cobrou a liberação de recursos para honrar as emendas dos parlamentares aprovadas no Orçamento da União. O que só ampliou o conflito interno, uma vez que o ministro da Fazenda, Joaquim Levy, com quem teve dura discussão, alegou não ter dinheiro disponível. O vice reagiu pesado, dizendo que não iria se desgastar em nome do governo. Em meio ao tiroteio, Dilma tentou evitar que ele se aproximasse da posição defendida por Eduardo Cunha de romper com o governo.

Era só uma questão de tempo. Em um encontro do PMDB em novembro de 2015, os principais oradores foram cuidadosos com as palavras para não pregar o rompimento com o governo ou a interrupção do mandato da presidente, mas ficou evidente em todos os pronunciamentos que o desembarque se daria logo. Mesmo sem falar em impeachment, os líderes deixaram claro que estavam prontos para assumir o poder – o partido já tinha estudos jurídicos mostrando que um eventual processo contra a presidente no Tribunal Superior Eleitoral não penalizaria a chapa completa. Ou seja, o vice se salvaria.

Nesse encontro do PMDB, um dos pontos centrais do debate foi o programa econômico apresentado com o nome Ponte para o Futuro, que seria o passaporte do partido para ter um candidato próprio – ou para assumir o poder a qualquer momento. Um programa mais liberal, com o condão de dizer que a legenda não estava acomodada na "inércia ou no pessimismo", e que se descolava em parte do projeto do PT. O programa tinha como principais pilares o equilíbrio fiscal duradouro; limites para despesas públicas; política de desenvolvimento centrada na iniciativa privada; e flexibilização da legislação trabalhista, além de metas de inflação, superávit e taxas de câmbio que estimulassem as exportações. Teto de gastos e nova legislação trabalhistas ficaram, ao final, como as principais marcas do mandato de dois anos e meio de Temer.

Ainda no encontro do partido, os primeiros discursos foram de lideranças regionais, todos críticos ao governo Dilma e à parceria com o PT. Os ministros presentes não tocaram no assunto – não atacaram, mas também não defenderam o governo ao qual pertenciam. Michel Temer, o último a discursar, falou da trajetória do PMDB e disse que a proposta econômica ali apresentada poderia ser do partido nas próximas eleições ou mesmo "para o atual governo". Enquanto falava, um grupo de jovens defensores do impeachment de Dilma começou a gritar "Temer, já". O vice agradeceu e disse: "Ainda não".

A cada dia surgiam novos indicativos de que a parceria com o PT estava se esgotando. No início de dezembro, três dias antes da simbólica carta de Temer a Dilma, veio outro sinal claro do distanciamento: o pedido de demissão do ministro Eliseu Padilha (Secretaria de Aviação Civil), um dos nomes mais próximos do vice-presidente. No mesmo dia, Michel Temer se ausentou de reunião ministerial com a presidente.

Era interesse do grupo do vice expor, naquele momento, o distanciamento. A parceria em bons termos chegou ao fim por meio da carta em que ele começou com um provérbio em latim: "*Verba volant, scripta manent*" (As palavras voam, os escritos permanecem).

Dois dias depois de o texto de Temer ter se tornado público, ele teve com Dilma um encontro formal no Palácio do Planalto. Na saída, o vice se limitou a dizer uma única frase, não muito objetiva:

"Combinamos, eu e a presidenta, que teremos uma relação pessoal institucional e a mais fértil possível."

Comentário parecido fez Dilma por meio de nota. No encontro, soube-se depois, o vice-presidente disse à presidente que não faria declarações públicas de apoio ao governo, mas se comprometeu a não trabalhar a favor do impeachment.

Em exatos cinco meses, em março de 2016, o impeachment já era uma dura realidade para Dilma. E o começo de uma nova era para Michel Temer.

Foi tudo muito rápido. O pedido de impeachment de Dilma foi aprovado pelo plenário da Câmara dos Deputados em 17 de abril de 2016, após nove horas de sessão, por 342 votos. Em menos de um mês, em 12 de maio, o Senado aprovou a abertura do processo, por 55 votos a favor e 22 contra, determinando o afastamento temporário da presidente por 180 dias. Em 31 de agosto, o julgamento foi concluído pelos senadores, por 61 a favor, vinte contra.

O pragmatismo do protagonista

A posse de Michel Temer ainda como presidente em exercício, em maio de 2016, deu ao PMDB uma concentração de poder nunca vista antes em Brasília. Depois do mandato de Sarney no Planalto, herdado de Tancredo Neves, o partido foi aliado dos governos que se sucederam, mas nunca o ator principal. E agora teria a Presidência da República, as presidências da Câmara e do Senado, todos os ministros com gabinete no Palácio do Planalto, o comando da política econômica – Henrique Meirelles tinha saído da legenda, mas voltaria depois – e a coordenação política do futuro governo. Um poder que começou a ser trincado ainda no primeiro mês de gestão.

O processo de impeachment ainda não tinha sido aprovado no Senado, em meados de abril, e o vice-presidente já tinha seu Ministério praticamente montado na cabeça, após uma maratona de conversas com apoiadores. Naquele momento, teve o cuidado de não fazer convites para não colocar o carro adiante dos bois, mas o entra e sai do Palácio do Jaburu indicava que estavam preparados para instalar um novo governo a qualquer momento.

Durante todo o governo de Dilma, a principal queixa do partido do vice era a de não participar da formulação de política econômica. Temer escolheu Meirelles como ministro da Fazenda, com autonomia para indicar todos os cargos da área econômica, mas, conhecedor das demandas dos políticos aliados, manteve um fiel peemedebista, o senador por Roraima Romero Jucá, como ministro do Planejamento, que coordena e executa o Orçamento da União. O mesmo Jucá que já havia sido ministro e líder de governos anteriores.

Algumas situações eram inusitadas, como a conversa com Gilberto Kassab, presidente do PSD, que até uma semana antes era ministro das Cidades de Dilma. Kassab patrocinou a ida de Meirelles para a Fazenda. O vice também se viu obrigado a tomar decisões conflitantes: ao mesmo tempo que teve que reduzir o número de ministérios para dar satisfação à opinião pública, precisou encontrar espaço para encaixar indicados dos doze partidos do chamado "Centrão", que garantiriam, com seus mais de 220 votos, a maioria desejada por Temer na Câmara.

Experiente no Legislativo, ele sabia a importância de ter votos com folga no Congresso, o que faltou à Dilma para barrar o impeachment. Por isso, montou sua equipe com um olho na busca de recuperação da economia e outro na base parlamentar. Sabia também que a combinação de crise econômica e crise política é sempre fatal para um governo. Focado nisso, aceitou até o imaginável.

O papel do líder do governo é ser o mensageiro dos assuntos de interesse do Executivo ao Legislativo. Por isso, esse líder é escolhido pelo presidente da República. Não foi o que aconteceu com Michel Temer. Partidos aliados se juntaram e impuseram ao presidente o nome de André Moura (PSC-SE) para essa tarefa, e ele não teve como (ou não quis) recusar a indicação. Era a força do chamado "baixo clero": parlamentares de pouca ou média expressão política se juntaram e impuseram um dos seus. Temer não considerou problema intransponível o fato de André Moura ser réu em três ações penais no Supremo Tribunal Federal. E nem o de ser acusado de participação em homicídio.

Além de tudo isso, por trás da indicação de Moura estava Eduardo Cunha, que havia sido afastado do cargo de presidente da Câmara no início de maio, sob a acusação de ter prejudicado as investigações da Lava Jato – mas ainda detinha poder na Casa. Articulando seu futuro, Temer se apresentava como sempre fora chamado: o mais pragmático dos pragmáticos.

Ao sentar na cadeira de presidente, a maior preocupação de Michel Temer, do ponto de vista da administração do país, era mostrar iniciativas claras na condução da economia, dar respostas positivas, pois esse era um dos principais problemas na ocasião, com desemprego em alta e inflação descontrolada. Não imaginava o experiente Temer que em duas semanas seu governo seria alvejado pela Operação Lava Jato. De imediato, enxergou que tão importante quanto a economia era mostrar compromisso com a moralidade.

"Antes, o governo era economia, economia e economia. Agora, é moralidade pública, moralidade pública e moralidade pública", disse um ministro ao sair de uma conversa com o presidente no final de maio de 2016.

A defesa da moralidade e da ética escalou para o topo das preocupações do cidadão, e o governo entendeu que não podia tergiversar diante das denúncias – precisava agir rápido. E assim fez Michel Temer.

Investigado pela Operação Lava Jato, que continuava atormentando a classe política depois de mirar no PT na fase inicial, o ministro do Planejamento, Romero Jucá, perdeu o posto dez dias depois de assumir. Caiu após a revelação de conversas suas com outro denunciado, o ex-senador cearense Sérgio Machado, nas quais Jucá sugere "um pacto para barrar" as investigações conduzidas pelo juiz Sergio Moro, o coordenador da Operação.

Machado estava negociando delação premiada e gravou conversas desse tipo com Jucá e outros peemedebistas, para entregar à justiça. O teor do acordo foi vazado, provocando o primeiro abalo apenas duas semanas após a posse de Temer: o delator confessou ao Ministério Público ter repassado propina à cúpula do PMDB, citando nominalmente Renan Calheiros (AL), José Sarney, Romero Jucá (RR), Jader Barbalho (PA) e Edison Lobão (MA).

Os recursos, segundo Machado, eram distribuídos por meio de doações legais das empresas fornecedoras da Transpetro, subsidiária da Petrobras que dirigira por doze anos, por indicação do PMDB. Ele detalhou o "esquema Transpetro", revelando que a arrecadação da propina variava entre 1% e 3% do valor dos contratos da estatal com estaleiros e empreiteiras. Sustentou que esse esquema funcionou por todo o período em que esteve à frente da empresa, desde os governos de Lula, e que essa era a prática: o indicado para um cargo público tem que arrecadar e distribuir a propina entre os patrocinadores de sua indicação. No seu caso, foi patrocinado pelos senadores que citou nominalmente.

No rastro da delação de Machado, mais dois ministros comprometidos por ele perderam seus cargos na sequência: Henrique Eduardo Alves (Turismo) e Fabiano Silveira (Transparência). Até o final de 2016, a equipe de Temer perderia um total de seis ministros. Uma queda de forte repercussão foi a do ministro baiano Geddel Vieira Lima, um dos nomes do PMDB mais próximos e afinados com o presidente, que o nomeou articulador político do governo.

Geddel foi obrigado a pedir demissão depois de o colega do Ministério da Cultura, Marcelo Calero, o acusar de ter pressionado a pasta a conceder uma licença de construção de um prédio de luxo localizado em um bairro nobre de Salvador – a construção fora do padrão já tinha sido barrada pelo Instituto do Patrimônio Histórico e Artístico Nacional (Iphan). O ministro havia comprado na planta um apartamento no 23º andar do prédio, que teria 33 andares, e o Iphan decidira que o prédio só poderia ter treze andares.

O presidente Temer e outros peemedebistas defenderam a permanência de Geddel, alegando que o Iphan não tinha cedido a qualquer pressão. No máximo, poderia ser advertido, ponderavam. Mas o desgaste já estava instaurado, e ele foi demitido em novembro de

2016. O governo Temer acabou se livrando de um vexame maior, ocorrido quase um ano depois, quando a Polícia Federal apreendeu em um apartamento em Salvador várias malas e caixas cheias de dinheiro. Eram mais de R$ 51 milhões que, segundo a PF, estavam num bunker onde Geddel armazenava recursos ilícitos. O dinheiro, segundo as investigações, era fruto de corrupção em contratos com órgãos públicos, mediados por Geddel nos governos Lula e Temer. Três dias depois, o ex-ministro foi preso. Em 2019, condenado a catorze anos de prisão por lavagem de dinheiro, cumpriu pena na Penitenciária da Papuda, em Brasília, e entrou em liberdade condicional em fevereiro de 2022.

A prisão de Geddel Vieira Lima, no início de julho de 2017, era esperada diante das inúmeras citações ao nome dele nas investigações envolvendo outros personagens políticos já presos, entre eles Henrique Eduardo Alves, além de Eduardo Cunha e do doleiro Lúcio Funaro. Sua detenção, no entanto, causou ansiedade e apreensão no núcleo do poder, por causa do temperamento do político baiano. Ao contrário de Eduardo Cunha, considerado frio, Geddel era explosivo, ligado à família, e costumava revelar abatimento diante da adversidade. Temia-se que ele fosse forte candidato a um rápido pedido de delação premiada. Quem fez isso foi Cunha.

A gestão de Michel Temer tinha tudo para ser forte politicamente. Além dos partidos que até bem pouco tempo atrás eram aliados de Dilma, o novo presidente juntou no seu Ministério representantes de legendas que estavam na oposição, como DEM, PPS, PSDB e PSB. O PSDB chegou a ter cinco ministros, incluindo José Serra (Relações Exteriores) e Bruno Araújo (Cidades). A primeira equipe de ministros de Temer só não tinha mulheres. Duas foram nomeadas posteriormente: Grace Mendonça para a Advocacia-geral da União; e Luislinda Valois, na pasta de Direitos Humanos.

Os apoios de partidos e de grande parte da elite empresarial do país não garantiram a calmaria pretendida no período pós-impeachment.

O início tumultuado do PMDB como comandante do poder central do Brasil se estendeu pelos dois anos e meio do mandato que Michel Temer herdou.

Repeteco – todos na berlinda

Em um ano no Palácio do Planalto, Temer mudou completamente sua perspectiva. Ao chegar lá, em maio de 2016, os aliados falavam que ele poderia disputar um novo mandato de presidente em 2018. A recuperação da economia, ainda que lenta, era ponto a favor do seu projeto de conquistar o poder pelo voto. No entanto, exatamente um ano depois, em maio de 2017, o presidente foi alvejado por suspeitas em casos de corrupção, e os votos que estava contando, então, eram os do Congresso, para evitar ser afastado do cargo.

O maior escândalo político do governo Temer teve início na noite do dia 17 de maio, quando veio a público parte do conteúdo da delação premiada do empresário Joesley Batista, principal acionista do grupo J&F e dono do frigorífico JBS-Friboi, investigado pela Lava Jato por suas relações suspeitas com políticos, partidos e governos. Um mês antes, o empresário tinha armado um encontro com o presidente Temer, no Palácio do Jaburu, para gravar a conversa entre os dois.

Nessa conversa, registrada numa gravação ruim, o presidente teria indicado seu ex-assessor e então deputado federal Rocha Loures (PMDB-PR) para intermediar negócios da família Batista com o governo. Dias depois, Loures foi filmado recebendo uma mala de dinheiro numa pizzaria de São Paulo – uma das cenas mais emblemáticas do escândalo.

Outra fala que comprometia Temer, igualmente prejudicada pela má qualidade da gravação, sugeria que ele tinha interesse em agradar a Eduardo Cunha, àquela altura já preso e condenado por corrupção. Joesley propôs pagamentos ao ex-presidente da Câmara, e a resposta de Temer foi: "Tem que manter isso, viu?". Um Michel Temer extremamente raivoso, estado incomum em seu temperamento, bateu na mesa e negou as acusações:

"Não comprei o silêncio de ninguém. Por uma situação singela: não temo nenhuma delação."

O presidente Temer deflagou uma guerra direta com Joesley e com a justiça ao questionar os termos do acordo de delação, que, além de vantagens financeiras para o empresário e as empresas, tinha o compromisso de ele não ser preso. Por meio de uma nota dura e de conteúdo inédito contra a Justiça, a reação de Temer demonstrava o seu temor, pois havia o risco real de perder o cargo naquele momento. Ele optou por adotar o tom do confronto político depois de longas horas de conversas com advogados e com todo o corpo jurídico do governo.

Pouco antes da "bomba Joesley", um otimista e confiante Michel Temer circulava com desenvoltura pelas rodas políticas de Brasília. Podia não estar bem na opinião pública, mas tinha a maior base governista dos últimos tempos. Contava, portanto, com o amparo do Congresso. No início de março de 2017, o presidente foi ao tradicional reduto da classe política em Brasília, o restaurante Piantella, numa festa de homenagem aos cinquenta anos de profissão do jornalista Ricardo Noblat. Cumprindo à risca o rito do conciliador-negociador-articulador-pragmático, fez questão de cumprimentar todos os presentes e, em cada mesa, dava uma paradinha para um comentário simpático.

Ao cruzar com o deputado Fábio Ramalho (PMDB-MG), que dias antes anunciara rompimento com o governo, porque Temer não havia nomeado um ministro mineiro, o presidente foi afável e convidou toda a bancada mineira para um almoço no dia seguinte no Palácio da Alvorada. Pronto, estava feito. "Eu vou, e também vou levar uma leitoinha", disse o sorridente deputado. Ponto para o presidente, que respondeu:

"Vamos fazer um acerto de dívidas... Nós não podemos brigar."

Em duas semanas, no final de maio, já eram nove os pedidos de impeachment de Temer protocolados na Mesa da Câmara. Nas ruas, as manifestações de protestos voltaram com força, agora pedindo o "Fora, Temer". A delação de Joesley Batista atingiria também outro político relevante, o ex-governador de Minas e ex-candidato a presidente Aécio Neves (PSDB), acusado pelo empresário de ter pedido a ele R$ 2 milhões, dois meses antes, em um hotel de São Paulo.

A maioria do PSDB defendia a saída do partido do governo e a investigação do presidente da República. Mas, para ter autoridade para isso, precisariam afastar Aécio da presidência do partido, o que foi feito de imediato. Diante do furacão, os senadores da bancada tucana procuraram o ex-presidente Fernando Henrique, que já vinha manifestando contrariedade com a proximidade do seu partido com o governo Temer.

O presidente Temer encontrou na figura do ex-presidente Fernando Henrique Cardoso um opositor ao seu projeto de seguir firme, resistindo à onda de denúncias. A maioria do PMDB ainda queria permanecer com Temer quando Fernando Henrique chegou a defender a convocação imediata de eleição direta para a escolha de novo presidente. FHC considerava que Temer já tinha perdido legitimidade para continuar no cargo.

Nesse entrevero, FHC criou uma imagem negativa para o governo, associada ao programa de governo do PMDB, o Ponte para o Futuro: "Se a pinguela continuar quebrando, será melhor atravessar o rio a nado e devolver a legitimação da ordem à soberania popular".

No final de junho de 2017, o então procurador-geral da República, Rodrigo Janot, denunciou Michel Temer por crime de corrupção passiva – pela primeira vez um presidente era denunciado no exercício do mandato. A estratégia palaciana era "tratorar" na Câmara dos Deputados – o que significa na linguagem política passar por cima da oposição e usar todos os recursos disponíveis para garantir os votos dos aliados – e acabar com qualquer iniciativa dos deputados contra o presidente. O argumento central contra as denúncias era o de desqualificar a gravação feita pelo empresário da JBS, indicando que ela tinha sido editada, e que até então a fala de Joesley era a única prova contra Temer.

As negociações políticas e a contabilidade de votos dominaram a agenda do governo e foram feitas, inclusive, durante o voo até Hamburgo, na Alemanha, ainda em julho, onde Temer participaria de reunião do G-20. Ele e sua equipe desceram otimistas com as contas feitas, mas a irritação tomou conta do presidente já no desembarque ao ser informado de entrevista do presidente interino do PSDB, Tasso Jereissati, na qual sugerira que Rodrigo Maia (DEM-RJ), presidente da Câmara, teria as condições necessárias para fazer a transição no país. Embora aborrecido, a decisão da turma de Temer foi não entrar na provocação e deixar que o PSDB, com quatro ministérios, se desgastasse "até sair com a pecha de traidor". O partido abandonaria o barco nos meses seguintes.

Temer chegara ao Palácio do Planalto um ano antes se gabando de ter base parlamentar que nenhum outro antecessor alcançou: mais de quatrocentos deputados e quase setenta senadores. Com o passar dos meses e das acusações, esse placar foi se desmilinguindo. Os mais otimistas estimavam que a reforma trabalhista seria aprovada no Senado "apesar do governo". Seria resultado do esforço de um conjunto de senadores, e não mais em nome do "governo das reformas".

A pergunta antes da votação no plenário da Câmara era: vai ter impeachment? A força de Temer era ter uma base sólida. Não tinha mais. Porém, já se olhava para a frente: se tirar Temer, quem entra: Rodrigo Maia. Justa ou injustamente, ele também era citado na Lava Jato. Muitos entendiam que, se Maia assumisse, ele seria o próximo alvo. E chegaria ao posto do mesmo modo – base aliada em troca de cargos e emendas parlamentares. Então, o melhor seria deixar Temer lá. Fraco, governo faz ainda mais concessões. Foi essa a escolha do Congresso.

O ambiente político instável ainda foi contaminado pela decisão do presidente de sancionar naquele período o projeto de lei da reforma trabalhista, que, segundo indicavam as pesquisas de opinião, deixou 63% da população pessimista com o mercado de trabalho. Isso só piorou a popularidade dele. Impopular nas ruas, com aprovação de apenas 13% da população, mas ainda com apoio no Parlamento: a base governista derrubou a denúncia de Janot por 263 votos a 227, impossibilitando, assim, abertura de processo contra o presidente no Supremo Tribunal Federal, pelo relator da Lava Jato, Edson Fachin.

Era assim, com o apoio do Congresso e com o poder da caneta, que Temer, o político profissional, tentava se equilibrar. Como fizera pouco depois de ser vaiado pelo público do Maracanã, em agosto de 2016, na abertura dos Jogos Olímpicos do Rio: anunciou o reajuste de 12,5% no valor do benefício do Bolsa Família, maior do que os 9% prometidos por Dilma. Pouco adiantou.

Em setembro de 2017, o procurador-geral apresentou a segunda denúncia contra o presidente Temer no STF, e a Câmara derrubou de novo, dessa vez com uma margem menor de apoio: 251 contra e 233 a favor. A essa altura, Temer contava praticamente com os votos do PMDB e do Centrão.

Sob pressão por todos os lados, o presidente usou muito do seu pragmatismo para evitar danos maiores. Precisava, por exemplo, ter um nome mais forte no Ministério da Justiça, para fazer a interlocução com o Supremo Tribunal Federal e, principalmente, para ter maior controle sobre a Polícia Federal.

O titular do cargo, Osmar Serraglio, companheiro de partido de Temer, vinha tendo uma atuação considerada tímida, mas não poderia ser simplesmente demitido, pois voltaria para exercer seu mandato na Câmara – e dessa forma, o deputado Rocha Loures, que havia entrado como suplente na sua vaga, ficaria sem foro privilegiado. Já pressionado pela família para fazer delação premiada, sem mandato Rocha Loures poderia se render. Daí a opção de Temer de fazer uma troca: levou Torquato Jardim para o Ministério da Justiça e Serraglio para a pasta da Transparência.

Muitos no PMDB, não apenas o presidente da República, temiam pelo que Rocha Loures poderia dizer numa delação premiada – o "homem da mala", como passou a ser conhecido, considerou a possibilidade de fazer acordo com o Ministério Público, mas desistiu. Foi preso na ocasião, ficando menos de um mês detido.

Michel Temer e seus companheiros do PMDB já viviam apreensivos desde o segundo semestre de 2016, quando Eduardo Cunha foi preso. Antes da prisão de Cunha, ao longo dos processos que ele sofreu no Conselho de Ética da Câmara e no Supremo Tribunal Federal, um eventual acordo de delação premiada era sempre cogitado, quase sempre como ameaças a políticos do partido. Os investigadores, no entanto, queriam "alguma coisa nova" e, àquela altura, já era remota a possibilidade de Cunha contar algo que eles não soubessem – afinal, a investigação estava nas ruas havia mais de dois anos e contava com mais de sessenta delatores.

Da prisão, Cunha fazia chegar do lado de fora que poderia ser certeiro na denúncia contra alguém com maior relevância que ele na política. Era isso que assustava os donos do poder. Por fim, em sua delação ele tentou incriminar mais de 120 políticos, mas sua proposta foi descartada por falta de consistência. Ficou mais de três anos detido, passando para a prisão domiciliar durante a pandemia da covid-19, em 2020.

O PMDB viveu logo de início as mesmas agruras pelas quais tinha passado o PT. Em novembro de 2016, a imagem do ex-governador do Rio Sérgio Cabral, mãos para trás, cabeça baixa e camiseta branca de presidiário deixando o Instituto Médico-Legal (IML), para ser levado à carceragem da Polícia Federal em Curitiba, foi uma das mais fortes e emblemáticas. Não só porque ele era um ex-governador que teve forte popularidade – tanto que se reelegeu sem maiores dificuldades –, mas também porque chegou a ser citado como alternativa do PMDB para disputar a Presidência da República.

E, principalmente, porque naquele momento significava que ele poderia ser apenas o primeiro de uma leva de poderosos que teriam que prestar contas à Justiça. Cabral nunca foi ligado à turma que estava no poder, a do governo Temer. A turma dele era outra, a dos governos do PT e de Lula. Era considerado "um dos poderosos" da era petista.

A foto de Cabral estampada nos jornais amedrontou muitos que estavam ou poderiam estar nas listas de delação do grupo de 77 delatores da Odebrecht. Era a bomba do momento que tirava o sono do mundo político. O primeiro dos delatores da empreiteira foi Cláudio Melo Filho, ou CMF, que atuava na relação com o Congresso. Foi espantoso ler o tom por ele adotado: o pragmatismo desse relacionamento – doar a quem tem o que dar como contrapartida.

Aos financiadores de campanha, sendo a Odebrecht um dos maiores doadores, não interessavam os parlamentares desconhecidos. A relação de troca se dava com o mais alto clero do Legislativo, o que justificava o silêncio de toda a classe política, fosse de governo, fosse da oposição.

A delação de CMF expôs em detalhe o funcionamento do esquema: a doação para a campanha de um candidato escolhido significava exatamente que esse político estaria se comprometendo com os interesses da empresa em Brasília. Ou seja, ao financiar campanhas, a Odebrecht estava, na verdade, comprando defensores no Legislativo. Eram mais evidências de que o modelo de financiamento das campanhas no Brasil estava esgotado, falido – a doação de empresas a candidatos foi proibida a partir da eleição de 2018, sem garantia, contudo, de que esse sistema seria efetivamente eliminado.

Os políticos estavam na berlinda, mas o instinto de sobrevivência era ainda aguçado no fim de 2016 e, com garra, os parlamentares barraram a maior parte de um projeto elaborado pela Associação Nacional dos Procuradores da República, que ficou conhecida como o pacote das "10 medidas contra a corrupção". A proposta chegou ao Congresso com apoio popular, a assinatura de 1,7 milhão de brasileiros, e foi bastante modificada. Na sua versão final, em 2019, incorporou mecanismos de controle das investigações: tipificou como crime os abusos cometidos por magistrados e integrantes do Ministério Público – uma clara resposta aos passos da Operação Lava Jato.

O presidente se livrou dos processos de impeachment, e os políticos do Congresso, embora na mira dos investigadores, se uniram para enfrentar o inimigo. E conseguiram. Mudaram a pauta ao aprovar em dezembro de 2016, por ampla maioria nas duas casas, a "PEC do teto", a Proposta de Emenda Constitucional que limitava o aumento dos gastos federais por até vinte anos. Uma sinalização positiva para os mercados aflitos.

No embalo dessa votação, Michel Temer retomou as rédeas da situação e fez acenos para três áreas que representavam apoios significativos: incluiu a reforma tributária no que chamou de "agenda reformista", agradando o setor econômico; autorizou a liberação de R$ 3,7 bilhões para pagamento de emendas parlamentares, atendendo a base aliada; e, de olho na popularidade, determinou o saque em contas inativas do Fundo de Garantia do Tempo de Serviço (FGTS), beneficiando mais de 10 milhões de trabalhadores.

No governo de Michel Temer, o país saiu da recessão deixada por Dilma Rousseff, embora com uma retomada lenta. O desemprego caiu um pouco, aumentando, em contrapartida, a informalidade. A inflação saiu de 9,3% em maio de 2016 para 4% em novembro de 2018, ficando sob controle. Os juros da taxa básica Selic, definida pelo Banco Central, atingiram a mínima histórica, em 6% em dezembro de 2018, contra os 14,25% de quando ele assumiu, em 2016. Uma rara combinação: turbulência política e retomada da economia.

O respiro na área econômica era pouco diante da consequência da Lava Jato que mais atormentava o mundo político, incluindo Michel Temer: a condenação do ex-presidente Lula a quase dez anos de prisão pelo juiz Sergio Moro, em julho de 2017. O petista já despontava nas pesquisas como favorito para as eleições presidenciais de 2018, a despeito do avanço das investigações. As atenções se voltavam para Lula, diante do ineditismo, e sua condenação deixava todos os políticos ressabiados. Inclusive Michel Temer, que receava ter o mesmo destino do ex-presidente que experimentou os maiores índices de popularidade.

Sobreviventes

Na reta final do seu governo, quando tinha se livrado do pior e as atenções estavam voltadas para a campanha presidencial que surgia inusitada no cenário – com um candidato preso, Lula; e outro, Jair Bolsonaro, considerado improvável até então –, Michel Temer tentava apenas terminar seu mandato.

A artilharia, contudo, não dava trégua e não vinha só dos adversários. Coube ao marqueteiro do presidente, Elsinho Mouco, chamar os holofotes de volta para o Planalto, em meados de maio de 2018, transformando em chacota o novo slogan que pensou para o governo: "O Brasil voltou, 20 anos em 2". O texto oficial tinha a vírgula na frase, mas em tempos de experimentos e euforia nas redes sociais, não demorou e lá estava a frase sem a vírgula, sugerindo vinte anos de retrocesso em dois. Era a piada pronta de que Temer não precisava e que o obrigou a recuar do slogan.

Mouco, com certeza, não leu os ensinamentos de Duda Mendonça, em seu livro *Casos & coisas*, lançado no início dos anos 2000. Nem precisa ser um Duda Mendonça para saber que cada caso é um caso e que não há estratégia de marketing político que possa ser reproduzida de um lugar para outro sem uma avaliação cuidadosa. Pois bem. Mouco quis misturar duas coisas: uma expressão de Nizan Guanaes, "O Brasil voltou", com o slogan de Juscelino, o dos "50 anos em 5".

Nos primeiros meses do governo, quando a economia brasileira parecia embicar para cima, Temer chamou Nizan para uma conversa. Foi quando o publicitário, entusiasmado com a prometida retomada do crescimento econômico, sugeriu a frase "O Brasil voltou!", pouco explorada pela propaganda do governo na ocasião. Mouco tentou reaproveitá-la e emendou com o slogan de JK. Só podia mesmo dar errado. Não foi o primeiro nem será o último tropeço do marketing político.

Em seu livro, Duda conta muitas histórias. Uma que vale ser resgatada é sobre um candidato de sucesso na disputa pela prefeitura no interior de São Paulo. Pretendendo voltar ao cargo, sua equipe pichou muros da cidade com sua candidatura e, lembrando o sucesso da administração anterior, usou os verbos "fez" e "fará". Foi novamente eleito. Numa cidade próxima, os amigos de um ex-prefeito que tentava novo mandato resolveram copiar a estratégia do vizinho. Só que não atentaram para o nome do agraciado, conhecido como Nem. A cidade amanheceu com muros pintados com a foto e o novo slogan: "Nem fez, Nem fará". Desastre total. Mais uma vez, cito Ulysses Guimarães: "Em política, tudo o que é preciso explicar já deu errado".

O país vivia um momento em que era impossível ver a política além de um palmo à frente do nariz. Uma semana poderia ser considerada médio prazo; um mês, longo prazo. Ninguém se arriscava a dizer o que aconteceria no dia seguinte. José Serra, político experimentado, tentou ilustrar o tamanho da imprevisibilidade: "Uma nuvem de poeira quente. Muito difícil de enxergar o que vai acontecer".

A diferença da instabilidade vivida por Michel Temer é que, até então, a maioria das crises políticas tinham sido iniciadas ou turbinadas pela economia – inflação alta foi o nó do Brasil por décadas. Não fosse o relativo sucesso da economia, poderia ter sido pior o desfecho do governo Temer e de sua própria sobrevivência política.

Para tentar melhorar a popularidade de sua gestão, Michel Temer começou o ano da eleição presidencial dando mais uma cartada: assinou, em fevereiro de 2018, o decreto de intervenção federal na Segurança Pública do Rio de Janeiro, para "restabelecer a ordem" no estado que vivia mais uma grave crise de segurança derivada do confronto entre grupos de traficantes e da falta de autoridade do poder público.

"Não podemos aceitar passivamente a morte de inocentes, e é intolerável que estejamos enterrando pais e mães de família, trabalhadores, policiais, jovens e crianças e vendo bairros inteiros sitiados, escolas sob a mira de fuzis e avenidas transformadas em trincheiras. Por isso, chega, basta. Nós não vamos aceitar que matem nosso presente nem continuem a assassinar o nosso futuro."

A popularidade não melhorou. Em maio, anunciou oficialmente sua desistência de concorrer à Presidência da República e lançou a pré-candidatura de Henrique Meirelles. No meio do caminho surgiu a paralisação de caminhoneiros que provocou desabastecimento parcial de combustíveis e alimentos, sem que o governo tenha tido agilidade para reagir. Foi quando sua aprovação popular caiu para meros 3%, segundo as pesquisas.

Atravessou a campanha eleitoral sem eventos que merecessem destaque. A luta estava do outro lado, na oposição, com o PT brigando para resgatar Lula da prisão e, depois, tentando fortalecer a campanha do paulista Fernando Haddad contra Jair Bolsonaro. Aliás, Michel Temer foi sim destaque na reta final das eleições de 2018: com Jair Bolsonaro se consolidando como favorito, o presidente ganhou visibilidade aparentemente positiva nas redes sociais com a campanha #FicaTemer.

Pouco antes de passar a faixa para Bolsonaro, o presidente Temer ainda foi alvo de uma terceira denúncia contra ele no Supremo, apresentada pela então procuradora-geral Raquel Dodge. Dessa vez por corrupção ativa e passiva e lavagem de dinheiro no inquérito sobre esquema criminoso no setor de portos, que tinha como alvo central o Porto de Santos, área de influência de Temer e de outros deputados do PMDB de São Paulo.

Em março de 2019, com Temer já fora do Palácio do Planalto, o juiz federal Marcelo Bretas, da força-tarefa da Lava Jato no Rio, ordenou a prisão do ex-presidente e de outras nove pessoas, incluindo seu ex-ministro Moreira Franco e o amigo pessoal João Baptista Lima Filho, coronel reformado da Polícia Militar de São Paulo. Bretas afirmou que Temer era o "líder da organização criminosa responsável por atos de corrupção" em diversos órgãos públicos estaduais e federais e que a soma de valores de propinas recebidas, prometidas ou desviadas pelo grupo, ultrapassava R$ 1,8 bilhão. O ex-presidente passou quatro dias preso. Detido novamente em maio, ficou mais uma semana na prisão.

Em março de 2023, o juiz Marcelo Bretas foi afastado do cargo pelo Conselho Nacional de Justiça, sob suspeita de parcialidade na condução da Lava Jato no Rio. "Era o que eu esperava. A história costuma corrigir as versões quando elas não espelham os fatos", disse Temer, por meio de nota.

Com o mesmo desfecho aplicado a outras investigações e condenações da Operação comandada pelo juiz Sergio Moro, o ex-presidente Temer e sete réus foram absolvidos em fevereiro de 2022, pela Justiça Federal de Brasília, que considerou as denúncias contra eles "genéricas e sem provas". No ano anterior, Temer já havia sido absolvido no caso do Porto de Santos. Estaria, portanto, mais à vontade para retomar a atividade política no ano eleitoral de 2022.

Antes disso, Michel Temer se destacou como articulador de um episódio em que se tentou reduzir o estrago na imagem do presidente Jair Bolsonaro. Era setembro de 2021 e o país estava mais uma vez em estado de alerta, após a realização de atos antidemocráticos contra o Supremo Tribunal Federal promovidos pelos apoiadores de Bolsonaro, e liderados por ele, nas comemorações do 7 de Setembro. Dois dias depois, aconselhado por Temer, Bolsonaro divulgou um texto chamado "Declaração à Nação", em que negava intenção de agredir ou desrespeitar qualquer um dos poderes.

Não foi a primeira vez que Michel Temer salvou Bolsonaro de uma encrenca provocada por suas próprias declarações. "Temer prega apenas advertência como solução para as bravatas de Bolsonaro", era um dos destaques na imprensa em maio de 1999, como foi relembrado em 2021 pelo jornalista Octavio Guedes, da TV Globo. Naquele longínquo ano, o deputado Jair Bolsonaro estava acuado, com medo de perder seu mandato por ter pregado, numa entrevista dada à TV Bandeirantes, o fuzilamento do então presidente Fernando Henrique Cardoso e o fechamento do Congresso Nacional.

A esquerda e o presidente Fernando Henrique simplesmente ignoraram aquele que viam como um deputado do baixo clero, então sem relevância e sem perspectiva de poder. O caldo entornou quando o presidente do Senado, Antônio Carlos Magalhães, afirmou que se o deputado tinha mesmo dito aquilo deveria ter seu mandato cassado. Michel Temer, presidente da Câmara, considerou uma intromissão do senador e tomou as dores de Bolsonaro. Temer propôs ao deputado que fizesse uma carta pedindo desculpas pelos excessos, montou uma operação com o Centrão e o salvou da cassação. Em 2021, a carta sugerida por Temer a Bolsonaro teve o efeito de evitar algo pior: uma crise institucional.

A campanha eleitoral de 2022 seguia acirrada entre Bolsonaro e Lula, quando grupos políticos ligados a Michel Temer e ao petista tentaram uma reaproximação dos dois. O PT, claro, queria o apoio do PMDB, mas a presença de Temer ainda era um incômodo para muitos, Dilma Rousseff principalmente. O acordo não evoluiu, mas gestos de simpatia foram emitidos por Temer ao considerar positivo o apoio de Henrique Meirelles a Lula. E, especialmente, quando disse em entrevista ao portal *UOL* que "Dilma é honestíssima". Mas, na mesma entrevista, o ex-presidente ressaltou que "não houve golpe", como ainda apregoava o PT, e que o impeachment se deu por conta do "relacionamento rochoso da petista com parlamentares".

Michel Temer voltou à cena política já no final da campanha eleitoral em que Lula seguia como favorito, para sugerir uma ideia no mínimo controversa que, na sua visão, pacificaria o país: que o próximo presidente fizesse um grande pacto nacional, considerando inclusive a hipótese do que chamou de anistia do passado – "Ver o que é anistiável e o que não é; seria um gesto de harmonia no país".

Soou como uma tentativa do ex-presidente de promover um futuro eventual perdão a Jair Bolsonaro, que manifestara, a mais de um interlocutor, seu receio de ir para a prisão se não fosse reeleito. A ideia de Temer não prosperou. Como também não prosperou a reaproximação com o PT. Pelo contrário, a campanha terminou com o peemedebista magoado com Lula, que o chamou de golpista no fervor de um debate.

Os últimos movimentos de Michel Temer em 2022, circulando de um extremo a outro da disputa presidencial, reforçam uma percepção corrente de que uma presença marcante na política nem sempre vem do voto, do apoio popular, do carisma. Com seu dom para a articulação e conversação política, o pragmático Temer mostrou, aos 82 anos de idade, como é possível ocupar espaços públicos mesmo depois de encerrar um mandato de presidente com desaprovação de 62% da população. Sem protagonismo, mas na ativa.

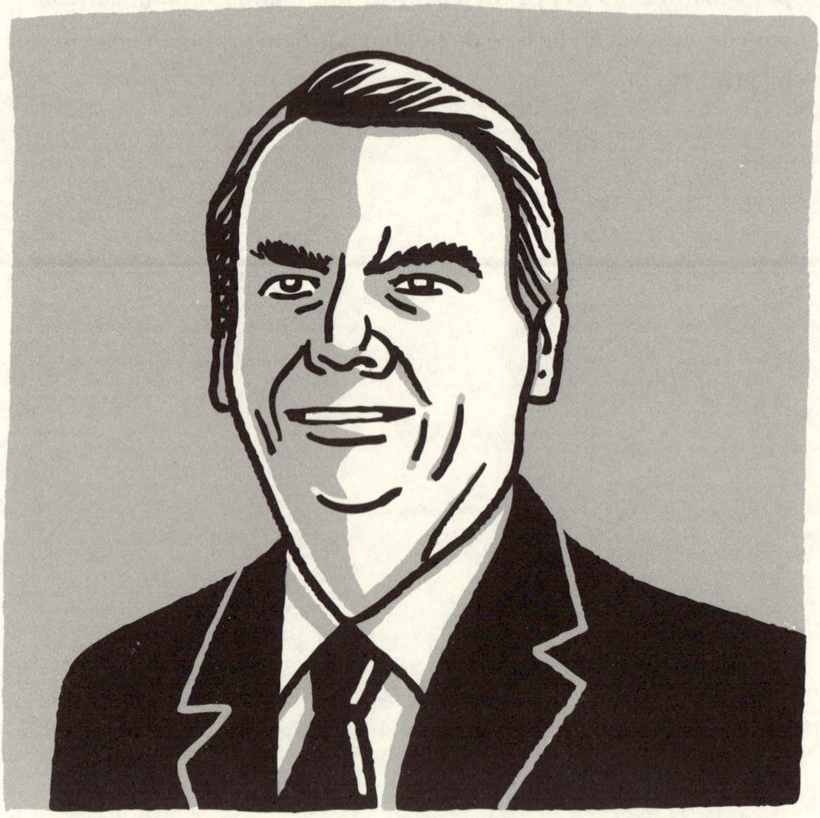

JAIR BOLSONARO
O conflituoso

A aposta do capitão

A poucos dias da eleição presidencial de 2018, o ex-presidente Fernando Henrique Cardoso tentou decifrar o fenômeno Jair Bolsonaro, que já vinha sendo apontado como vitorioso: "Ele é a picareta da história". Para FHC, Bolsonaro iria quebrar o sistema político vigente – envelhecido, segundo algumas análises.

Se tivesse sido fundamentalmente isso, o saldo do mandato do ultradireitista Bolsonaro poderia ter tido mais aspectos positivos do que negativos. Mudança no sistema político é uma aspiração permanente do brasileiro. O que ficou dos quatros anos, contudo, foi o assombro de parcela significativa da sociedade brasileira com a exposição quase que diária do explosivo temperamento do presidente e suas consequências na gestão e especialmente na política, com a democracia sendo alvo de ataques frequentes.

Um temperamento que, até então, era conhecido quase que unicamente por aqueles que acompanharam sua carreira como parlamentar. Nesta função ele ficou por trinta anos. Mas sua atuação política como deputado federal não foi largamente noticiada.

Quem observou Jair Bolsonaro em atividade não pode dizer que não sabia como ele era. E nem que ele mudou seu comportamento ao chegar à Presidência da República, quando espantou o Brasil e o mundo com atos e palavras incompatíveis com a figura de um chefe de Estado – seja na condução da pandemia da covid-19, seja na gestão de políticas públicas sobre meio ambiente, educação, economia e segurança pública.

Especificamente na área de segurança pública, Bolsonaro performou uma das maiores controvérsias de seu governo: em quatro anos, aumentou em mais de 470% o número de pessoas com registros de armas de fogo, resultado dos decretos presidenciais que flexibilizaram a compra e o porte de armamento pela sociedade civil, por meio dos CACs, a sigla do grupo que reúne colecionadores, atiradores desportivos e caçadores. Uma política respaldada pelos seus apoiadores mais radicais.

Sua retórica sempre foi a mesma. Desde a primeira vez que ganhou notoriedade, em 1986, ao confrontar seus superiores militares, ainda no início da carreira no Exército, seu comportamento é marcado por conflito, escaramuça, choque, agressividade, contradição e voluntarismo. Sua atuação como parlamentar foi igualmente evidenciada por declarações agressivas, sendo notória a baixa produção como legislador. Em 2016, o Brasil inteiro pôde ver, ao vivo pela TV, na votação do pedido de impeachment da presidente Dilma Rousseff, o deputado Jair Bolsonaro exaltar o coronel Carlos Alberto Brilhante Ustra, torturador da jovem Dilma, presa no início dos anos 1970 pela ditadura militar.

Foi agindo desse modo que ele viu seu eleitorado crescer de forma consistente, mandato após mandato, tendo como principal bandeira de campanha nos primeiros anos a defesa de melhores salários para os militares. O primeiro mandato, de vereador pelo Rio de Janeiro em 1988, foi conquistado com 11 mil votos. O último de deputado federal, em 2014, foi-lhe garantido por mais de 450 mil eleitores fluminenses, figurando como o mais votado do estado. Bolsonaro não ficou um único dia sem a proteção da imunidade parlamentar em trinta anos, período em que também iniciou seus três filhos mais velhos na política – o senador Flávio Bolsonaro (RJ), o vereador Carlos Bolsonaro (RJ) e o deputado federal Eduardo Bolsonaro (SP).

Uma receita que deu certo por tanto tempo tinha chances enormes de ser transportada para o cenário nacional e de ser bem-aceita. Era a aposta. Jair Bolsonaro percebeu que havia espaço para uma candidatura diferente rumo ao Palácio do Planalto a partir das Jornadas de junho de 2013, que duraram até outubro, como ficaram conhecidas as manifestações que levaram milhões de brasileiros às ruas para protestar contra a corrupção, para buscar o "novo" na política e cobrar ações públicas mais eficazes para educação e saúde – um movimento que começou contra o reajuste das tarifas de transportes em São Paulo e se alastrou pelo país com uma ampla pauta de reivindicação. O mote central, entretanto, era o repúdio à classe política tradicional. As mídias alternativas e as redes sociais ajudavam a divulgar as datas das manifestações.

No exercício do seu sexto mandato consecutivo de deputado federal – era, portanto, parte inequívoca da política tradicional –, Jair Bolsonaro entendeu que seria possível construir uma candidatura presidencial assumidamente de direita, diferente, do ponto de vista ideológico, do que estava no poder desde 2003. Senso de oportunidade, em defesa dos seus ideais, é outra marca na atuação do político Bolsonaro.

Ele acreditou ainda em 2014 que havia uma demanda na sociedade por uma plataforma política que sustentasse os preceitos liberais na economia e conservadores nos costumes. Parecia farejar em setores do eleitorado um saudosismo da ditadura militar que tanto glorificava. Estava certo.

Ao tomar posse como presidente, aos 63 anos, em janeiro de 2019, o capitão reformado do Exército povoou o Palácio do Planalto com os militares que de lá foram apeados no início de 1985. Na visão dos mais pessimistas, sua eleição, legítima, e os discursos recorrentes contra a democracia indicavam uma tentativa de findar ali o ciclo pós-ditadura iniciado 33 anos antes por Tancredo Neves e José Sarney.

Era um militar, ainda que da reserva, de volta à Presidência depois de sete presidentes civis. Bolsonaro figura como o primeiro militar eleito presidente do Brasil pelo voto direto em mais de setenta anos e o terceiro de todo o período da República – o primeiro foi Hermes da Fonseca, em 1910, e depois Eurico Gaspar Dutra, em 1945.

Na campanha e nos discursos da vitória de 2018, que tinha como lema principal "Brasil acima de tudo. Deus acima de todos", prometeu defender a liberdade, a democracia e a Constituição. Faria reformas liberalizantes para "desamarrar o Brasil" das mãos da esquerda. Em 2022, a campanha pela reeleição ganhou o slogan "Deus, pátria e família", o lema do movimento integralista de extrema direita lançado no Brasil na década de 1930 pelo nacionalista Plínio Salgado.

Projeções econômicas milagrosas foram as vedetes no primeiro ano de mandato de Bolsonaro. A atuação beligerante dos filhos presidenciais no centro do poder disputava espaço com o otimismo do ministro da Fazenda, Paulo Guedes, apelidado de Posto Ipiranga pelo próprio presidente – em alusão à propaganda da rede de postos que oferecia muito mais do que combustíveis.

A partir de 2020, a pandemia da covid-19, que arrastou o mundo para um cenário de incertezas em todas as áreas, mostrou para o Brasil a face mais escura do novo presidente. Um dos comportamentos que mais chocaram foi a imitação de pessoas com falta de ar, em lives que ele promoveu nas redes sociais em março e maio de 2021, momento em que brasileiros morriam nos hospitais com problemas respiratórios, um dos piores sintomas da covid-19.

A falta de empatia e de solidariedade e o boicote a medidas de prevenção e de segurança contra a doença predominaram no comportamento de Bolsonaro no período, colando na figura do presidente parte da responsabilidade pela morte de quase 700 mil brasileiros. Ele foi chamado pelos opositores de negacionista a genocida.

Além de desestimular a vacinação e o uso de máscara e atrasar a compra dos insumos, Bolsonaro estimulou tratamentos sem eficácia comprovada, cujos efeitos poderiam até agravar problemas de saúde em determinados pacientes, segundo setores da medicina debruçados sobre o tema.

**

Depois dos barulhentos protestos do ano de 2013, Bolsonaro e seus três filhos políticos começaram a se organizar para voos mais altos. Em 2014, ele disputaria o sétimo mandato de deputado federal, já com esquema e plataforma de campanha voltados para a eleição presidencial de 2018. Com o incremento do uso do Twitter, uma das mais populares redes sociais na ocasião, para atacar os adversários e disseminar suas ideias, encontrando respaldo em segmentos específicos do eleitorado.

Os filhos Zero1, Zero2 e Zero3, como ele próprio nominou Flávio, Carlos e Eduardo respectivamente, acompanham o pai na política desde que eram adolescentes, cada um explorando suas habilidades. São diferentes entre si, entram em disputas familiares e políticas, mas, para o público externo, são igualmente defendidos pelo pai. Primeiro filho, Flávio é considerado a versão mais politizada da família, mais afeito à vida parlamentar. Carlos é o "pitbull" do pai nas redes sociais. Eduardo é o mais desenvolto, aquele que fala inglês, que se interessa por assuntos da política internacional e que faz ameaças públicas às instituições, como fez em direção ao Supremo Tribunal Federal – "Cara, se quiser fechar o STF, sabe o que você faz? Você não manda nem um jipe. Manda um soldado e um cabo", disse, certa vez. O filho Zero4, Jair Renan, mais jovem, já manifestou a intenção de entrar para a vida pública a partir de 2028. No mandato do pai, teve que prestar depoimento à Polícia Federal sobre suposto crime de tráfico de influência.

Por meio das redes sociais, em que trabalharam inicialmente com a disseminação de grupos de direita nos aplicativos de mensagens, Bolsonaro e os três filhos mais velhos formaram uma legião de fãs pelo país para dar visibilidade à sua atividade política, restrita praticamente ao Congresso e ao Rio de Janeiro: atos de recepção em aeroportos nas cidades visitadas por ele começaram ainda em 2014, a princípio com duzentas pessoas, e logo depois com milhares de apoiadores gritando "mito" e o carregando nos ombros. Uma mobilização que se expandiu de forma impressionante entre 2014 e 2015, mas só foi percebida pelo grande público e a imprensa a partir de 2016, ano do impeachment de Dilma Rousseff.

Para seus seguidores nessas visitas aos estados, Bolsonaro já bradava o que seria um dos bordões de sua campanha de 2018: era o único capaz de romper o sistema político vigente. Ele explorou o cansaço dos brasileiros com o toma lá dá cá da política, com a corrupção, e se apropriou desse discurso. Estruturou sua campanha à Presidência baseada naquilo que vinha experimentando desde 2014: pelas redes sociais, exclusivamente. Uma aposta alta, arriscada e inovadora do clã Bolsonaro que rendeu os frutos desejados.

Carlos Bolsonaro, ou Carluxo, assim chamado pelo pai e depois pelos políticos, assumiu o comando das redes sociais, abusando das fake news, que alimentariam, já no governo, o que passou a ser conhecido em Brasília como o "gabinete do ódio" do

Palácio do Planalto – produzindo vítimas até mesmo no grupo de apoiadores. As mídias sociais se tornaram a principal ferramenta de comunicação do governo Bolsonaro, que ignorou e desestruturou o sistema institucional em funcionamento.

Ninguém desconhecia, durante a campanha de 2018, que um dos fatores que contribuíram para a vitória de Jair Bolsonaro fora o antipetismo arraigado em boa parcela da sociedade, além do fato evidente de que Luiz Inácio Lula da Silva, o principal líder do partido, continuava preso em Curitiba, após ser condenado pela Operação Lava Jato.

Bolsonaro tinha nas mãos o discurso pronto para atacar a corrupção, a despeito de antes mesmo da posse ter sido revelado o esquema conhecido como "rachadinha" – a apropriação de parte de salários de funcionários dos gabinetes parlamentares do pai e dos filhos. Um esquema, importante que se diga, que não era exclusivo da família Bolsonaro, pois estava disseminado na Assembleia Legislativa do Rio e presente também em outros estados e no Congresso.

A vitória com 55% dos votos válidos, mais de 57 milhões de votos, no segundo turno das eleições, confirmou as expectativas e estratégias de Bolsonaro. A "picareta da história" compreendida por Fernando Henrique começou a atuar derrotando o PT – venceu Fernando Haddad, que obteve 47 milhões de votos 26 dias depois de assumir formalmente a candidatura no lugar de Lula, que continuava preso e, portanto, inelegível.

Para o clã Bolsonaro, ganhar do PT dava um sabor especial à vitória. Era a derrota do que eles mais abominavam: o "comunismo", como se referiam ao partido de esquerda, que nada tinha de comunista, mas que dominara a política brasileira por mais de uma década.

A campanha de Bolsonaro prometia também quebrar estacas da economia, com a implementação de uma política liberal que iria enxugar gastos e desfazer medidas tomadas pelos governos petistas. Entre as ações prometidas, a privatização de empresas estatais, que, na previsão otimista do já escolhido ministro Paulo Guedes, renderia ao país mais de R$ 1 trilhão. Segundo levantamento feito pelo portal de notícias *Poder 360*, até julho de 2022, o governo Bolsonaro conseguiu arrecadar R$ 304,2 bilhões com privatizações e corte dos investimentos de estatais.

O candidato que até um ano antes da eleição era considerado como improvável por grande parte da elite política e da imprensa saiu da condição de deputado do baixo clero, de pouca expressão e projeção na política nacional, para o posto de favorito em poucos meses, tendo como elemento propulsor a internet. O maior mérito de Bolsonaro e seus filhos foi identificar com antecedência que seria pelas mídias sociais que eles venceriam as barreiras impostas a uma candidatura fora do padrão, a começar pelo pouco tempo que teria na propaganda eleitoral no rádio e na TV pelo nanico Partido Social Liberal (PSL), seu partido naquele ano: apenas oito segundos. Foram eficientes na captura do eleitor por esse novo método.

Mesma estratégia midiática usada por pelo menos uma centena de eleitos em 2018 para o Congresso Nacional, a maioria alinhada com a campanha de Bolsonaro. As redes elevaram para a condição de parlamentar alguns youtubers e celebridades estreantes na política, como Joice Hasselmann (PSL), Kim Kataguiri (DEM) e Arthur do Val (DEM), que figuraram entre os dez mais votados em São Paulo.

Uma tragédia, o atentado a faca que sofreu durante um ato de campanha no dia 6 de setembro de 2018 em Juiz de Fora (MG), assegurou a Jair Bolsonaro enorme espaço no noticiário regular, um "tempo de televisão" que nenhum outro candidato teve. A cobertura da imprensa nos dias que se seguiram ao ataque contribuiu para aumentar a empatia com o eleitor, sobretudo aquele que rejeitava o PT.

A facada foi desferida por Adélio Bispo de Oliveira, que tinha sido filiado ao PSOL entre 2007 e 2014, alimentando de imediato a teoria de um crime político cometido pela esquerda para tirar Bolsonaro da disputa eleitoral. Dois inquéritos conduzidos pela Polícia Federal concluíram que o autor do crime, diagnosticado com deficiência mental, agiu sozinho. Quase quatro anos depois, Bolsonaro ainda insistia em novas investigações para identificar o "mandante do homicídio" que sofrera.

Preso no mesmo dia do atentado, Adélio Bispo foi considerado inimputável. Em julho de 2022, relatório de nova perícia médica realizada no Presídio de Campo Grande (MS), onde ele estava detido, sentenciou: "Permanece com diagnóstico clínico de transtorno delirante persistente, com alucinações de cunho religioso, persecutório e político que se manifestam frequentemente". A Polícia Federal, sob o comando de Bolsonaro, seguia a mesma linha.

O ataque rendeu nos quatro anos do mandato de Bolsonaro teorias da conspiração dos dois lados, da direita e da esquerda. Enquanto os apoiadores do presidente insistiam na tese de crime político, seus opositores tentavam disseminar a ideia de que a facada fora uma armação para ajudar na sua eleição.

Internado no hospital Albert Einstein em São Paulo, Bolsonaro se tornou um candidato mais competitivo, ampliando sua vantagem sobre os adversários: ele saiu de 24% das intenções de votos em 10 de setembro para 35% três dias antes da eleição, e para 46% dos votos válidos apurados no primeiro turno, que ocorreu em 7 de outubro.

Conhecendo Bolsonaro

Os governantes gostam de dizer que o melhor período da vida política está entre a eleição e a posse. É quando se recebe cumprimentos e festejos por onde passa sem qualquer cobrança de resultados. O auge desse ciclo é a festa de posse, com o povo na rua. Com Bolsonaro não foi diferente. Desfile em carro aberto pela Esplanada dos Ministérios com a esposa Michelle e o filho Carlos, mais de 115 mil pessoas de verde e amarelo o aplaudindo e muitos discursos. "Estou me casando com vocês", disse aos parlamentares após assinar o termo de posse no Congresso, fazendo uso de metáfora amorosa que se tornaria frequente em suas falas.

A hora de governar chegou para um Bolsonaro ávido em "despetizar" o governo e em reafirmar que a bandeira brasileira não era vermelha. Apresentou como seria sua forma de governar:

"Vamos unir o povo, valorizar a família, respeitar as religiões e a nossa tradição judaico-cristã. Combater a ideologia de gênero, conservando valores. O Brasil voltará a ser um país livre das amarras ideológicas."

A fase do discurso acabou. Teria que mostrar ação. Bolsonaro focou a princípio em dois setores. Jogou para o ministro Paulo Guedes a responsabilidade de apresentar resultados para a prometida "rota do crescimento econômico"; e ao ministro da Justiça, o ex-juiz da Operação Lava Jato Sergio Moro, a de apresentar soluções para a área de segurança – a passagem de Moro pelo governo foi mais rápida e polêmica do que se poderia prever, como se veria logo.

Enquanto ministros tomavam pé da situação pela Esplanada dos Ministérios e tentavam elaborar propostas, o núcleo palaciano do governo emitiu ainda em janeiro os primeiros sinais de que tranquilidade passaria longe dali. A primeira vítima das intrigas do grupo familiar do presidente foi o advogado Gustavo Bebianno, que assumiu o posto de ministro-chefe da Secretaria-Geral da Presidência depois de figurar como um dos principais coordenadores da campanha vitoriosa no ano anterior.

Mais do que coordenador de campanha e um dos primeiros incentivadores da candidatura a presidente de Bolsonaro, o advogado "tinha poder total sobre o candidato", como relatado pela jornalista Consuelo Dieguez na edição de agosto de 2022 da revista *piauí*: "[Bebbiano] decidia desde a roupa que Bolsonaro vestiria até a hora que acordaria e com quem conversaria. À noite, agia como um enfermeiro e lhe dava os remédios. [...] Como Bolsonaro tinha dificuldade de memorizar os textos, era comum ter crises de pânico durante as gravações [de vídeos para a campanha]. Nesses momentos, Bebianno saía com ele do estúdio, o levava para o jardim e o acalmava".

O próprio Gustavo Bebianno demonstrou claramente em várias ocasiões sua ligação com Bolsonaro, a admiração e a lealdade que tinha por ele. Em julho de 2018, no ato de lançamento oficial da candidatura presidencial pelo PSL, Bebianno, que presidia a sigla, disse no seu discurso: "Poucas pessoas conhecem [como eu] o coração de Jair Bolsonaro e sua capacidade de enfrentar desafios, sua resiliência. [...] Na convivência do dia a dia, a minha admiração só se fez aumentar. Hoje posso dizer que sou, de forma hétero, apaixonado por Jair Bolsonaro".

Exatos 49 dias depois de ser empossado como ministro, Bebianno foi demitido por Jair Bolsonaro. O presidente optou por tomar partido do filho Carlos, que estava em pé de guerra com o ministro desde o fim das eleições, por divergências de todo tipo, da estratégia de comunicação aos apoios e alianças. O vereador Carluxo já tinha dado mostras de seu poder junto ao pai quando o convenceu, antes da posse, a esvaziar a pasta que seria assumida por Bebianno. O comprometimento do pai com os filhos resultou, muitas vezes, em deslealdade com auxiliares e aliados políticos fiéis.

O pretexto inicial da demissão foram as denúncias de que o PSL dirigido por Bebianno havia feito fartos investimentos em candidaturas fantasmas com o fundo partidário, formado por recursos públicos. Além de negar responsabilidade nas eventuais irregularidades, o ministro quis mostrar que tinha canal direto com o presidente Bolsonaro, afirmando que falava com ele diversas vezes ao dia e que estava tudo certo entre os dois. Essa demonstração de proximidade irritou Carlos, que o desmentiu publicamente, estabelecendo um clima de crise no governo. Em um vídeo, após a nota de demissão do auxiliar, Bolsonaro falou em "incompreensões e questões mal-entendidas de parte a parte" e que não cabia pré-julgamento naquele momento.

Demitido em 18 de fevereiro de 2019, Gustavo Bebbiano se afastou da família Bolsonaro e voltou para o Rio de Janeiro. Ao lado do amigo Paulo Marinho, tentava alavancar uma candidatura à prefeitura do Rio pelo PSDB quando faleceu em casa, de infarto fulminante, em 14 de março de 2020. Tinha 56 anos. O empresário carioca Paulo Marinho foi outro aliado de primeira hora de Bolsonaro que rompeu com a família ainda em 2019 – no ano anterior, Marinho cedera sua casa no Rio para ser usada pela campanha do PSL e, como parte dessa aliança, foi eleito suplente do senador Flávio Bolsonaro. Afastou-se da família, e na campanha do segundo turno em 2022 declarou apoio a Lula.

Ao formar sua primeira equipe de ministros, o presidente Bolsonaro percebeu que voluntarismo não adiantava: havia prometido que seu governo teria quinze ministérios, metade da equipe do governo Michel Temer. Empossou 22. Em um só dia no Centro de Transição de Governo, era possível contar mais de 100 parlamentares rondando os novos poderosos. Em um ano seria formalizada a parceria com os partidos do afamado Centrão, o bloco parlamentar que tem maleabilidade para sustentar tanto um governo do PT, como fez, quanto um de direita.

Entrou para o anedotário político o discurso do general da reserva Augusto Heleno ao cantar em um evento político em 2018: "Se gritar 'pega Centrão', não fica um, meu irmão", numa paródia da antológica música de Bezerra da Silva, substituindo o original "ladrão". Como ministro palaciano, o general conviveu bem de perto com ministros do Centrão a partir de 2020.

Fortalecido pelo resultado das urnas, Bolsonaro queria praticar no Planalto seu modo de fazer política, com o mesmo tom autoritário e conflituoso dos tempos de parlamentar. E tinha uma estratégia definida por ele e pelos filhos.

As escolhas para os chamados ministérios palacianos denotavam a tática de não ter nenhum ministro forte. O presidente tinha a clara intenção de dividir o poder entre os escolhidos, reestruturando e esvaziando as pastas, reduzindo, assim, a força que cada um poderia ter – eram Bebianno (Secretaria-Geral) e Onyx Lorenzoni (Casa Civil) de um lado; e os generais Augusto Heleno (Gabinete de Segurança Institucional) e Carlos Alberto dos Santos Cruz (Secretaria de Governo) de outro. Um núcleo político e outro militar. Nenhum mais forte que o outro. Todos com poder limitado, subordinados às decisões do grupo familiar.

A ideia era criar no Planalto o chamado "Centro de Governo", formado por esses ministros mais o vice-presidente Hamilton Mourão, para armazenar informações, fiscalizar o andamento de obras, projetos e programa sociais considerados prioritários. Outros militares seriam espalhados pela Esplanada, principalmente na área de infraestrutura. A diretriz era que a equipe responderia diretamente ao presidente, reafirmando seu perfil centralizador. Sobretudo a respeito da divulgação de atos do governo, tanto que ele concentrou nas mãos do filho Zero2, o Carlos, toda a ação de comunicação do Planalto.

Os militares eram muitos no governo Bolsonaro, mas aquela impressão inicial de que eles exerciam grande influência se confirmou falsa ainda no primeiro semestre de 2019, por meio de alguns eventos. Logo de início se tornou evidente o quão difícil era a relação de Bolsonaro com Mourão, o vice escolhido na data limite para registro da chapa. O general e o capitão não eram amigos íntimos e tinham se aproximado quando Mourão, então chefe do Comando Militar do Sul, criticou o governo Dilma Rousseff.

As diferenças entre os dois começaram desde o episódio da facada em Bolsonaro, quando Mourão defendeu o fim da "vitimização", irritando a família e os aliados mais fiéis. Já no governo, outros episódios de discordância pública entre os dois alimentaram o clima de desavença. Havia recuos de ambos os lados, mas se tratava mesmo de uma relação conturbada, a ponto de Bolsonaro dizer que Mourão era como um cunhado, a quem você tem que "aturar" depois que se casa. Para a chapa da reeleição, o presidente escolheu o também general da reserva Walter Braga Netto para vice. Mourão foi eleito senador pelo Rio Grande do Sul.

A lealdade que Jair Bolsonaro pregou durante toda sua vida pública aos preceitos e à carreira militar não se converteu em apoio e solidariedade aos militares de sua equipe quando alguns deles foram atacados pelo ideólogo de extrema direita Olavo de Carvalho.

Carvalho – denominado professor, escritor e astrólogo – foi o guru que exerceu de forma preponderante poder e influência sobre o clã Bolsonaro até sua morte, em janeiro de 2022. Foi o responsável direto por diversas crises no governo, mas a lealdade da família a ele foi devotada até o fim da sua vida. Por ocasião da sua morte, o presidente lamentou nas redes sociais. "Nos deixa hoje um dos maiores pensadores da História do nosso país. [...] Foi um gigante na luta pela liberdade e um farol para milhões de brasileiros", escreveu o presidente. Os filhos foram na mesma linha.

O amigo Olavo de Carvalho provocou o primeiro entrevero entre Bolsonaro e militares, em abril de 2019, quando, pelas mesmas redes sociais, fez ataques aparentemente gratuitos aos que ocupavam cargos no governo. Em um vídeo em seu canal no YouTube divulgado pelo próprio presidente num dia e republicado pelo filho Carlos no dia seguinte, Olavo de Carvalho questionava que contribuição os militares tinham dado à alta cultura nacional, e ele mesmo respondia: "As obras de Euclides da Cunha. Depois de então, foi só cabelo pintado e voz impostada. E cagada, cagada. Esse pessoal subiu ao poder, destruiu os políticos de direita e sobrou o quê? Os comunistas, daí os comunistas tomaram o poder. E eles vêm dizer: 'nós livramos o Brasil do comunismo'. Não, nós entregamos o país ao comunismo. Se tivessem vergonha na cara, confessariam o seu erro. Mas é só vaidade".

Poucos dias antes, Carvalho chamara o vice Hamilton Mourão de "um cara idiota". O general Santos Cruz, ministro da Secretaria de Governo, também foi alvo de sua ira. Afirmou que o militar nunca fizera nada contra a "hegemonia comunopetista", que era um homem "que não sabe de onde veio nem para onde vai". Santos Cruz o chamou de desequilibrado após sucessivas críticas aos militares.

Mas ficou por isso mesmo. Somente depois de duas semanas de ataques de Carvalho aos militares, o presidente foi às redes sociais para pedir apenas que os desentendimentos fossem considerados uma "página virada por ambas as partes".

No embate entre o seu guru e os militares, a questão da lealdade surgiu nebulosa na reação de Bolsonaro. O capitão do Exército foi mais leal ao ideólogo que despachava desaforos pelas redes sociais lá dos Estados Unidos, onde morava, do que aos militares que o cercavam no Palácio do Planalto, que ouviam e administravam seus rompantes. Embora pedindo que os ânimos serenassem, Bolsonaro seguia fazendo fartos elogios a Olavo de Carvalho.

Quase como uma provocação, elogiou o amigo poucas horas depois de o guru ter desrespeitado outro graduado militar, o general Eduardo Villas Bôas, o ex-comandante do Exército. Tratava-se de um aliado de primeira hora de Bolsonaro e que protagonizara em seu favor, em abril de 2018, um ato controverso: na véspera de o Supremo Tribunal Federal julgar pedido da defesa de Lula contra sua prisão, ele, como comandante do Exército, publicou mensagem nas redes sociais pregando o repúdio à impunidade. Soou como uma pressão aos ministros da Corte.

Vítima de esclerose lateral amiotrófica, uma doença grave e degenerativa, o general Villas Bôas permaneceu como comandante até o início do governo Bolsonaro, quando passou a trabalhar dentro do Palácio do Planalto, como assessor do Gabinete de Segurança Institucional (GSI). Villas Bôas se transformou em alvo de Olavo de Carvalho de rebarba. "Há coisas que nunca esperei ver, mas estou vendo. A pior delas foi altos oficiais militares, acossados por informações minhas que não conseguem contestar, irem buscar proteção escondendo-se atrás de um doente preso a uma cadeira de rodas", escreveu o guru. Carlos Bolsonaro compartilhava as mensagens, amplificando os ataques.

A falta de tato, tática e solidariedade de Bolsonaro com seus colegas de armas se sobressaiu mais uma vez quando defendeu Olavo de Carvalho poucas horas antes de ser recebido para um almoço pela cúpula militar, no Quartel-General do Exército, em Brasília. Alguns generais esperavam pelo menos uma crítica do presidente ao comportamento do seu guru. Quando viram que o almoço já estava no fim e nada de Bolsonaro se manifestar, decidiram eles próprios dar o assunto por encerrado. Passariam a ignorar Carvalho: "Responder a esses xingamentos, que não têm efeito algum, seria como usar um tiro de canhão para matar um inseto", disse um dos generais.

O desconforto entre alguns militares e o presidente se tornou mais evidente quando se tomou conhecimento do grau de incompatibilidade entre Bolsonaro e o ministro Santos Cruz. No dia 5 de maio, um domingo, o presidente chamou Santos Cruz ao Palácio da Alvorada. Os dois tiveram uma péssima conversa. Bolsonaro pediu explicações sobre supostas mensagens de Santos Cruz em um grupo de aplicativo de troca de mensagens com críticas ao próprio presidente. O ministro sustentou que não era o autor das mensagens.

No dia seguinte, segunda-feira, Santos Cruz pediu para falar com Bolsonaro, mas o presidente não o quis receber. Foi preciso que o ministro Augusto Heleno intercedesse, e uma breve conversa aconteceu. Ao fim do encontro, Bolsonaro deu a um auxiliar a pista sobre o futuro do ministro Santos Cruz:

"Estou com uma *kriptonita* no colo", disse, referindo-se ao mineral que, na ficção, tem o poder de enfraquecer o Superman.

A saída de Santos Cruz do governo ocorreu poucos dias depois, em 13 de maio de 2019. Era o segundo ministro demitido do governo Bolsonaro – Gustavo Bebbiano fora o primeiro – por influência do vereador Carlos Bolsonaro e por inspiração de Olavo de Carvalho.

Duas semanas após sair do governo, o general da reserva Santos Cruz disse, em entrevista, que o suposto diálogo dele com interlocutores desconhecidos, com críticas ao presidente, era falso, e sua divulgação, criminosa: "Um *print* de uma tela falsa. É medíocre, um comportamento de gangue, uma coisa montada, malfeita, para criar um fato para pressionar o presidente a demitir". Nos meses e anos seguintes, o general reforçou as críticas à equipe palaciana do já chamado "gabinete do ódio".

Em menos de seis meses de governo aconteceria a terceira troca de ministros. Depois de Bebianno e Santos Cruz, perdeu o cargo em abril o colombiano naturalizado brasileiro Ricardo Vélez Rodríguez, ministro da Educação. Em três meses no cargo, foi autor de propostas polêmicas, que iam desde a ideia de mudar os livros didáticos para revisar os textos sobre o golpe militar de 1964 à declaração de que universidade não é mesmo para todos. Não demorou a se tornar mais uma vítima das intrigas patrocinadas por Olavo de Carvalho – que pôs em seu lugar Abraham Weintraub.

Nessa área, a maior vítima foi o próprio Ministério da Educação, que passou por diferentes experimentos e ministros – quatro até o final do mandato – que tentaram impor a agenda conservadora do grupo ideológico do governo. Uma das fixações do presidente era acabar, nas escolas, com a "ideologia de gênero", uma expressão sem um significado claro que políticos conservadores e seus eleitores usam para atacar questões de identidade de gênero e orientação sexual. Tornou-se uma bandeira do governo Bolsonaro, que agregou o falso discurso de que o PT defendia nas escolas a imposição de uma orientação sexual.

Parte dessa política era fazer valer na sociedade o controverso conceito "menina veste rosa, menino veste azul", lançado pela então ministra Damares Alves (Mulher, Família e Direitos Humanos), uma das autoridades mais empenhadas em defender a pauta conservadora de costumes. A ministra encontrou em Michelle Bolsonaro, evangélica como ela, o apoio para reforçar no governo e entre os eleitores de Bolsonaro a defesa da família, da religião e da pátria.

Weintraub permaneceu catorze meses como ministro da Educação sem realizações de peso na área, mas colecionando as mais disparatadas falas, via redes sociais, com insultos e desaforos contra autoridades, do Supremo Tribunal Federal em especial, e desafetos políticos.

Foi com pesar que Bolsonaro demitiu o protegido de Olavo de Carvalho e dos seus filhos. Weintraub deixou de ser ministro, mas ganhou um cargo no Banco Mundial, rompendo posteriormente com o clã Bolsonaro. Em 2022, numa história muito mal contada, ele se disse vítima das intrigas da família depois que manifestou o desejo de ser candidato ao governo de São Paulo, contra a aposta de Bolsonaro para o cargo, o ex-ministro Tarcísio de Freitas (Infraestrutura), que foi eleito. O ex-ministro da Educação tentou nas urnas um mandato de deputado federal, mas não conseguiu.

O pior momento do Ministério da Educação ainda estaria por vir, com o novo ministro, o pastor presbiteriano Milton Ribeiro.

Conseguiu ficar afastado de polêmicas, permanecendo no cargo por quase dois anos. Caiu em março de 2022, após denúncias de que funcionava no ministério um gabinete paralelo em que pastores cobravam propinas de prefeituras para liberar recursos da pasta. Além de dinheiro, pastores pediam até barra de ouro. O ministro chegou a ser preso, acusado de corrupção passiva e tráfico de influência, entre outros crimes. Um mês depois da demissão, Milton Ribeiro virou notícia novamente, no dia que sua arma disparou acidentalmente, sem vítimas, enquanto estava no balcão da companhia aérea no Aeroporto de Brasília.

Comunicação própria

Diante da presença negativa do governo no noticiário, alimentado diariamente pelas polêmicas de seus ministros e dele próprio, o presidente Jair Bolsonaro decidiu que ele mesmo daria o rumo das notícias do dia. Uma cena, então, tornou-se quase oficial: diariamente, ao sair do Palácio da Alvorada rumo ao Palácio do Planalto, por volta das 8h, mandava parar o carro para falar com a imprensa. Debruçava-se sobre a grade que o separava dos jornalistas, e ali falava apenas o que queria. "O objetivo é mesmo pautar a imprensa", revelaram seus auxiliares.

Os assuntos eram geralmente levantados pelo presidente e, no início, os repórteres conseguiam fazer algumas perguntas. A celeuma era certa no "cercadinho do Alvorada". As entrevistas miravam o público-alvo e o meio preferido da família: o eleitor bolsonarista que apoia tudo que ele diz e reverbera suas falas nas redes sociais.

Não demorou e o ambiente logo se transformou em palco de ataques à imprensa, por parte do próprio presidente e de seus apoiadores, que eram levados por políticos aliados à porta do Alvorada toda manhã para aplaudir Bolsonaro e xingar jornalistas. Partiram até para ameaças físicas, o que fez com que a maior parte dos principais veículos de comunicação abandonasse a cobertura do "cercadinho" ainda no primeiro semestre de 2020.

Com essa prática, Bolsonaro formalizou o fim do sistema de comunicação institucional da Presidência da República, que havia funcionado em todos os governos, com a imprensa solicitando informações e obtendo as respostas oficiais. Na ocasião, o porta-voz de Bolsonaro, general Otávio Rêgo Barros, foi orientado a não ter mais contato diário com jornalistas – ficou escanteado por quase um ano, sem direito a falar, sendo exonerado quando o cargo foi extinto em agosto de 2020. Mais um militar que saiu insatisfeito do governo. Pouco depois da exoneração escreveu um artigo em que dizia, sem citar nomes, que o "poder inebria, corrompe e destrói".

O Brasil estava conhecendo melhor o presidente que desde menino na pequena Glicério, no interior de São Paulo, já se apresentava como uma pessoa determinada. A sua propaganda eleitoral na televisão, em 2022, contava que, em vez de ganhar o peixe, ele queria aprender a pescar. Aprendeu a pescar e aprendeu a vender o peixe, com um objetivo, segundo relato de uma das irmãs: juntar dinheiro para ir para a escola preparatória de cadetes.

Segundo de seis irmãos, Jair Messias Bolsonaro nasceu em 21 de março de 1955 e, aos 22 anos de idade, realizava o primeiro sonho: concluiu o curso de formação de oficiais na Academia Militar das Agulhas Negras (Aman), em Resende, no estado do Rio; e também o curso de paraquedismo militar. Ainda em Resende, em 1979, casou-se pela primeira vez, com Rogéria Nantes Nunes Braga, com quem teve os três primeiros filhos: Flávio, Carlos e Eduardo.

Quase vinte anos depois, em 1998, nasceu o quarto filho de Jair Bolsonaro, Jair Renan, fruto do seu relacionamento com Ana Cristina Siqueira Valle, uma advogada que na juventude disputava concursos de beleza em Juiz de Fora, onde morava com os pais. Os dois começaram a se relacionar em 1997, quando ainda eram casados com outras pessoas, e passaram a viver juntos depois do nascimento do filho.

Por quase dez anos, Jair e Ana Cristina viveram uma parceria intensa não apenas na vida familiar: ela é apontada como a pessoa que instituiu a chamada "rachadinha" nos gabinetes dos filhos de Bolsonaro – primeiro, no do vereador Carlos e, depois, no do deputado estadual Flávio. Quando a relação acabou, em 2007, a separação de bens do casal, incrementados enquanto ela administrava as finanças dos gabinetes dos enteados, foi parar na Vara de Família da Justiça do Rio – eles não eram oficialmente casados.

O Ministério Público Federal abriu investigação sobre as suspeitas de devolução de salários por parte de funcionários lotados nos gabinetes da família, e também por funcionários fantasmas, depois que o jornal *Folha de S.Paulo* revelou, em 2018, que o gabinete de Jair Bolsonaro na Câmara dos Deputados pagava salário para Walderice Santos da Conceição. Conhecida como Wal do Açaí, ela morava em Angra dos Reis e cuidava eventualmente da casa da família na praia. Em 2020, Flávio Bolsonaro foi denunciado pelo Ministério Público do Rio de Janeiro sob acusação de praticar a mesma irregularidade, mas o caso foi arquivado em maio de 2022 pelo Tribunal de Justiça do estado.

Também em 2022, antes da campanha eleitoral, o MPF propôs ação de improbidade administrativa contra o presidente Bolsonaro, e enviou à Justiça Federal de Brasília pedido do ressarcimento de cerca de R$ 280 mil, referentes a recursos públicos "indevidamente desviados", pagos a Wal do Açaí durante quinze anos. A conclusão da investigação é que ela foi funcionária fantasma por esse período – a imprensa já denunciou dezenas de casos de parlamentares que contratam funcionários domésticos ou funcionários fantasmas com recursos públicos.

Após a conflituosa relação com Ana Cristina Valle, Jair Bolsonaro casou-se pela terceira vez em 2007, com Michele Firmo Reinaldo, a primeira-dama durante seu mandato no Planalto. O deputado se encantou pela jovem brasiliense que trabalhava em um gabinete perto do seu, na Câmara, e naquele mesmo ano se casaram. A festa da união ocorreu quase seis anos depois no Rio, quando foi realizada a cerimônia religiosa celebrada pelo pastor Silas Malafaia, um dos seus principais aliados políticos. Os dois têm uma filha, Laura. A mesma da polêmica declaração de Bolsonaro de 2017: "Eu tenho cinco filhos. Foram quatro homens, a quinta eu dei uma fraquejada e veio uma mulher".

Michelle Bolsonaro, nascida em 1982, foi a grande sensação para o público presente na festa de posse de Bolsonaro em 2019. Quebrou o protocolo, no Parlatório do Palácio do Planalto, ao transmitir, com desenvoltura, uma mensagem em Libras (Linguagem Brasileira de Sinais) à comunidade surda, sendo ela engajada na causa de portadores de deficiência. Encantou a plateia de apoiadores na Praça dos Três Poderes e ganhou destaque nas redes sociais por meio de publicação de eleitores de Bolsonaro que apontavam sua beleza e elegância. Depois dessa aparição, Michelle teve uma atuação discreta durante o mandato do marido – nas redes sociais vez por outra surgem notícias sobre a péssima relação dela com os filhos mais velhos de Bolsonaro, em especial com o vereador Carlos.

Na disputa pela reeleição, em 2022, a primeira-dama teve um papel mais ativo na campanha na tentativa de conquistar apoio do eleitorado feminino, que tinha forte rejeição ao presidente. Ao longo de seus mandatos de deputado federal, Bolsonaro não disfarçou seu comportamento machista e misógino. A cena mais explícita ocorreu em 2003, em pleno Salão Verde da Câmara dos Deputados, quando chamou a deputada Maria do Rosário (PT-RS) de "vagabunda" e disse que não a estupraria porque "ela não merecia". Repetiu a ofensa anos depois. Em 2019, depois de empossado, publicou um pedido de desculpas à deputada, para cumprir determinação judicial.

Apesar dos esforços de Michelle e da campanha para melhorar a imagem do presidente junto às mulheres, o próprio candidato causou estrago, entre o primeiro e o segundo turnos da eleição de 2022: em entrevista a um canal de podcast, relatou ter se deparado na periferia de Brasília, durante um passeio de moto já como presidente, com imigrantes venezuelanas de 14 e 15 anos, e disse que foi conversar com elas no interior da casa porque "pintou um clima". A intenção de Bolsonaro, segundo justificou na entrevista ao podcast, era expor as mazelas produzidas pelo governo de esquerda da Venezuela, mas o uso da expressão "pintou um clima" causou enorme polêmica e deu margem a acusações de pedofilia pela oposição.

Antes do primeiro turno, em discurso no 7 de Setembro para a massa de apoiadores vestidos de verde e amarelo, quando transformou a festa cívica na Esplanada dos Ministérios em comício, Bolsonaro se referiu à esposa como "uma princesa" e disse ser "imbroxável", estimulando o público a repetir a palavra de conotação sexista. Do palanque, foi deselegante ainda com Rosângela Silva, esposa do adversário Lula, ao sugerir ao povo que comparasse as duas candidatas a primeira-dama.

Evangélica praticante, Michelle passou a ter participação mais frequente em comícios, em reuniões com pastores e em cultos religiosos, depois de insistentemente cobrada pelo PL para ajudar na campanha. Em muitos desses compromissos, ela estava acompanhada de sua amiga Damares Alves, eleita senadora pelo Distrito Federal, graças ao apoio da primeira-dama. Em evento com apoiadores do presidente, em outubro de 2022, Michelle disse que o papel da mulher era ser "mãe, esposa e ajudadora [do marido]". Pela desenvoltura revelada nos palanques, aliados políticos de Bolsonaro a veem como importante candidata a cargo eletivo no futuro.

O presidente que falava o que bem entendia, bradava, acusava, disparava críticas e xingamentos, sem preocupação com provas, foi um jovem militar impetuoso. Indisciplinado. Em 1986, foi preso e punido por "transgressão grave", depois de escrever artigo com críticas aos baixos salários pagos aos cadetes. Um ano depois, nova acusação: um plano elaborado por ele e outro colega previa a explosão de bombas em unidades militares do Rio, para pressionar os superiores por melhores salários. Era o temperamento dado ao conflito, ao embate, já moldando sua personalidade. Por esse comportamento, foi desligado da carreira militar em 1988, mesmo ano em que conquistou seu primeiro mandato de vereador.

Em mais de trinta anos como político, Jair Bolsonaro colecionou partidos e frases polêmicas – em 2022, foi pelo seu nono partido que o presidente disputou a reeleição. Do ponto de vista ideológico, ele manteve a coerência nas filiações partidárias, sempre no campo da direita. Em suas campanhas eleitorais, agregou ao discurso de melhoria salarial para os militares, o fim da estabilidade dos servidores, a defesa do controle da natalidade e revisão de áreas indígenas – temas, entre outros, que ele pregava na década de 1990, e continuou defendendo em 2022, quando sua plataforma amplificou a questão religiosa, angariando apoio maciço dos evangélicos. Ele contou com o apoio de cerca de 65% dos eleitores evangélicos que formavam, então, um quarto do eleitorado do país.

Como parlamentares, os filhos de Jair Bolsonaro tiveram uma produção legislativa maior que a do pai, que apresentou dezenas de propostas em 28 anos como deputado federal, mas só conseguiu aprovar dois projetos de lei: um sobre isenção de Imposto sobre Produtos Industrializados (IPI) para bens de informática; e outro que autorizava o uso da chamada "pílula do câncer" (fosfoetanolamina sintética). É, na verdade, um resultado comum para grande maioria dos parlamentares. Bolsonaro justificou sua atuação no Legislativo desta forma:

"Tão importante quanto você fazer um gol é não tomar um gol. Eu trabalho muitas vezes para que certos projetos não sejam aprovados."

Firme em suas convicções, sejam políticas, comportamentais ou religiosas, Bolsonaro não parece se arrepender de declarações polêmicas. Esse Bolsonaro só se tornou conhecido do grande público do Brasil a partir da sua chegada à Presidência da República. Sem se importar com as críticas, ele próprio naturalizou algumas de suas mais rechaçadas falas.

É o caso de frases em que diz exatamente o que pensa sobre ditaduras militares. A do Brasil "devia ter fuzilado uns 30 mil corruptos"; ou "o erro da ditadura foi torturar, e não matar". Sobre o ditador chileno Augusto Pinochet, que deixou um saldo de mais de 3 mil mortos e desaparecidos: "Pinochet deveria ter matado mais gente".

Uma das mais estarrecedoras ele disse no dia da votação na Câmara dos Deputados do pedido de impeachment da então presidente Dilma Rousseff. No microfone, no centro do plenário lotado e ao vivo para todo o país, Bolsonaro parabenizou o presidente da Casa, Eduardo Cunha, pregou seus valores de família, Deus, pátria e Exército, e concluiu seu voto a favor do impeachment:

"Pela memória do coronel Carlos Alberto Brilhante Ustra, o pavor de Dilma Rousseff."

Entre 1970 e 1974, durante o regime militar, Ustra foi chefe do DOI-Codi do Exército de São Paulo, órgão de repressão política, onde, sob seu comando, ao menos cinquenta pessoas foram assassinadas ou desapareceram, e outras quinhentas foram torturadas, segundo dados levantados pela Comissão Nacional da Verdade. Aos 22 anos de idade, em 1970, Dilma foi presa pela ditadura em São Paulo, onde sofreu tortura nas dependências do Exército.

O presidente Bolsonaro, da mesma forma que o deputado Bolsonaro, coleciona também declarações de cunho racista e homofóbico.

Um político do qual não se pode afirmar que enganou o seu eleitor. Seu comportamento genuíno é claro, cristalino, transparente.

Ele tem um modo de agir, que é o conflituoso. Assim era o deputado e, como presidente, potencializou esse temperamento. Jair Bolsonaro trabalhou e fez política na base do conflito, em todas as áreas e com os mais diferentes interlocutores.

A pandemia e outros adversários do presidente

O presidente Jair Bolsonaro elegeu como adversários a preservação do meio ambiente, a cultura popular, a pauta da comunidade LGBTQIAPN+ e todas as variantes. Esses pontos bem contemporâneos que fazem parte do mundo atual e real, ele despreza, desdenha e considerava que a posição do seu governo tinha que ser do jeito que ele queria, com o peso da sua opinião pessoal.

Em descompasso com o mundo, ultrapassou limites quando ainda no primeiro ano de governo acusou organizações não governamentais (ONGs) nacionais e internacionais que trabalham em defesa do meio ambiente de estarem por trás das queimadas na Amazônia, que até meados de 2019 já eram 70% maiores do que no ano anterior. O motivo, segundo seu raciocínio, era que as ONGs haviam perdido recursos do seu governo e, como troco, pretendiam atingi-lo com a divulgação das queimadas.

Uma acusação sem prova, com péssima repercussão para o Brasil em todo o mundo, mas Bolsonaro manteve sua postura. Não demonstrava preocupação com as críticas e ignorava a cobrança de que apresentasse provas sobre suas acusações. Ele não apenas se alimentava da narrativa que criava, como a celebrava e a repetia à exaustão.

Nos primeiros meses de mandato já deixava claro, por atos e discursos, que pretendia fixar o seu estilo na Presidência. O estilo de uma pessoa pronta para a briga, que não foge do confronto. Em meio a tumultos provocados por suas declarações, seus auxiliares e filhos diziam que ele estava certíssimo, que de política quem entendia era ele. E ponto. Fazia de caso pensado e, se necessário, faria de novo. Não suavizaria a crítica.

Mal terminava uma polêmica, já engatava outra, ferindo direitos humanos, a Constituição, a democracia. Bolsonaro não tinha filtro, diziam os que se relacionavam com ele. Um comportamento que soava como que uma liberação para que seu modo de agir fosse replicado por todo o governo.

No início de 2020, causou espanto e mais polêmicas a postura do então secretário nacional de Cultura, Roberto Alvim, que publicou nas redes sociais um vídeo com discurso inspirado em Joseph Goebbels, o ministro da Propaganda do governo nazista de Adolf Hitler. Em meados do século XX, Goebbels havia afirmado que a arte alemã da próxima década seria "heroica e imperativa" – palavras repetidas por Alvim.

A repercussão foi tão negativa, e com críticas vindas de setores tão diversos, que o presidente Bolsonaro foi rápido e o demitiu poucas horas depois. A escolha do substituto, a atriz Regina Duarte, tirou o "assunto Alvim" de cena ao permanecer por semanas a fio no noticiário, com Bolsonaro alimentando o "namoro", "noivado" e "casamento" com a namoradinha do Brasil – com uma gestão esvaziada e pressionada pela ala ideológica do governo, a atriz ficou no cargo pouco mais de um ano.

Junto com a pandemia da covid-19, com início em 2020, outros episódios de peso abalaram o governo Bolsonaro, sendo um dos mais relevantes a demissão do até então poderoso ministro da Justiça, Sergio Moro. O convite a Moro para ser ministro, ainda em 2018, foi considerado pelos aliados o seu grande gol. Agregou mais apoios, reforçou seu discurso contra a corrupção.

Para os opositores do presidente, era a prova de que o juiz da Operação Lava Jato havia operado para tirar Lula da disputa eleitoral. Setores do meio jurídico também questionaram a imparcialidade de Moro quando ele aceitou ser ministro de Bolsonaro.

O governo ainda não tinha um ano quando foi se tornando claro para aqueles do entorno de Bolsonaro que o encanto acabara, que a parceria corria risco. Além de pequenos desacertos no diálogo entre os dois, marcou para muitos palacianos o dia em que as pretensões políticas de Sergio Moro ficaram evidentes: o trânsito na Esplanada dos Ministérios parou por causa da cerimônia de comemoração dos 197 anos do Ministério da Justiça, com a presença dos dois. Um evento concorrido, com o ministro muito paparicado. Um sinal inequívoco do prestígio de Moro. Um incômodo para o presidente. Estavam ali dois presidenciáveis para 2022? Era a pergunta que corria pelos salões diante da vaidade e desenvoltura do ex-juiz no centro do poder. Bolsonaro e seus filhos perceberam de imediato.

**

A pandemia chegou para testar todos os limites do presidente. Desde o princípio, Bolsonaro refutou as medidas de prevenção e a ideia de isolamento social, questionou a vacinação e defendeu o uso de medicamento sem eficácia comprovada. Um comportamento que expôs negativamente o Brasil, resultou em quatro diferentes ministros da saúde e alimentou os discursos mais polêmicos do presidente – um cenário considerado desastroso, perceptível no país e no mundo.

Além de palavras, gestos e a rotina de Bolsonaro causavam espanto em grande parcela da sociedade, incluindo parte de seus apoiadores. Com a população trancada em casa, em isolamento social, o presidente, como se diz popularmente, "sambou na cara do povo" em maio, quando primeiro marcou um grande churrasco. Depois desistiu, disse que era fake news e foi fazer um passeio de jet ski.

Político alinhado com Bolsonaro, o governador de Goiás, Ronaldo Caiado, foi um dos primeiros a contestar o comportamento do presidente quando ele pregou o "isolamento vertical" apenas para maiores de 60 anos, sob a alegação de que a economia não podia parar. Caiado via nos gestos do presidente apenas a preocupação política, e não a humanitária. A maior contrariedade do governador, que é médico, era com o fato de o presidente desconsiderar os estudos científicos, a academia e o que a classe médica dizia e pesquisava. "Como pode, [que] um ignorante completo na área de saúde venha dizer para nós o que é certo e o que é errado?", disse o irritado governador na ocasião – irritação que passou, conforme a pandemia foi amenizando, e que não se mostrou empecilho para que estivessem juntos na luta política de 2022.

Além da briga com os governadores – a maioria queria seguir o protocolo de prevenção da Organização Mundial de Saúde (OMS) – Bolsonaro travou uma agressiva disputa pública com o seu primeiro ministro da Saúde, Henrique Mandetta, médico, que também defendia as medidas mais rigorosas para o controle da doença.

O primeiro mês da pandemia, março, produziu mais de setecentas mortes. O mês de abril, que terminaria com mais de 12 mil vítimas fatais da doença, estava pela metade quando o presidente demitiu Mandetta. A decisão sobre a demissão já estava tomada, mas Bolsonaro a segurou por alguns dias após tomar conhecimento de pesquisa de opinião: 76% dos brasileiros apoiavam a condução do ministro Henrique Mandetta; e 39% desaprovavam as propostas do presidente, que destacavam mais o impacto da covid-19 na economia do que na saúde das pessoas. O mês seguinte, maio, foi o mais letal de 2020, com mais de 33 mil mortos.

Para o presidente, eram suficientes as medidas que ele tomou em abril: a concessão de linha de crédito para as empresas – que demorou meses a ser efetivada – e a criação de auxílio emergencial para a população mais carente.

No auge das contaminações por coronavírus, o Palácio do Planalto chegou a anunciar, em desacordo com a área econômica, um ambicioso programa de avanço de desenvolvimento para o período pós-pandemia. A doença durou mais do que o esperado, e o programa não evoluiu. Para auxiliar estados e prefeituras que perderam receitas durante o isolamento, a União repassou a governadores e prefeitos recursos extras, da ordem de R$ 110 bilhões, além das transferências regulares previstas em lei.

O presidente Bolsonaro exerceu também forte controle na atuação e divulgação do Ministério da Saúde. Por exemplo, quando anunciou que as entrevistas diárias de Mandetta sobre a pandemia contariam com a presença de ministros palacianos, incluindo os militares Braga Netto (Casa Civil), Luiz Eduardo Ramos (Secretaria de Governo) e Jorge Oliveira (Secretaria-Geral).

Mandetta se manteve firme na defesa de sua conduta: "O médico nunca abandona o paciente". Demitido em abril de 2020, foi substituído por outro médico, o conceituado oncologista Nelson Teich, que, também torpedeado pelo presidente e sua receita político-ideológica de enfrentar a pandemia, pediu para sair poucas semanas depois.

Por fim, Bolsonaro pôs um dos seus, o general Eduardo Pazuello, para conduzir a questão da pandemia seguindo seus preceitos. Foi apresentado como um especialista em logística, qualidade que não se confirmou na distribuição de vacinas – lote destinado a um estado foi parar em outro – e no fornecimento de insumos necessários para o tratamento dos doentes. O caso mais notório e que chocou a população foi sua atuação na crise de oxigênio em Manaus, em janeiro de 2021. As autoridades estaduais e federais souberam seis dias antes que a crise eclodiria, mas a demora no envio de cilindros de oxigênio em gás para a cidade provocou um triste resultado: mais de sessenta pessoas morreram no Amazonas por conta da falta de oxigênio e cerca de quinhentos pacientes foram removidos às pressas para outros estados, conforme mostrou resultado de investigações do Ministério Público e da Defensoria Pública.

Lentidão na compra de vacinas – apenas em dezembro de 2020 o governo apresentou o Plano Nacional de Vacinação contra a covid-19, depois de deixar por semanas sem respostas e-mails do laboratório Pfizer oferecendo o imunizante –, desestímulo ao isolamento social e propagação de medicamentos sem eficácia foram as marcas de Pazuello na Saúde. Figura como um dos piores ministros da área. Ficou quase um ano no cargo, período em que, diante das cobranças, demonstrou toda sua obediência ao presidente: "um manda e o outro obedece". O general foi substituído pelo médico paraibano Marcelo Queiroga em março de 2021, por pressão do Centrão, que já dava as cartas no governo.

Dois meses depois da demissão, Eduardo Pazuello foi nomeado para um cargo de confiança no Palácio do Planalto e em 2022 eleito deputado federal pelo PL do Rio de Janeiro, sendo o segundo mais votado do estado, com mais de 200 mil votos.

O cenário de doença e morte reduziu a popularidade do presidente Bolsonaro e colocou em evidência, por outro lado, gestores e governantes que defendiam o isolamento, a vacina, o uso de máscara. O governador de São Paulo, João Doria, ganhou notoriedade na ocasião, pela forma como conduziu a crise sanitária e por ter produzido no estado as primeiras vacinas do país– ele vislumbrou inclusive a possibilidade de ser candidato à sucessão de Bolsonaro, pretensão alvejada antes mesmo de se tornar viável, dadas as divisões internas no seu partido, o PSDB, e a baixa popularidade de seu governo.

Na primeira semana de julho de 2020, quando testou positivo para a covid-19, o presidente Bolsonaro continuou politizando a pandemia. Ele, que já tinha dito que não pegaria a doença, porque tinha histórico de atleta, teve sintomas leves e tratou sua contaminação com naturalidade. Suspendeu a agenda pública por alguns dias e comunicou que se medicou com hidroxicloroquina, remédio sem comprovação científica contra os efeitos do coronavírus no organismo. A maioria dos estudos científicos da época e outros realizados posteriormente confirmaram a ineficácia do medicamento no combate aos sintomas e consequências da doença; ainda assim, o governo contratou a fabricação de grande quantidade do remédio e autorizou sua distribuição.

Desde o início da pandemia, quatro meses antes, Bolsonaro era contrário ao fechamento do comércio e ao isolamento social, com o argumento de que a economia não podia parar. Não mudou de ideia com o agravamento da pandemia e com as mortes diárias beirando 3 mil. Provocou e participou de aglomerações, na maioria das vezes sem o uso de máscaras.

Cachorro-quente da esquina, passeios de moto, jet ski, manifestações de rua com apoiadores. "Gripezinha"; "Não sou coveiro"; "E daí? Lamento. Quer que eu faça o quê?".

"É como uma chuva, vai atingir você"; "País de Maricas"; "Se você tomar vacina e virar jacaré não tenho nada ver com isso"; "Cloroquina [para os de direita] e Tubaína [para os de esquerda]".

"O cara que entra na pilha da vacina, só a vacina, é um idiota"; "Vai comprar vacina? Só se for na casa da sua mãe".

Nada chocou mais do que a cena do presidente Jair Bolsonaro, diante de seus seguidores no Alvorada, fazendo piada ao imitar uma pessoa com covid sofrendo por falta de ar.

Inúmeras declarações como essas e o comportamento muitas vezes irresponsável colaram no presidente a marca de negacionista. À medida que aumentava o número de mortos, uma culpa maior era atribuída a ele. Genocida foi o termo mais usado por seus adversários políticos, sendo popularizado nas redes sociais. O Senado fez uma CPI que, além de responsabilizar o presidente e o governo pelos mais de 600 mil brasileiros mortos pelo coronavírus nos dois primeiros anos da pandemia, revelou esquemas de corrupção na compra de vacinas.

Bolsonaro atravessou o primeiro ano da pandemia perdendo parte de sua popularidade, chegando a ter 50% de desaprovação, mas nunca menos do que 28% de aprovação. Terminou 2020 com 47% dos brasileiros aprovando seu governo, popularidade recuperada com a ajuda do auxílio emergencial de R$ 600 pago no período a mais de 60 milhões de pessoas de baixa renda e aos que ficaram sem trabalho – e que indicava o tamanho de sua força eleitoral. Ficou claro que o presidente contava com apoio firme de parcela expressiva dos brasileiros e que seus eleitores e seguidores concordavam com os métodos que ele adotou no enfrentamento da pandemia, que só naquele 2020 matou mais de 170 mil brasileiros.

O pior momento

Um ano, três meses e 23 dias depois de chegar à Esplanada dos Ministérios como o mais poderoso ministro do novo governo, o ex-juiz que comandou a Operação Lava Jato e mandou para a cadeia dezenas de empresários e políticos, incluindo Lula, lançou graves suspeitas sobre o propalado compromisso do presidente Jair Bolsonaro com o combate à corrupção. Pediu para sair, e saiu atirando.

Sergio Moro acreditou na "carta branca para combater a corrupção", que Bolsonaro alardeou por ocasião de sua escolha, e resolveu desafiar a autoridade do presidente: no dia 23 de abril de 2020, Moro avisou a ele que pediria demissão caso fosse confirmada a troca no comando da Polícia Federal, que lhe fora comunicada pelo próprio Bolsonaro. Desde o ano anterior, o presidente vinha manifestando interesse em mudar o diretor-geral da PF, para colocar alguém de sua confiança. A ameaça e Moro só acelerou sua decisão.

Bolsonaro trocou Maurício Valeixo por Alexandre Ramagem, delegado da PF que em 2018 trabalhou na sua segurança pessoal durante a campanha e depois foi levado para dentro do Palácio do Planalto, como diretor-geral da Agência Brasileira de Inteligência (Abin).

Antes dessa troca, o presidente já tinha feito outras substituições em cargos de chefia na Polícia Federal, inclusive no Rio de Janeiro, base eleitoral de sua família e onde o senador Flavio Bolsonaro tinha se tornado alvo de investigação do Ministério Público do estado sobre as "rachadinhas", o esquema de devolução de parte dos salários dos servidores de seu gabinete como deputado estadual. A Polícia Federal no Rio não aliviou nas investigações.

Fabrício Queiroz, um policial militar aposentado, assessor e amigo dos Bolsonaro, foi apontado como o operador do esquema no gabinete de Flávio entre 2003 e 2018. Ele também foi investigado e preso pela Polícia Civil do Rio em junho de 2020. Estava escondido numa casa em Atibaia (RJ), que pertencia ao advogado Frederick Wassef, outro polêmico amigo da família. Preso por pouco tempo, Queiroz se manteve aparentemente afastado do clã, e em 2022 foi derrotado na tentativa de se eleger deputado federal com uma campanha explorando a ligação com o presidente.

Em agosto de 2019, quando afirmou que pretendia substituir o superintendente da PF no Rio de Janeiro, por razões de "produtividade", Bolsonaro disparou: "Quem manda sou eu". Moro não reclamou, pelo menos em público, e conseguiu segurar outras intervenções pretendidas pelo presidente. Até que veio a substituição de Valeixo, ligado ao ex-juiz desde os tempos da Lava Jato, no Paraná, e nomeado diretor-geral da PF por ele.

Na mesma época, além disso, o ministro estava vendo seu pacote anticrime sendo desidratado pelo Congresso, com apoio de aliados do presidente Bolsonaro e também da oposição. Os parlamentares que refutavam os métodos do juiz na Lava Jato queriam dar o troco. O projeto final aprovado pelo Congresso, sem pelo menos 10 pontos propostos pelo ministro, foi sancionado pelo presidente. Fora do governo, Moro lamentou, em entrevista à revista *Crusoé*, o fato de o presidente não ter acolhido suas sugestões de vetar os pontos que enfraqueciam mecanismos contra a corrupção e a impunidade: "Limitar acordos e prisão preventiva bate de frente com esse discurso. Isso aconteceu em dezembro de 2019, mesmo mês em que foram feitas buscas relacionadas ao filho do presidente".

Na entrevista em que anunciou seu pedido de demissão, Sergio Moro deu o roteiro completo: não poderia continuar porque o presidente lhe dissera mais de uma vez que "queria uma pessoa do contato pessoal dele na PF, que ele pudesse ligar, colher relatório de inteligência". Relatou que na véspera ponderou mais uma vez que as mudanças no comando da PF seriam uma interferência política. Bolsonaro concordou que era mesmo, e que iria fazer. Moro lembrou, na entrevista, que no auge da Operação Lava Jato no governo da presidente Dilma Rousseff "foi fundamental a manutenção da autonomia da PF".

As acusações de Sergio Moro abalaram o governo e deixaram a vida de Bolsonaro mais difícil naquele momento, porque eram bastante graves. A proteção aos filhos era a prioridade do presidente. Poucos dias antes da crise com Moro, numa conversa a sós com um interlocutor, caiu no choro quando falou sobre possível risco para os filhos. Meses antes, Bolsonaro gritou com o próprio Moro, afirmando que, se ele não pudesse ajudar (na proteção aos filhos), que não atrapalhasse.

O clima estava insustentável entre eles havia meses. O rompimento afetou a popularidade do presidente, com aumento imediato da reprovação ao governo – perda que Bolsonaro logo recuperou.

Como ex-juiz e ex-ministro, Sergio Moro entrou oficialmente para a política, acreditando que tinha apoio e capilaridade para vencer uma disputa à Presidência da República contra Jair Bolsonaro, em 2022. Investido desse personagem, lançou inúmeras suspeitas sobre o presidente, alardeando, em tom mais agressivo, o descompromisso dele com a Operação Lava Jato, com o combate à corrupção, e até fazendo acusações diretas a toda família.

Em janeiro de 2022, o pré-candidato concentrou ataques a Bolsonaro e a Lula, em posts publicados no Twitter. A sua estratégia de buscar eleitores do centro o instigava a atacar os dois extremos da política. "Assim como Lula, Bolsonaro mente. Nada do que ele fala deve ser levado a sério. Mentiu que era a favor da Lava Jato, mentiu que era contra o Centrão, mentiu sobre vacinas [...]. Não é digno da Presidência", publicou em 10 de janeiro de 2022.

No dia 28 do mesmo mês, Moro escreveu: "Está lançado o desafio. Uma nova forma de fazer política está na mesa. Vai abrir as contas dos gabinetes e da rachadinha, Bolsonaro? E você, Lula? Vai abrir as contas das suas palestras e do sítio de Atibaia?".

Críticas, desavenças e decepções que foram esquecidas ao fim do primeiro turno das eleições de 2022, quando Sergio Moro foi eleito senador – o sonho da Presidência ficara para trás depois de muitas trapalhadas – e Jair Bolsonaro saiu mais competitivo das urnas rumo ao segundo round da disputa com Lula. O apoio de Moro a Bolsonaro foi declarado no mesmo domingo do primeiro turno e exibido ao grande público no debate entre Lula e Bolsonaro na TV Band, quando o ex-juiz posou de assessor do presidente.

Nas redes sociais e na chamada imprensa tradicional prevaleceram manifestações de decepção com o juiz da Lava Jato. Em 19 de outubro de 2022, o jornal *O Estado de S. Paulo* resumiu esse sentimento em editorial com o título "Moro, o inimigo da Lava Jato": "Os inimigos da Lava Jato não são o PT, o Supremo Tribunal Federal [...]. É o próprio Moro quem, de forma sistemática, desmoraliza e desautoriza o trabalho da Lava Jato. Agora, ao participar do núcleo de campanha da reeleição de Bolsonaro – justamente quem o teria impedido de realizar seu trabalho de combate à corrupção na pasta da Justiça – Moro diz que a lei é só para os inimigos e que, na política, vale tudo".

A prova da interferência de Jair Bolsonaro na Polícia Federal, denunciada por Sergio Moro, estava na reunião ministerial promovida pelo presidente com o vice Hamilton Mourão e mais 25 autoridades, a maioria ministros de Estado, realizada em 22 de abril de 2020, véspera da demissão de Moro. O ministro do STF Celso de Mello autorizou a divulgação do vídeo da reunião exatamente um mês depois, em 22 de maio. Aí sim, uma bomba de verdade atingiu o Palácio do Planalto e grande parte da Esplanada dos Ministérios.

A gravação revelou uma reunião ministerial nunca antes imaginada pelo público, com palavrões, xingamentos, agressões e todo tipo de verborragia, sem compromisso com a verdade dos fatos. Comportamentos inadequados para autoridades.

De cara, o vídeo confirmou a intenção do presidente de intervir na Polícia Federal, quando ele argumentou que não poderia ser surpreendido por notícias na imprensa, usando frases do tipo, "pô, eu tenho a PF, que não me dá informações"; e "não vou esperar foder a minha família toda" para trocar segurança ou ministro.

Irritado com governadores e prefeitos que decretaram o isolamento social por conta da pandemia, Bolsonaro chocou ao disparar xingamentos: "O que os caras querem é nossa hemorroida, nossa liberdade [...] Esse bosta do governador de São Paulo [João Doria], esse estrume do Rio de Janeiro [Wilson Witzel]. Aproveitaram o vírus; tá um bosta de um prefeito lá de Manaus [Arthur Virgílio] agora, abrindo covas coletivas. Um bosta".

Na reta final da campanha de segundo turno em 2022, o tucano Arthur Virgílio desembarcou em Brasília para declarar apoio a Bolsonaro e posar para foto ao seu lado.

A fala do presidente parecia ser a senha para que todos fizessem o mesmo. Os maiores absurdos foram ditos naquela reunião ministerial que ficou como símbolo de um dos piores momentos do governo Bolsonaro. Foi quando o ministro do Meio Ambiente, Ricardo

Salles, disse que deveriam aproveitar as atenções da mídia voltada para a pandemia, para "passar a boiada" e "mudar" as regras de proteção à natureza.

Abraham Weintraub (Educação), ao reclamar da falta de liberdade imposta pelo isolamento social, atacou os defensores das regras de prevenção e controle da pandemia: "Por mim, botava esses vagabundos todos na cadeia. Começando no STF".

O "posto Ipiranga" Paulo Guedes também deixou sua aparente elegância de lado ao defender a privatização do Banco do Brasil: "Tem que vender essa porra logo".

E por aí foi a reunião que mostrou ao país como funcionava internamente a gestão Bolsonaro, gerando uma das maiores crises entre o governo e o STF – sustentada depois com ameaças veladas e às vezes explícitas do presidente à autonomia dos ministros da Suprema Corte. Confronto agravado a partir do momento, ainda em 2021, em que o ministro Alexandre de Moraes, do STF, pediu a investigação sobre fake news disseminadas por apoiadores do presidente e até por auxiliares palacianos.

Moraes foi eleito o maior inimigo de Bolsonaro no Judiciário, especialmente durante a campanha eleitoral de 2022, quando ele assumiu a presidência do Tribunal Superior Eleitoral. O presidente dizia que, se reeleito, iria aprovar no Congresso o impeachment de Alexandre de Moraes. Maioria para isso ele conquistara no primeiro turno das eleições. Bolsonaro analisou também propostas de ampliar o número de ministros do Supremo, para, num eventual segundo mandato, formar maioria a seu favor na Corte.

Depois de um primeiro ano de mandato (2019) com saldo relativamente positivo – aprovação da reforma da Previdência e de outros projetos de ajustes na economia –, havia uma expectativa positiva para 2020. A pauta de costumes, que o eleitorado religioso queria ver aprovada, ficou nas gavetas, mas o presidente fez a defesa dela: criminalização do aborto, o fim do que chama de ideologia de gênero, revisão da lei antidrogas não saíram dos seus discursos, de suas postagens nas redes sociais e das lives semanais que adotou como forma de se comunicar com o eleitorado.

Os sustos vieram a galope. A pandemia, a conduta do governo e os arroubos do presidente mudaram tudo. Antes da pandemia, a pergunta era se a economia continuaria ajudando a política. Não foi exatamente o desempenho econômico, ruim para o mundo todo durante a crise sanitária, mas o dinheiro garantido pelo auxílio emergencial que teve a capacidade de amenizar os aspectos negativos da gestão Bolsonaro. Garantiu sobrevida ao governo e a ele próprio.

Sobrevida, mas não sossego. A administração pública e o país andavam ao sabor do temperamento do presidente, que oscilava entre o que ele dizia pela manhã no "cercadinho do Alvorada" e o que ainda poderia falar nas lives semanais. Muitos conflitos ele lançou, e poucas vezes recuou. Tinha um público fiel o incentivando.

Dobrando a aposta

A pandemia ainda matava milhares de brasileiros por dia, em agosto de 2020, e o presidente Bolsonaro insistia na ideia de que o país não podia parar e que era preciso retomar a normalidade do governo. De olho nos números e no futuro, ele passou a cobrar da equipe a liberação de investimentos em obras federais. O ministro Paulo Guedes, num movimento oposto, ponderava e justificava que o governo já estava investindo alto com o auxílio emergencial e que não poderiam furar o teto de gastos – instrumento constitucional que limita as despesas da União.

Bolsonaro não desistia de ter uma agenda propositiva e pressionava o ministro da Fazenda o tempo todo. Além do pagamento do auxílio emergencial, queria viajar pelo país, inaugurando obras. Precisava retomar a popularidade perdida com a gestão da crise sanitária.

Depois de tanto ouvir de Paulo Guedes que o governo não poderia "furar o teto de gastos", Bolsonaro mudou sua tática e foi buscar respaldo na política. Reuniu líderes governistas no Palácio da Alvorada e surpreendeu os convidados ao adotar um tom pacificador.

Era a nova fase da relação do presidente com os partidos do Centrão (MDB, PP, PL, Republicanos e DEM), já integrados ao governo. As nomeações de apadrinhados do grupo começaram por cargos relevantes do segundo escalão, no auge da crise com Sergio Moro. Não demorou e os expoentes do Centrão estavam indicando ministros de Estado. Numa relação mais afável com os políticos, Bolsonaro pôs o tema da reeleição na mesa.

A política de austeridade fiscal foi derrotada pelos efeitos do auxílio emergencial, pago por cinco meses a mais de 60 milhões de brasileiros. Um fator que permitiu ao Brasil ter na economia um desempenho melhor que muitos outros países no período da pandemia.

Sucesso, sobretudo, porque levou o presidente a conquistar os eleitores das camadas mais pobres da população. As pesquisas de agosto de 2020 mostraram queda de dez pontos percentuais na rejeição de Bolsonaro no Nordeste, única região em que ele não venceu na eleição de 2018.

O presidente percebeu que estava no caminho certo. Além de tornar rotina as viagens semanais às regiões mais carentes, ampliou o leque de interlocutores. A economia era assunto exclusivo do ministro Paulo Guedes. Deixou de ser. Passou a ouvir os militares com gabinetes no Planalto, políticos do Centrão e ministros mais afinados com a política, como o do Desenvolvimento Regional, Rogério Marinho, que fazia publicamente contraponto ao programa econômico de Guedes. Quando Marinho se elegeu senador em 2022, Bolsonaro ficou exultante com a vitória e fez várias referências ao feito do pupilo.

Os líderes do governo no Congresso também foram substituídos por parlamentares mais experientes que conheciam o "caminho das pedras" e o "caminho do dinheiro" em Brasília, tinham o discurso afinado e sabiam conduzir como poucos o tradicional toma lá dá cá do velho e conhecido Centrão: os senadores Fernando Bezerra Coelho (MDB-PE) e Eduardo Gomes (MDB-TO); e os deputados Ricardo Barros (PP-PR) e Arthur Lira (PP-AL).

Esse grupo, junto com os ministros militares e Rogério Marinho, sustentaram o embate com Paulo Guedes, contestando a argumentação técnica de que não havia dinheiro para os gastos desejados pelo presidente e aliados. Os novos interlocutores de Bolsonaro no Congresso sabiam ler o Orçamento da União no detalhe e identificar onde havia o que eles chamavam de "dinheiro parado". Em pouco tempo o presidente foi convencido de que havia recursos tanto para transformar o auxílio emergencial em um benefício permanente quanto para a retomada de obras.

Bolsonaro gostou do que ouviu. Estava na metade do seu mandato e não via no horizonte um candidato competitivo para atrapalhar seu projeto de reeleição. Lula já estava fora da prisão, mas ainda não se apresentava como presidenciável. Era hora, portanto, de ele próprio cuidar da conquista do segundo mandato.

Contava com uma base reforçada no Congresso e com o empenho pessoal de dois dos principais líderes do Centrão: o senador Ciro Nogueira, ministro da Casa Civil, e o deputado Arthur Lira, presidente da Câmara. Não estavam comprometidos apenas com a reeleição de Bolsonaro. Criaram um instrumento que garantiria também a reeleição do grupo: o polêmico "orçamento secreto", que ganhou esse apelido pelo fato de que deixaram de ser transparentes a aprovação e a destinação de recursos públicos direcionados por parlamentares a suas bases eleitorais, por meio de emendas ao Orçamento da União.

"Bolsa-reeleição" foi como o jornalista Breno Pires chamou essa nova modalidade de emenda parlamentar ao revelar o esquema no jornal *O Estado de S. Paulo* em 2021. Emendas parlamentares são legítimas e têm o objetivo de atender demandas dos municípios e estados. O problema é que, ao aprovar essas novas regras, o Congresso ampliou o poder do relator do Orçamento, que, em comum acordo com os dirigentes e principais líderes partidários, passou a decidir qual parlamentar teria sua emenda liberada. Com o agravante de que, nessa modalidade, não apareciam os nomes dos parlamentares beneficiados, muito menos sua destinação. Afrouxaram as regras de transparência.

Estima-se que mais de R$ 55 bilhões do Orçamento da União foram distribuídos dessa forma secreta entre 2020 e outubro de 2022. No controle desse esquema, o poderoso Arthur Lira, que coordenava a distribuição da maior fatia dos recursos para os aliados do governo. O resultado é que a eleição para o Congresso em 2022 registrou o menor índice de renovação: menos de 40%, enquanto em 2018 foi superior a 47%. A base bolsonarista no Parlamento cresceu.

Durante toda a campanha eleitoral de 2022, Jair Bolsonaro sustentou que ele não tinha nada a ver com o orçamento secreto. De fato, a primeira versão dessa proposta aprovada pelo Congresso em 2019 foi vetada por ele. Em 2020, já alinhado com o Centrão, Bolsonaro pôs em prática a sistemática camarada de distribuição do dinheiro do Orçamento, inclusive mudando as regras para liberação de novos recursos nessa modalidade em plena campanha eleitoral. A senadora Simone Tebet (MT), candidata a presidente da República pelo MDB em 2022, disse durante a campanha que o orçamento secreto poderia ser revelado um dia como "o maior esquema de corrupção do planeta Terra".

A base política estava alimentada com fartas verbas do orçamento secreto, mas o presidente ainda se encontrava engessado na tentativa de ampliar os benefícios sociais.

Todas as bondades eleitoreiras pretendidas por Bolsonaro foram, então, encaixadas em uma Proposta de Emenda Constitucional, apelidada de PEC Kamikase pelo teor potencialmente destruidor diante das inconstitucionalidades evidentes. Para maquiar as ilegalidades, o governo decretou estado de emergência alegando "suposta imprevisibilidade a ameaçar a segurança alimentar da população brasileira", que teria como uma das causas a guerra na Ucrânia iniciada pela Rússia em fevereiro de 2022.

Assim, sob protestos de autoridades de órgãos de controle e de fiscalização, economistas e empresários, o Congresso aprovou – inclusive com os votos da oposição – o Auxílio Brasil, um benefício permanente no valor de R$ 600 para substituir o Bolsa Família (com valor três vezes menor), e também uma bolsa-ajuda temporária de R$ 1.000 para caminhoneiros, taxistas e outros segmentos de trabalhadores autônomos.

Com essas armas nas mãos, o ano de 2022 mostraria um Jair Bolsonaro com ímpeto redobrado para derrotar o PT, o petismo e Lula. O discurso voltado para o público conservador continuou o mesmo de 2018, garantindo o apoio de seu eleitorado cativo e ampliando em outros setores.

Além do uso escancarado da máquina pública durante a campanha eleitoral, Jair Bolsonaro sofisticou o comportamento moldado desde 2018 por inspiração de Steve Bannon, o principal estrategista da candidatura do ex-presidente dos Estados Unidos Donald Trump, (2017-2021). Ideólogo da nova direita radical e populista nos EUA, Bannon convenceu Bolsonaro e os filhos a apostarem, como Trump, em uma campanha divisionista, sem preocupação em agradar todos os grupos do eleitorado e abandonando o politicamente correto. O domínio das redes sociais que a família Bolsonaro já tinha impressionou Bannon, que incentivou, então, o uso e disseminação do que chama de "verdades alternativas" – as populares fakes news e teorias conspiratórias.

Poucos dias antes do segundo turno das eleições no Brasil, Bannon foi condenado a quatro meses de prisão por desacato ao Congresso norte-americano.

Com todo esse arsenal, o exército de Bolsonaro surgiu das urnas de 2022 no primeiro turno com uma força maior do que a imaginada por seus adversários, levando a esquerda um pouco mais para o centro na busca de apoios para vencer. A direita de Bolsonaro desafiou a união de todos os grupos opostos ao seu projeto, estabelecendo-se, com os partidos Centrão, no polo extremo com uma preferência quase parelha entre os brasileiros: na primeira rodada da eleição, Lula obteve 48,4% dos votos válidos; Bolsonaro, 43,2%.

Na noite do tenso domingo de 30 de outubro de 2022, dia do segundo turno da eleição presidencial, Bolsonaro foi derrotado nas urnas por Lula. Por 60,3 milhões de votos a 58,2 milhões (50,9% a 49,1% dos votos válidos), a menor diferença de votos entre presidenciáveis no segundo turno das eleições. De imediato, Bolsonaro deu mostras de que seguiria os passos de seu ídolo Donald Trump, não reconhecendo a vitória do adversário e alimentando seus apoiadores, ainda que indiretamente, com a ideia de que o resultado da eleição não valeria.

A derrota por menos de dois pontos percentuais atiçou em Bolsonaro e seus seguidores uma reação adversa, revoltosa. O mesmo comportamento da campanha, refratário à democracia, com acusações sem provas de fraudes nas eleições e críticas à Justiça Eleitoral, se repetiu após a abertura das urnas. Manifestações de caráter golpista se espalharam imediatamente pelo país para contestar o resultado das eleições, e em muitas delas, como na praça do Quartel General (QG) do Exército em Brasília, para pedir que as Forças Armadas assumissem o poder, que impedissem a posse de Lula. Milhares de apoiadores de Bolsonaro ocuparam áreas em frente a instalações do Exército em diversas capitais. O golpe era pedido abertamente.

O presidente Jair Bolsonaro só se manifestou publicamente quase 48 horas após a derrota. Em uma fala de cerca de dois minutos, visivelmente abatido e sem citar o nome do adversário vitorioso, agradeceu seus eleitores pelos 58 milhões de votos e justificou que os "atos populares" nas portas dos quartéis eram fruto de "indignação e sentimento de injustiça de como se deu o processo eleitoral". Ao lançar dúvidas sobre o sistema de votação e justificar a ação dos apoiadores, Bolsonaro deu a senha para que as manifestações contra o resultado das eleições permanecessem nas ruas indefinidamente – ou até que lhe fosse garantido um novo mandato, o que só ocorreria por meio de um golpe.

Deixou para os burocratas do governo a tarefa de anunciar o início do processo de transição de governo – foi assim, de forma enviesada, que admitiu a vitória de Lula.

A fala de Bolsonaro era parte da tática de convencer os eleitores de que perdeu porque foi censurado e perseguido pelo Judiciário – era a sua interpretação sobre a ação da Justiça contra a disseminação de fake news e o uso da máquina pública na campanha. O último ato de uso do poder público, no dia da eleição, foi o providencial trabalho da Polícia Rodoviária Federal (PRF), comandada por um fiel aliado de Bolsonaro, que segurou nas estradas ônibus e transportes coletivos que levavam eleitores carentes do Nordeste para os locais de votação. Estima-se que naquele dia cerca de sessenta veículos desse tipo foram parados em blitz, um número nove vezes maior do que o ocorrido no primeiro turno das eleições. As filas de votação aumentaram, mas o fechamento das urnas não foi postergado.

A mesma PRF nada fez nos dias seguintes ao fim da eleição quando centenas de caminhoneiros e manifestantes bolsonaristas bloquearam estradas país afora protestando contra a vitória de Lula. Estavam autorizados pelo discurso do presidente. Na quarta-feira seguinte ao segundo turno, com a ameaça de caos nas rodovias e desabastecimento nas cidades, Bolsonaro pediu o fim da ação dos bloqueios. Em tom paternal, dirigiu-se aos apoiadores dizendo que sabia que eles estavam chateados e tristes, como ele, mas que tinham que manter a cabeça no lugar. Os estimulou a continuar fazendo "manifestações espontâneas" em praças e ruas:

"Por favor, não pensem mal de mim, quero o bem de vocês. [...] Estou com vocês e sei que vocês estão comigo."

De novo, a senha para que não desistissem de lutar pela permanência dele como presidente. Depois dessa aparição pública, Bolsonaro se recolheu por semanas no Palácio da Alvorada, abandonando as atividades no Palácio do Planalto, seu local de trabalho. A imagem que passou ao grande público era de que estava triste, deprimido com a derrota. Não conseguia reagir, e esse comportamento preocupava – mas também incomodava – parte de seus aliados políticos no Congresso, que reconheceram de imediato a vitória de Lula.

Os fatos nos meses seguintes mostraram que, ainda que deprimido, Bolsonaro atuou e acreditou que impediria a posse de Lula por meio de um golpe, com apoio de seus eleitores e de parcela das Forças Armadas. Ele permaneceu em silêncio e isolado no Alvorada enquanto grupos de bolsonaristas ampliavam as manifestações pelo país. Vez por outra, militares aliados de Bolsonaro, como o vice de sua chapa, o general da reserva Braga Netto, apareciam nas portas dos quartéis para sustentar que logo aconteceria um fato em favor do presidente. E as ameaças pipocavam.

No dia da diplomação de Lula no TSE, em 12 de dezembro, bolsonaristas radicais tomaram as ruas de Brasília, botaram fogo em ônibus e carros, e tentaram invadir a sede da Polícia Federal.

Depois, na véspera do Natal, a polícia de Brasília desarmou uma bomba plantada em um caminhão de combustíveis nos arredores do aeroporto. O principal suspeito preso, apoiador de Bolsonaro, confessou em depoimento ter recebido o artefato no acampamento dos bolsonaristas no QG do Exército em Brasília e afirmou que a intenção, com a explosão, era provocar o caos, o que justificaria a decretação de estado de emergência, ou estado de sítio.

Bolsonaro já estava decidido desde a derrota que não transmitiria a faixa presidencial ao sucessor, e no dia 30 de dezembro, menos de 48 horas antes da posse de Lula, embarcou com a mulher Michelle e a filha Laura para Orlando, nos Estados Unidos.

Parte de seus apoiadores manifestou decepção com o comportamento do presidente, chamado por muitos de "fujão". Antes de embarcar ele fez uma última live para apresentar um balanço de seu mandato. Condenou levemente os atentados em Brasília, negou participação em atos antidemocráticos e criticou o presidente eleito.

Todos os sinais de instabilidade e de ataque à democracia foram dados nas manifestações bolsonaristas que se estenderam por semanas após as eleições. Sinais também captados no silêncio de Bolsonaro e na movimentação de setores militares. Ainda assim, a percepção no grupo político vencedor era de uma situação de normalidade, a confiança de que o dia da posse de Lula chegaria sem atropelos e os manifestantes bolsonaristas deixariam os acampamentos.

Os 49,1% do eleitorado brasileiro que votou em Jair Bolsonaro validaram, com maior ou menor adesão, a defesa que ele e seu grupo político fizeram de práticas e costumes considerados ultrapassados pelo outro espectro político – preconceito, desrespeito às questões ambientais, retrocesso nas políticas de redução da desigualdade social, desprezo pela área cultural, atuação a favor de uma população civil armada e culto à religiosidade no poder. Um contingente de mais de 58 milhões de pessoas que, legitimamente, foram às urnas e fizeram claramente essa opção. Como disse Bolsonaro na primeira fala após a eleição, "a direita surgiu de verdade em nosso país". As eleições para o Congresso, com vitória expressiva de seus aliados, apoiaram seu discurso confiante na live:

"Nossos sonhos seguem mais vivos do que nunca. [...] É uma honra ser o líder de milhões de brasileiros que, como eu, defendem a liberdade econômica, a liberdade religiosa, a liberdade de opinião, a honestidade e as cores verde e amarela de nossa bandeira."

Discurso para manter os eleitores engajados e os aliados militares e políticos fiéis ao seu projeto. O que parecia cristalino após as eleições de 2022, além do vigor da direita brasileira, era que Jair Bolsonaro e seus aliados estavam com fôlego e garra multiplicados para fazer a mais ferrenha oposição ao novo governo. O futuro próximo mostraria se Bolsonaro seria, de fato, o líder de toda essa massa de 58 milhões de eleitores. E como exerceria essa liderança.

Os dias seguintes à posse de Lula no Palácio do Planalto, contudo, evidenciaram outro cenário. Jair Bolsonaro não queria ser líder da oposição. Queria permanecer no poder por meio de um golpe. A tentativa de apear Lula do cargo recém-assumido ocorreu no dia 8 de janeiro de 2023, quando militares alinhados a Bolsonaro, alas radicais dos eleitores bolsonaristas e uma horda de manifestantes que estavam acampados no QG do Exército invadiram a Esplanada dos Ministérios e as sedes dos três poderes – Congresso Nacional, Supremo Tribunal Federal e Palácio do Planalto –, quebrando tudo o que viram pela frente, inclusive obras de arte e relíquias do acervo histórico.

Uma invasão que não foi contida pelas forças policiais e militares que deveriam fazer a segurança dos prédios públicos – a segurança dos prédios públicos de Brasília é uma responsabilidade do governo do Distrito Federal. Pelo contrário, os ataques foram facilitados por parte dessas corporações, o que implicou no afastamento imediato do governador Ibaneis Rocha (DF) e no pedido de prisão do seu secretário de Segurança Pública, Anderson Torres, investigado por omissão. Ex-ministro da Justiça de Bolsonaro, Torres embarcou dois dias antes da baderna para Orlando, onde se encontrou com o ex-chefe. Ibaneis também estava nos Estados Unidos no dia do caos.

Na sua primeira semana na planície, sem a proteção da imunidade e do foro privilegiado garantidos por 34 anos ininterruptos de mandatos eletivos, Jair Bolsonaro colou na sua biografia a marca indelével de uma tentativa real de promover um golpe de Estado. Um fracasso que mudaria o rumo da sua trajetória e da História do Brasil.

Tornou-se uma real possibilidade, após o 8 de janeiro, o temor muitas vezes manifestado por Bolsonaro de ser preso. Daí sua disposição anunciada de permanecer fora do Brasil. Depois de três meses em Orlando, Bolsonaro voltou ao Brasil para retomar sua atividade política: ele e a mulher Michelle seriam remunerados por funções exercidas na direção do PL, seu partido. No fim de junho de 2023, decisão do TSE tornou Bolsonaro inelegível por oito anos.

Para o sucessor de Bolsonaro, a realidade dos primeiros dias também se mostrou infinitamente mais preocupante e desafiadora.

O TESTE DA DEMOCRACIA
Nunca antes

A dura realidade sobre a fragilidade da democracia brasileira diante da sanha golpista alimentada por Bolsonaro e seus apoiadores mais radicais se abateu sobre o país uma semana depois da posse festiva de Luiz Inácio Lula da Silva e Geraldo Alckmin. No domingo, 8 de janeiro de 2023, ficaram para trás o glamour do ineditismo de ocupar a Presidência da República pela terceira vez e da imagem que ganhou o mundo com Lula subindo a rampa e recebendo a faixa presidencial de um grupo de anônimos brasileiros, representativos da sociedade.

Os atos golpistas de 8 de janeiro desmontaram a confiança de que a vitória de Lula, apoiado por um amplo arco político que ia da centro-direita à esquerda, era um sinal inequívoco da força da democracia no Brasil. A aliança montada para enfrentar a direita de Jair Bolsonaro, que passou quatro anos lançando suspeitas sobre o sistema eleitoral brasileiro e ameaçando a estabilidade democrática, colocou nas mãos de Lula o desafio de governar para muito além do seu campo político. Interlocutor da esquerda por quatro décadas, teria que incorporar novos discursos e novas práticas. Seria apenas o primeiro passo na tentativa de pacificar o país. Ele viu logo nos primeiros dias que não tinha em mãos uma tarefa fácil.

Lula e os brasileiros assistiram ao vivo, pela TV e redes sociais, ao que a classe política considerava, até então, apenas uma bravata: uma real tentativa de golpe patrocinada por apoiadores de Bolsonaro que invadiram a Esplanada dos Ministérios e as sedes dos três poderes naquele domingo, deixando um rastro de destruição e incertezas. Poucas horas após o atentado de 8 de janeiro já se tinha evidências do comprometimento de setores militares com o projeto de poder de Jair Bolsonaro.

Uma turba raivosa – de um grupo de cerca de 4 mil bolsonaristas – rompeu facilmente negligentes barreiras policiais e sistemas de segurança e de inteligência, quebrando tudo que encontrou pela frente nos prédios do Congresso Nacional, do Supremo Tribunal Federal e do Palácio do Planalto. Ficou provado que a inconformidade com o resultado da eleição e a vontade de tomar o poder à força eram alimentadas não apenas por Bolsonaro, mas também por segmentos militares ainda instalados no governo. Os apoiadores que ocupavam as portas dos quartéis do Exército desde o resultado das eleições não se importavam com o fato de Bolsonaro ter viajado para os Estados Unidos sem dar satisfação aos seus 58 milhões de eleitores. Não tinham Bolsonaro no Brasil, mas tinham nomes ligados a ele alimentando a ideia do golpe.

A negligência e a confiança também se fizeram presentes na primeira semana do novo governo, com falhas evidentes nos sistemas de inteligência e de segurança da Presidência da República. A mensagem levada ao chefe de Estado por seus auxiliares políticos e militares era que tudo estava sob controle, que o protesto anunciado nas mídias sociais pelos bolsonaristas acampados no QG do Exército em Brasília seguiria o molde dos anteriores, sem grandes problemas. Investigações posteriores revelaram falhas no sistema de segurança do novo governo.

Assim, Lula embarcou pela manhã para Araraquara, no interior de São Paulo, para prestar solidariedade e dar apoio aos moradores desabrigados depois de fortes chuvas. Quis fazer um agrado ao prefeito petista Edinho Silva e foi surpreendido pela tentativa de golpe de Estado, como ele próprio denominou. Estupefato e visivelmente abalado, de lá mesmo Lula decretou a intervenção federal na área de Segurança do Distrito Federal. Ainda naquele domingo, o ministro do Supremo Alexandre de Moraes determinou o afastamento temporário do governador Ibaneis Rocha e acatou o pedido de prisão do secretário de Segurança Pública do DF, Anderson Torres.

Quando voltou a Brasília na noite de 8 de janeiro, o presidente Lula foi ver o estrago feito pelos golpistas na sede do Poder Executivo. Estava emocionado. E preocupado. Àquela altura, já tinha ciência de que o ataque às dependências e ao acervo histórico do Palácio do Planalto impunha uma mudança de rota. Tanto quanto defender a democracia, precisava lutar para defender o governo iniciado apenas oito dias antes. A maratona de reuniões com governadores, parlamentares, integrantes do Judiciário e das Forças Armadas tomou conta da agenda que ele pretendia que fosse voltada para o combate à pobreza e a retomada do crescimento econômico.

O futuro era incerto. Ele e Bolsonaro protagonizaram a mais beligerante das campanhas políticas modernas. Sua vitória foi apertada, pouco mais de 2 milhões de votos de vantagem, mas legitimada por 60,9 milhões de eleitores. Lula conquistou, aos 77 anos, o terceiro mandato de presidente da República, um feito inédito no país. O uso da máquina pública e a disseminação de fake news quase renderam a vitória a Jair Bolsonaro, que obteve 58,2 milhões de votos. Ele se tornou o primeiro presidente em exercício derrotado na busca da reeleição.

Na construção da vitória em 2022, o petista Lula avançou algumas casas rumo ao centro da política brasileira e compôs chapa com o ex-governador de São Paulo Geraldo Alckmin, que migrou do PSDB para o PSB. O apoio dos chamados "cabeças brancas" do

PSDB – Fernando Henrique Cardoso e José Serra, entre outros tucanos, e os economistas que arquitetaram o Plano Real, como Pérsio Arida, André Lara Resende, Edmar Bacha, Pedro Malan, além de Armínio Fraga – foi chegando naturalmente. Segmentos do direito, do empresariado e das artes aderiram à campanha.

Para derrotar Jair Bolsonaro, Lula se viu, então, comprometido com um amplo arco de forças políticas que ultrapassou, e muito, as fronteiras do petismo. Ainda no primeiro turno, ganhou a adesão do jovem deputado André Janones (Avante-MG), que desistiu da candidatura presidencial e passou a incrementar a campanha do petista nas redes sociais. Logo depois chegou o apoio público de Marina Silva (Rede) e de mais seis ex-presidenciáveis, entre eles Henrique Meirelles (MDB).

Do meio jurídico, veio a declaração de voto do jurista Miguel Reale Júnior, um dos autores do pedido de impeachment de Dilma Rousseff, em 2016. E também apoios declarados de cinco ex-presidentes do Supremo Tribunal Federal, entre eles Joaquim Barbosa, relator do caso Mensalão na Corte e que se tornou, depois de aposentado, um dos maiores críticos do PT.

Na campanha para o segundo turno, Lula agregou a novidade da disputa presidencial, a terceira colocada Simone Tebet (MT), senadora que, embora do velho MDB, representa uma nova geração de políticos e é ligada a um setor arredio ao PT: o agronegócio. O ex-aliado Ciro Gomes (PDT), quarto colocado na disputa, seguiu protocolarmente a decisão do partido de apoiar Lula, mas não declarou voto a ele publicamente.

Ainda durante a campanha, um dos pontos memoráveis para o petista ocorreu durante entrevista à TV Globo, a primeira ao *Jornal Nacional* em dezesseis anos. Antes de fazer a pergunta a Lula – que seria sobre corrupção nos governos petistas –, o apresentador William Bonner afirmou: "O Supremo Tribunal Federal lhe deu razão, considerou o então juiz Sergio Moro parcial, anulou a condenação do caso do triplex e anulou também outras ações por ter considerado a vara de Curitiba incompetente. Portanto, o senhor não deve nada à Justiça". Para os apoiadores do presidente Bolsonaro, era uma declaração de apoio à candidatura petista. Para os petistas, o reconhecimento de que foi injusta a condenação de Lula.

O Lula de 2022 surgiu renovado também na vida pessoal. Em maio, dois meses antes do lançamento oficial da candidatura, casou-se, pela terceira vez, com a socióloga Rosângela da Silva, uma paranaense de 56 anos, militante petista desde os anos 1980. Lula e Janja, como gosta de ser chamada, começaram a se relacionar no final de 2017, discretamente, antes da prisão dele, em 2018.

Durante o período em que ele esteve preso, ela participou algumas vezes da vigília "Lula Livre" montada em frente à sede da Polícia Federal em Curitiba, mas nunca se apresentou como sua namorada. Diariamente preparava a comida de Lula, cuidava de suas roupas, e eles trocavam cartas escritas à mão, como relatado na revista *piauí* pela jornalista Thais Bilenky na edição de outubro.

Durante a campanha, Janja se tornou uma companheira fiel de Lula, merecendo dele declarações públicas de amor: "Estou apaixonado!". Com personalidade forte, ela causou ciumeira entre petistas e familiares do ex-presidente ao adotar um novo modo de vida para ele – uma das novidades internamente reprovada foi a mudança de São Bernardo de Campo, seu berço sindical e político, para uma ampla casa em um bairro nobre da capital paulista, no Alto de Pinheiros. Feminista, engajada em causas sociais, Janja desejava atuar na gestão, impor sua opinião.

O resultado das urnas de 2022 foi a catarse para Lula e seus eleitores fiéis. O líder político mais popular do país vivia mais uma história de superação. Imediatamente após a confirmação do resultado pela Justiça Eleitoral, o presidente eleito passou a receber mensagens e telefonemas de líderes mundiais, incluindo os chefes de Estado das maiores economias. Era uma espécie de legitimação de sua conquista e da democracia brasileira.

A contagem final dos votos impôs ao vencedor a necessidade de reforçar um certo distanciamento dos dogmas da esquerda e de trabalhar por uma ampla frente democrática. O discurso da vitória já veio nesse tom, mas tinha também o jeito do Lula de sempre. O Lula do "nunca antes...". As primeiras palavras tiveram o propósito de envolver o público em sua história de vida, ao expressar numa frase o que julga uma ilegalidade, a condenação pela Operação Lava Jato: "Eu me considero um cidadão que teve um processo de ressureição na política brasileira, porque tentaram me enterrar vivo, e eu estou aqui".

Nessa primeira fala, feita pouco antes de agradecer aos eleitores que se apinharam na Avenida Paulista na noite do domingo, 30 de outubro, Lula pregou mais democracia, menos fome, mais inclusão social; mais livros e menos armas; mais liberdade, igualdade e fraternidade; mais liberdade religiosa. Reafirmou compromisso com a reinserção do Brasil no mundo, com a preservação do meio ambiente, com o diálogo entre os Poderes e o respeito às instituições.

Após uma campanha em que a religiosidade teve grande protagonismo, o presidente eleito manifestou fé cristã, na sua medida, em uma única frase: "Todos os dias da minha vida eu me lembro do maior ensinamento de Jesus Cristo, que é o amor ao próximo. Por isso, acredito que a mais importante virtude de um bom governante será sempre o amor – pelo seu país e pelo seu povo".

No recado dirigido a todos que apoiaram sua candidatura, o reconhecimento: "Esta não é uma vitória minha, nem do PT, nem dos partidos que me apoiaram nessa campanha. É a vitória de um imenso movimento democrático que se formou, acima dos partidos políticos, dos interesses pessoais e das ideologias, para que a democracia saísse vencedora. [...] Sei a magnitude da missão que a História me reservou, e sei que não poderei cumpri-la sozinho.

Vou precisar de todos: partidos políticos, trabalhadores, empresários, parlamentares, govenadores, prefeitos, gente de todas as religiões. Brasileiros e brasileiras que sonham com um Brasil mais desenvolvido, mais justo e mais fraterno".

Confiante na força da democracia e no respeito ao resultado das urnas, Lula afirmou que governaria para os mais de 200 milhões de brasileiros, e prometeu que se esforçaria para que o amor prevalecesse sobre o ódio: "Não existem dois Brasis. Somos um único país, um único povo, uma grande Nação".

Luiz Inácio Lula da Silva ganhou nas urnas a missão de iniciar em janeiro de 2023 mais um período de 1.460 dias no comando do país, para somar, ao final, doze anos como presidente da República. Como em 2003, chegou determinado, conforme suas palavras, a tirar o Brasil do mapa da fome.

Com os eventos do 8 de janeiro, sua tarefa imediata passou a ser a preservação da democracia. Garantir uma democracia plena capaz de evitar o radicalismo dos extremos. Ou de sobreviver a novos sustos. Vencendo essa batalha, terá a chance de promover a transição para uma geração que surge como perspectiva de um novo ciclo na política brasileira – seja da direita democrática, de centro ou de esquerda. O desafio estava lançado.

AGRADECIMENTOS

Cristiana falou com diversas pessoas para compor, verificar e confirmar as histórias contidas neste livro. Sua família e Diana Fernandes agradecem a todos que contribuíram, já se desculpando pela ausência de alguém que tenha escapado à consulta aos arquivos dela.

Agradecem às autoridades públicas José Sarney, Fernando Henrique Cardoso, Dilma Rousseff, Jorge Bornhausen, Cássio Cunha Lima, Cármen Lúcia, Gilmar Mendes, Luís Roberto Barroso, Luiz Fux, José Antônio Dias Toffoli, Jaques Wagner, Roseana Sarney, Moreira Franco, Paulo Guedes, Jarbas Vasconcelos, Eunício Oliveira, José Múcio Monteiro, Alexandre Padilha, Alberto Goldman, Gilberto Carvalho, Tasso Jereissati, Aldo Rebelo, Kátia Abreu, Chico Alencar, Humberto Costa, Eduardo Braga, Antônio Britto, Henrique Hargreaves, Heráclito Fortes, Pérsio Arida, Luiz Carlos Mendonça de Barros, Aécio Neves, Roberto Freire, Edison Lobão, Inocêncio Oliveira e Renan Calheiros.

E às/aos jornalistas e a todos que colaboraram com a elaboração do livro: Tânia Monteiro, João Borges, Helena Chagas, Jorge Bastos Moreno, Raimundo Costa, Ricardo Kotscho, Eliane Cantanhêde, Zileide Silva, Laerte Rimoli, Marcelo Cosme, Sônia Racy, Ana Paula Macedo, Nizan Guanaes, Adriana Vasconcelos, Maria Lima,

Kennedy Alencar, Raquel Ulhôa, Fernando Cesar Mesquita, Cláudio Humberto, Lydia Medeiros, Tereza Cruvinel, Gerson Camarotti, Ana Flor, Rodrigo Antonelli, Valdo Cruz, Thereza Pinheiro, Silvia Faria, Mariangela Hamu, Anderson Dorneles, Ana Tavares, Heraldo Pereira, Sandra Miessa, João Carlos Di Gênio e João Santana.

COMPLETA E GENEROSA

Num momento de tantas perdas, a morte de Cristiana Mendes Lôbo foi mais um golpe que nenhum de nós esperava. Uma profissional completa, correta, zelosa, apaixonada ao mesmo tempo pelo furo e pela análise. Competitiva, como devem ser repórteres de campo. Generosa ao gostar de dividir sua experiência com os mais jovens, como devíamos ser todos nós.

Eu conheci a Cris em 1991 em Brasília, essa grande escola, quando dirigi a sucursal do *O Globo*. O primeiro presidente eleito depois do golpe de 1964 estava no Planalto havia pouco mais de um ano e já enfrentava uma crise política sem tamanho, a CPI do PC. Aquela redação tinha um time maravilhoso, foi um trabalho intenso, todos se ajudando, todos dando muitos furos. Ali, fiz amigos da vida inteira, amizades que me acompanham até hoje, para minha felicidade. Com a partida da Cris me lembrei com saudade de dois amigos, expoentes daquele time, que se foram: Rodolfo Fernandes e Jorge Bastos Moreno, sobre quem já escrevi longamente.

Ela tinha apenas 34 anos, mas já agia como uma veterana. Ela e Moreno, cada um ao seu estilo, se complementavam. Eram compadres na vida real e, apesar da disputa pelos furos e de brigas eventuais, compadres também na vida profissional. Somados, os acessos que um e outro tinham juntos às fontes davam um poder de fogo enorme à dupla. Os dois sob a batuta do Rodolfo, cuja voz serena e estilo calmo não conseguiam esconder a cobrança por apurações exclusivas.

Em 1997, ela veio para a *GloboNews* e o que, a princípio, era uma colaboração eventual, logo se tornou uma participação permanente. Foram os furos e o poder de análise que fizeram de Cris uma das principais atrações do canal. Em 2001, eu desembarquei por aqui e retomamos o trabalho. E a amizade também.

Para além dos textos, das reportagens, das fotos em nossos arquivos, enquanto houver memória, nenhum amigo desaparece. Muito menos jornalistas como Cris, que devem servir de norte para as novas gerações.

Estarão todos sempre aqui. Conosco. Este livro cumpre esse papel com maestria.

Ali Kamel
Jornalista e sociólogo

BRAVO, CRIS!

O Brasil sempre teve grandes jornalistas. Eu sou redator. Eu amo texto. Eu amo Castelinho*. Jornalismo é linha, entrelinha e subtexto. A contribuição do jornalismo ao país é gigante. Não é à toa que o presidente da Academia Brasileira de Letras é, no momento que escrevo este texto, um jornalista, Merval Pereira.

Cristiana foi uma das grandes. Não vou falar da carreira brilhante, da apuradora incansável, da rainha dos furos e das fontes. Este livro tem centenas de páginas cheias de fatos que comprovam isso. Portanto, sua história é a História.

Os jornalistas decididamente não escolheram a profissão pelos salários nem pela vida tranquila, sem estresse e sem perigos. A história deles, repito, é a História. E ela tinha esse senso de História, o compromisso com o Brasil e com o seu tempo.

Me orgulho que Murilo, Gustavo e Bárbara tenham lembrado do meu nome. A Cristiana trabalhou comigo no *iG*. Com destemor, ela foi a primeira grande jornalista no digital, há mais de 20 anos, quando a internet estava começando. E ela fez o *iG* existir a

---

* Carlos Castello Branco, jornalista e escritor que publicou durante décadas no *Jornal do Brasil* a Coluna do Castello, uma das principais referências do jornalismo político do país.

tal ponto que levou o presidente Fernando Henrique a ir, por causa dela, inaugurar os nossos estúdios em Brasília.

Cristiana, sozinha, era uma redação.

Pela sua competência, conseguiu de grandes fontes do país furos de reportagem que um portal de uma internet ainda incipiente não sonharia em conseguir. Era uma CDF, com a braveza mais brava e a melhor risada do jornalismo, que o Moreno* alimentava com frases divinas em tantas noites à procura de informação. Essas pessoas são 'imorríveis'.

Este livro, para mim, será um audiolivro porque ouvirei sua voz em cada frase. Mas, de tudo o que eu vi e de tudo o que você lerá neste livro, o maior momento de Cristiana Lôbo são os últimos momentos, quando ela enfrentou a pior notícia que um ser humano ainda no horário nobre da vida pode receber.

Viveu e morreu como uma gigante, indo ao ar enquanto podia. Eu olhava para aquele rosto, que conheço tanto, e via que ela não estava preocupada consigo, mas em dar tudo de si. Mesmo quando tudo já não era tanto.

À família, agradeço a honra de poder escrever aqui.

E a você, Cristiana, agradeço a honra de assistir até o fim ao seu compromisso com a sua profissão, com o Brasil e com a História.

Bravo, Cris!

Nizan Guanaes
Publicitário e empresário

---

* Jornalista Jorge Bastos Moreno, amigo e compadre de Cristiana Lôbo.

BIOGRAFIA DAS AUTORAS

Cristiana Lôbo foi jornalista e acompanhou a política brasileira durante mais de 40 anos. Começou como repórter do jornal *O Globo* na sucursal de Brasília, em 1979, onde permaneceu por 13 anos. Foi titular da *Coluna do Estadão*, do Jornal *O Estado de São Paulo*, por seis anos, período em que passou a integrar o time de comentaristas da *GloboNews*, a partir de 1996, com o lançamento do canal de notícias. Na internet, foi pioneira no jornalismo em tempo real, no *Portal iG*, manteve um blog no site *G1* e uma conta ativa no Twitter com mais de 1,5 milhão de seguidores.

Como jornalista em Brasília acompanhou de perto os bastidores do poder desde o fim da ditadura militar, em 1985, passando por todos os governos civis até 2021, com olhar atento às crises políticas e econômicas do país.

Na *GloboNews*, Cristiana abordava diariamente assuntos relevantes do governo, do Congresso e do Judiciário, e foi âncora do *Fatos e Versões*, programa de análise jornalística sobre os principais assuntos da semana. Recebeu diversos prêmios, entre eles: Mulher Imprensa na categoria comentarista política; Medalha de Ouro no

Prêmio Comunique-se; Prêmio Engenho de Comunicação como melhor programa de TV (Fatos e Versões); Os 100+ Admirados Jornalistas Brasileiros, TOP3 do iBest 2021, como melhor do Brasil em Política pelo Júri da Academia iBest.

Diana Fernandes trabalhou como jornalista em Brasília por mais de três décadas, tendo passado a maior parte desse período, 27 anos, entre as redações dos jornais *O Estado de S. Paulo* e *O Globo*. Na cobertura da política nacional atuou como repórter, colunista e coordenadora de equipe nos dois jornais. Na segunda metade dos anos 1990, foi assistente e interina de Cristiana Lôbo na *Coluna do Estadão*. Em 2014, saiu do jornalismo diário para se dedicar a outros estudos e projetos.